KB265787

훈민정음과 국어 연구

훈민정음과 국어 연구

이상혁

도서출판 **역락**

저·자·소·개

이상혁

서울 출생

서울 중앙고등학교 졸업(1986)
고려대학교 문과대학 국어국문학과 졸업(1990)
동 대학원 국어국문학과 문학석사(1992)
동 대학원 국어국문학과 문학박사(1999)
고려대, 성신여대, 홍익대, 한성대, 경기대, 동서울대 강사 역임.
고려대 민족문화연구원 국어사전편찬실 선임 연구원 역임(2003)
현 고려대, 성신여대, 홍익대 강사
현 서울대학교 인문학연구원 연구원

※ 주요논저
『조선 후기 훈민정음 연구의 역사적 변천』(2004) 서울: 도서출판 亦樂
  외 20여 편의 논문이 있음.

훈민정음과 국어 연구

초판 1쇄 발행 2004년 5월 25일
초판 2쇄 발행 2011년 8월 31일
저 자   이 상 혁
펴낸이   이 대 현
편 집   이태곤 권분옥 이소희 박선주 전희성 임애정
펴낸곳   도서출판 **역락** / 서울시 서초구 반포4동 577-25 문창빌딩 2층
전 화   02-3409-2058(대표) 3409-2060(편집부) FAX 3409-2059
이메일   youkrack@hanmail.net
등 록   1999년 4월 19일 제2-2803호

정 가   14,000원

ISBN 89-5556-312-4-93710
*잘못된 책은 교환해 드립니다.

머리말

　최근에 영어 공용화 문제가 사회적 화두가 되었다. 우리말과 더불어 영어를 우리나라의 공식 언어로 함께 사용하자는 주장이다. 한국어가 머지 않아 사라질 수도 있다는 위기감이 성급하게 일어나고 있지만 그것이 예사 롭지는 않다. 말이 사라진다면, 그 말을 담는 그릇인 문자조차 또한 더 이상 존재 가치가 있을까?

　세계화가 도리어 우리의 것을 국제화하는 것이 아니라 외국의 것, 서양의 것을 수용하는 일방 통행이 일반화된 지 오래 되었기에, 현실의 언어 상황은 그리 간단하지 않다. 난무하는 외국어, 외국 문자들… 우리의 생활 깊숙이 도처에서 그 위력을 발휘하고 있다. 얼마 전 이산가족 상봉의 일환으로 남쪽에 온 북쪽의 어느 국어학자는 우리의 외국어와 외국 문자 사용 실태를 보고 적잖이 우려를 표명했다는 기사를 본 적이 있다. 부끄럽기도 하고 세계화의 흐름에 동참할 바에는 도리가 없는 게 아닌가 하는 현실론 때문에 필자 자신을 합리화하면서 한편으로는 국어 연구자로서 자기 반성이 앞선다.

　그러나 역설적으로 우리말은 한류 열풍과 더불어 중국, 일본, 동남아에서 그 인기를 구가하고 있고, 우리의 훈민정음이라는 문자는 그러한 흐름과 맥이 닿아 세계적인 문화 유산으로 높게 평가받고 있다. 그 해설서인 원본『훈민정음』이 유네스코 선정 세계 기록 유산으로 등재되어 있는 현실이 그러하다. 우리의 말을 담는 수단으로서의 우리글, 우리글의 형성을 가능케 했던 우리 문자인 훈민정음은 그 행보가 느리긴 하지만, 국제화의 조짐이 있다. 그리고 어쭙잖게 우리말글을 연구하면서 학부 이후 꾸준히 관심을 가져 왔던 훈민정음에 대한 필자의 관심과 열정도 남다르지는 않다.

여러 선생님의 도움으로 대학에서 필자의 전공 강의는 주로 국어학사와 훈민정음에 집중되었다. 문법론을 비롯한 공시적인 국어학의 하위 분야도 강의를 해 오고 있지만, 아무래도 훈민정음에 대한 강의가 항상 필자를 자극하면서 즐겁게 한다. 꼭 매학기 원본 『훈민정음』을 선생의 입장에서 학생들과 꼭 다시 읽기 때문이다. 고전에 대한 가치는 그 고전의 특별한 구절을 읽을 때마다 새롭거나 달리 보여서 때론 그것 때문에 더욱더 『훈민정음』이 필자에겐 경이롭기까지 하다. 독서백편의자현이라고 하지 않았던가?

훈민정음과 『훈민정음』에 대한 기존의 연구 성과 및 저서는 아주 많다. 그런데 훌륭한 저서와 논문들이 학부 수준에서 소화해 내기에 지나치게 어려운 점이 흠이라면 흠이어서 항상 고심해 왔다. 그 가치를 폄하하는 것이 아니라 학부에서 다루기엔 미시적이고 무거운 논의가 많았기 때문이다. 그런 생각에 머물게 되자 그 동안 써 왔던 논문, 그리고 특별히 새로울 것은 없지만 이 책을 엮고자 쓴 글을 추려 한 권의 책으로 빛을 보게 되었다. 학부 수준의 학생들과 함께 읽고 논의하는 데는 적절하다는 판단을 하면서 새로이 쓰기도 하고 써 놓은 걸 고쳐서 모은 글이지만, 세상에 내 놓기엔 너무도 부끄럽기 짝이 없다.

훈민정음에 대한 미시적이고 분석적인 논의는 이 책에서 그리 많이 다루지 않았다. 다만 우리 고유의 문자인 훈민정음을 바르게 이해하고, 원본 『훈민정음』을 학부 학생들과 함께 읽기 위해서 그들에게 주고자 하는 메시지를 담은 글이라는 평가 정도로 이 책에 대한 자평도 하게 된다. 더욱이 국어학사 속의 국어 의식사라는 거시적 틀을 고민하면서 쓴 논문이 많아서 이 책의 서술이 조금은 실증적인 국어학 논의에서 벗어난 느낌을 필자 스스로 받는 것도 또한 사실이고 한계다. 그러나 이러한 거시적 논의를 바탕으로 전체적 흐름을 파악하고자 훈민정음과 『훈민정음』을 강의하고자 하는 분들에게는 이 책이 조금이라도 도움이 된다면 다행이다. 학부의 '훈민정음 강독'을 염두해 둔 소박한 마음으로 원본『훈민정음』과『훈민정음』국역본을 부록으로 달아 수업 시간에 이용하고자 하였다.

책을 내면서 잊을 수 없는 분들이 많다. 부족한 필자를 항상 언제 어디서나 막둥이로 거둬 주시고 고려대학교 학부와 석사 과정 때 지도 교수로서 많은 도움을 주셨던 약천 김민수 선생님은 평생 잊을 수 없는 사표이자 진정한 스승이시다. 그리고 현재 항상 곁에서 필자의 학문적 방향에 조언과 질정을 해 주시는 지도 교수 솔미 정광 선생님 역시 필자에겐 과분한 분이시다. 송구스럽게도 두 분께 지면을 빌어 감사의 인사를 드린다.

아울러 비판적인 학문적 조언자로 필자 주위에서 많은 도움을 주고 있는 선후배 동학들께도 어떻게 고마운 표현을 해야할 지 모르겠다. 항상 그들의 애정을 잊지 않고 보답하겠다는 다짐 뿐이다. 그리고 필자가 공부하고 연구하는 데 항상 격려를 해 주시는 부모님과 친구들, 친지들, 이렇게 책을 내기까지 옆에서 잘 참아준 아내와 특히 눈에 넣어도 아프지 않을 사랑하는 딸, 윤서에게 고마운 마음을 표하고 싶다.

두 번째 빚을 지게 되었다. 지난 2월에 낸 책도 그리 상업성이 없어 미안할 따름인데, 어려운 출판 사정에도 불구하고 이번에 또 흔쾌히 책을 만들어 주신 도서출판 역락의 이대현 사장님께 다시금 감사를 드린다. 그리고 출판·인쇄를 위해 힘써 주신 편집장님과 번거로움을 즐거움으로 받아 주신 편집부 직원들께도 고맙다는 사의를 표한다.

2004. 5.
안암동 개운산 민연에서
이상혁

차 례

제1장

서 론

인간의 언어는 크게 음성 언어(spoken language)와 문자 언어(written language)로 나눌 수 있다. 당연히 문자 언어보다 음성 언어가 역사적으로 먼저 발생했다. 인류가 지구상에 나타난 후에 비로소 인간의 언어가 발생했을 것이고, 인간의 음성 언어는 멀게는 수백 만 년 전 가깝게는 몇 십만 년 전에 발생을 했으리라는 추측은 가능하다. 그러나 언제부터 음성 언어가 발생했는지, 그리고 어떤 환경과 조건 아래에서 음성 언어가 어떤 발생하여 발전해 왔는지를 밝히는 작업은 과거에도 있어 왔지만, 그 실증적 증명의 한계에 봉착했기 때문에 현대 언어학에서는 음성 언어의 기원을 논하는 것은 대단히 어려운 일이 되어 버렸고, 또한 무의미한 연구로 전락해 버린 측면이 있다.

그러나 그러한 인류 언어의 기원을 밝히는 문제와는 별도로 한 언어의 계통을 밝히는 것, 다시 말하면 특정한 언어가 어떤 조어로부터 갈라져 나왔으며, 현재 다른 언어와 어떠한 계통적 관계를 맺는가 하는 문제는 여전히 역사·비교언어학적 과제이며, 지금도 비교 연구를 통해서 끊임없이 탐구되고 있다. 그래서 현존하는 지구상의 수많은 언어에 대한 계통적 맥락에 대한 접근은 여러 다른 증거를 바탕으로 한 연구자의 새로운 견해 및 관점에 따라 그 자체가 유동적이고 가변적이긴 하나, 그 연구가 무의미하거나 부정되지는 않는다.

그런데 문자 언어는 눈에 보이지 않는 음성 언어와 달리 기록을 위한 수단이기 때문에 역사적으로 인류가 기록을 한 증거가 나오면 나올수록 그 소급 연대는 앞당겨질 수 있는 것이고, 문자 언어에 대한 연구는 실증적이고 유의미한 연구로 그 위치를 보장받고 있다.

음성 언어의 역사와는 비교가 되지 않지만, 현재까지 인류 문명사에서 가장 최고의 문자 언어, 문자라고 일컬어지는 메소포타미아의 수메르 문자의 첫 흔적은 기원전 6000년까지 소급되는 것으로 알려져 있다[1]. 음성 언어에 비해 턱없이 짧은 역사를 지니고 있는 것이 사실이긴 하지만, 그러한 문자는 점차 시간이 흘러감에 따라 발전을 거듭해 오게 되고 여러 민족이 자신의 언어를 표기하기 위한 수단으로 다양한 문자를 만들게 되었다.

선사 시대를 지나 역사 시대를 맞이하면서 민족이나 국가가 하나의 공동체를 형성하고 발전해 가게 되었을 때, 긴요한 것은 제 민족 혹은 나라의 말과 문자이다. 우리도 예외는 아니어서 한국어(국어)는 알타이어로부터 가장 먼저 분기되어 형성된 원시 한국어의 뿌리를 이어받아 고대 국어, 중세 국어, 근대 국어를 거쳐 현재에 이르고 있다. 그러나 우리 고유의 문자를 갖지 못했기 때문에 불가피하게 인접 국가인 중국으로부터 그들의 문자인 한자를 수용하게 되었다.

그 한자의 수용은 이중적 언어 생활-입말과 글말의 불일치라는 불편함을 겪게 된 계기가 된 동시에 불완전하게나마 한자가 국어화 과정을 거

---

1) 문자의 기원은 구석기 중기인 기원전 5만전년 경 돌이나 뼈에 새긴 조각에서 찾을 수 있다고 한다. 규칙적인 간격을 두고 새겨진 것인데. 이것은 그 후 흔해져 기원전 만 년경에는 선사 인류가 사용하던 그림 문자가 되는 것으로 알려져 있다. 초기의 그림 문자는 기억을 보조해 주는 수단에 불과했으나, 의사소통의 대상으로 사용된 것은 메소포타미아, 이집트 등의 문자를 들 수 있다. 따라서 이 문자들이 인류 최초의 문자라 할 수 있다.

처 가면서 차자 표기라는 새로운 문자 표기 시스템으로 변형되었다. 그것이 다름 아닌 이두와 향찰, 그리고 구결인 바, 그것은 고대 국가 이후 조선 시대에 이르기까지 우리의 언어 생활을 지배해 온 문자 체계로 우리가 한자 권위관으로부터 자유롭지 못했던 역사를 대변해 주는 것이었다. 그러나 그것은 또한 신문자를 견인케 하는 동인으로써 역사 속에서 우리의 문자 생활을 지탱해 주는 문화적 산물이었다.

그러한 역사적·문화적 환경 속에서 한자와 그것에 기반을 둔 불완전한 차자 표기를 문자 언어로 간직했던 우리는 그러한 문자의 한계를 뛰어넘는 문자인 훈민정음을 15세기에 우리의 역량으로 만들게 되었다. 당시에 훈민정음은 '한자'라는 문화적 테제(These)에 저항하는 안티테제(Antithese)로 그 위치를 차지하고 있었으며, 그 문화적 대립물의 갈등은 결국 '훈민정음'이라는 신문자가 만들어진 후, 450년이 흐른 지난 19세기 말, 그 신문자가 진정한 國字로 인정을 받게 됨으로써 해소되었다. 즉 훈민정음은 자신을 국자라는 진테제(Synthese)의 자리로 올려놓음으로써 우리의 언어 생활은 입말과 글말의 불일치로부터 해방되었다.

이 훈민정음은 바로 그러한 문화사적 혁명의 산물이며, 그것의 창제는 국어사 및 국어학사의 새로운 패러다임을 형성케 한 당대 정상 과학의 정수라 아니할 수 없다. 그런데 훈민정음의 창제는 인류 문명사에서도 역사적 한 획을 그을 수 있는 기념비적 업적이었지만, 우리는 이 우리의 문화유산을 그저 내 주위에 있는 공기와 같은 존재로서만 인식했으며, 그 가치를 연구자들이 그 동안 폭넓게 평가하지 못한 측면이 있다. 이에 이 글에서는 문자, 문자론과 훈민정음의 관계 그리고, 훈민정음과 그 문자의 해설서인 『훈민정음』, 그리고 그와 관련된 다양한 국어 의식 등에 대한 주제를 여러 장에 나누어 논의하고 그 의의와 전망을 모색하려고 한다.

제2장

문자, 문자론, 그리고 훈민정음

　문자는 인간이 만들어 낸 문화적 피조물이기 때문에 그것을 사용한 인류 문명과 아주 밀접한 관계를 가지고 있는 동시에 한편으로는 그러한 기록을 남기게 만든 인간의 음성 언어와도 분리하여 파악될 수 없는 대상이다. 인간의 언어가 가지고 있는 시간성과 공간성의 제약은 문자의 발생을 가져 왔으며, 따라서 문자는 인류 문명사와 그 궤를 같이 하며, 그 문명 발전 과정에서 그 자체가 변형되고 발달된 것이다. 그 변형과 발달을 거듭하면서 인류는 보다 고차원적인, 그리고 보다 다양한 문자를 갖게 되었다.

　그러나 인간의 음성 언어는 그 우열을 가릴 수 없기 때문에 아프리카나 에스키모의 언어보다 영어나 한국어가 우월하다고 말할 수 없다. 특정한 언어가 우월하다는 의식을 인간이 갖게 된 데에는 문화적 제국주의나, 혹은 자민족 우월주의, 그리고 사회진화론에 입각한 약육강식의 경쟁주의 등이 20세기 이후 득세한 탓에 빚어진 편견에 불과하다. 그러나 인간이 고안해 낸 문자는 상대적으로 그 우열을 가릴 수 있다. 즉 보다 원시적인 문자가 있는가 하면, 보다 과학적인 문자가 존재할 수도 있고 역사상 그러했다.

2.1 문자와 문자론

문자란 무엇인가? 문자(letters)는 말이나 소리를 시각적으로 구현해 내고, 표기할 수 있도록 고안된 기호 체계이다. 시각적 기호의 하나로 이 역시도 관습적, 사회적 규약(convention)이라고 말할 수 있을 것이다. 다시 말하면 말, 즉 음성 언어가 가지고 있는 추상적 규약을 실현해 내는 또 다른 규약이며, 그것은 곧 음성 언어의 2차적 혹은 부차적 의사소통 형식으로 정의될 수 있을 것이다.

인간의 음성(sound)이 형식이고 그 내용이 의미(meaning)라는 인간 언어의 이원성(duality)이라는 특징을 인정하면서, 아울러 음성 형식을 가시화하여 실현해 내는 또 다른 형식인 문자가 그 위치를 차지하고 있다. 다만 과거나 현재에도 문자가 없는 언어를 가지고 있는 민족이 있었기 때문에, 그리고 인간 음성 언어를 기록하는 필수적 요소로서 문자가 그 위치를 차지하지 못했기 때문에 문자는 언어학 담론의 주변부 요소였던 것이다. 그러나 21세기에 문자 없이 언어 생활을 하는 민족은 거의 찾아볼 수 없으며, 그런 측면에서 문자는 음성 형식, 의미 내용과 더불어 鼎立의 한 축을 형성한다고 해도 과언이 아니다. 문자의 입장에서 보면 음성 형식을 다시 형식화하는 것이고, 의미 내용을 함축하는 것이기 때문이다.

문자론(graphonomy), 혹은 문자학은 인류가 고안해 내어 발전시킨 문자의 생성, 전파 및 그 기능과 특징에 관한 연구이다. 일반적으로 문자론은 두 가지의 연구 분야로 이루어졌다고 볼 수 있다. 하나는 문자의 발명부터 현재에 이르는 과정에 대한 역사학적 문자론이 그 연구 분야이고, 다른 하나는 언어와 문자의 관련성, 그리고 문자의 기능과 특징, 법칙을 연구하는 언어학적 문자론이다. 전자가 인류 문명사나 고고학, 문화사, 문헌학 등에서 논의되는 통시적 학문의 영역이라면, 후자는 언어학적 관점에서 논의되는 공시적 학문의 영역이라고 할 수 있을 것이다. 그러나 언어학적 문자론도 역사학적 문자론의 뒷받침 없이는 그 토대와 제 영역을 구축하기엔 어려움이 많다.

훈민정음에 대한 연구도 이와 비슷해서 단순히 훈민정음이라는 문자의 기능, 특징, 그 법칙을 논하기 이전에 훈민정음이라는 문자의 탄생 이면과 밀접한 관련이 있는 한국 문화사나 역사 등과의 관계를 고려하지 않고 논하기는 어렵다. 즉 훈민정음의 창제는 인문학적 관점에서 바라보아야 하고 훈민정음에 대한 언어학적 문자론도 그 시각에서 그리 자유로울 수 없다[1].

2.2 문자의 발달과 훈민정음

역사학적 문자론의 입장에서 인류 문자의 발달사를 문자 유형의 발전과 관련지어 생각해 보자. 문자는 크게 그 유형에 따라 ① 회화문자(繪畫文字:pictogram:그림글자), ② 표의문자(表意文字:ideogram:뜻글자), ③ 표음문자(表音文字:phonogram:소리글자) 등 세 종류로 나눌 수 있다. 이 셋은 인류의 문자를 개괄적으로 분류한 것에 지나지 않으나, 문자의 역사상 이러한 순서대로 발달했다고 대체로 파악해 볼 수 있다. 물론 표음 문자가 가장 발달한 단계의 문자이다.

회화 문자는 암각화 등의 그림으로써 언어의 의미 내용을 한데 묶어 나타내는 문자를 말하고, 표의 문자는 중국의 한자와 같이 단어의 뜻을 다소 상징적인 방법의 기호로 표시한 문자를 말하며, 표음 문자는 우리의 훈민정음이나 알파벳 문자와 같이 단어의 요소나 소리를 추상적인 기호로 나타내는 문자를 말한다. 이 중에서 표음 문자는 크게 음절 문자와 음소 문자로 나뉜다.

음절 문자(syllabic letter)는 글자 하나하나가 뜻과 관계 없이 소리(음

---

1) 4장에서 논의되는 '훈민정음 창제 목적에 대한 인문학적 접근'을 참고할 것.

절)로 이루어진 문자 체계이다. 음절 문자는 대개 표의 문자의 표의성을
버리고 표음성만이 살아 남은 결과로 생겨난 것인데, 대표적인 음절 문자
는 일본의 가나(假名)이다. 중국의 한자가 가지고 있는 음절 문자적 성격
에서 그 소리만을 취하여 순수한 음절 문자 체계로 발전시킨 것이라고 볼
수 있다. 예를 들어 일본 문자 か, き, く, け, こ는 각각 ka, ki, ku, ke,
ko 음을 표시하는 문자인데, 첫소리가 모두 같은 〔k〕임에도 불구하고 문
자상으로 전혀 서로 간의 공통점을 지니고 있지 않다. 설형 문자(楔形文字)
또한 음절 문자적인 성격을 지니고 있다.

음소 문자(phonemic letter)는 글자 하나하나가 지시하는 음의 단위가
음소인 문자 체계를 말한다. 음절 문자보다 표음성이 더 뛰어나다. 셈어
와 같이 음소 문자에는 자음만을 보여주는 문자가 있는가 하면, 자음과
모음을 다같이 표시하되 자음이 기초가 되고 모음은 단지 부가적 기호로
쓰이는 문자인 인도 문자가 있고, 자음과 모음을 동등하게 취급하는 문자
인 우리 한글(훈민정음)과, 로마자 등이 있다. 가장 발달된 형태의 문자로
가장 작은 언어 단위를 대표하는 문자이기도 하다.

특히 우리 한글은 ㄱ, ㅋ, ㄲ 과 같이 같은 계열의 문자가 그 자형의
공통점을 가지고 있어서 시각적으로도 대단히 효율적인 문자라 할 수 있
다. 위의 아음 〔k〕, 〔kh〕, 〔kk〕에서 볼 수 있듯이 모두 〔k〕 'ㄱ'을 그 자
형에 가지고 있어서 같은 계열의 문자라는 사실을 쉽게 확인할 수 있다.
그래서 한글과 같은 문자를 표음 문자, 음소 문자 중에서 가장 뛰어나다
고 하여 음운자질 문자라는 평가를 내리기도 한다.

따라서 우리 고유의 문자인 훈민정음은 당연히 세계 최고 문자라 아니
할 수 없다. 그 문자의 제자 원리도 물론 원본 『훈민정음』에 정확히 기술
되어 있는 바, 자음은 발음 기관을 상형하여 기본자가 형성되었고, 나머
지 글자는 소리에 따라 획을 더하는 방식으로 만들어졌다. 그리고 모음은
하늘(天), 땅(地), 사람(人)이라는 동양 역철학의 三才를 상형하여 기본자
가 형성되었고 나머지 모음자는 그 세 글자의 결합을 통해서 이루어졌다.

    우리의 문자가 만들어진 원리를 탐색하게 되면, 그것은 단순한 문자의 창조 차원을 넘어서 형이상학과 형이하학의 만남이라고 아니할 수 없다. 자음은 발음 기관을 본떴으니 자연 과학적이고, 모음은 우주 자연과 인간의 문제와 결부하여 만들어냈으니 인문 과학적이라고 할 수 있다. 특히 원본『훈민정음』책 전체에 흐르는 역철학에서는 우리의 문자도 우주의 오행, 오음, 사시, 사방과 어울려 흐트러짐이 없음을 강조하고 있으며, 인간이 만들어낸 문자가 곧 우주의 섭리에 지배를 받는다는 대단히 고차원적 인식론을 제공해 주고 있다.

    이러한 훈민정음은 비단 이제 우리의 것, 과거의 것만이 아니다. 세계의 문화 유산이며, 그 활용과 쓰임은 여러 면에서 다양할 수 있기 때문이다. 그 실현 가능성이 희박하기는 하나, 우선 국제 음성 기호로서의 역할을 충분히 해 낼 수 있는 쓰임이 그 하나이다. 천하의 '聲音'을 다 표기할 수 있다고 한 선인들의 언급이 결코 과장이 아니다. 최근 동남아의 신생 독립국에서 우리의 문자를 표기 수단으로 삼고자 한다는 뉴스를 접하면서 그 가능성이 국부적으로 실현될 조짐이다. 따라서 과거에 비추어 보아도 훈민정음이 창제 당시에 운서의 한자음을 표기하는 전사 기호로 쓰인 것은 당시로서는 당연한 것이었고, 그러한 기능이 현대와 와서도 불가능한 것은 아니다.

    그리고 또다른 하나는 현대 디지털 문명과 관련된 것이다. 한자가 가지고 있는 한계를 뛰어넘는 장점 때문에 컴퓨터에서도 그 구현이 이로울 뿐만이 아니라, 최근 급속도로 번져가는 휴대폰 문자 서비스에서도 자음의 획 추가라든가, 기본 세 자를 이용한 모음의 완벽한 구현은 과거의 제자 원리를 현대 디지털 문명에 접목시킨 것으로 문자 자체의 과학적 특성에 기인한 것이었다. 민족 문화의 또다른 계승이자 발전이라고 할 수 있을 것이다.

    우리는 이 훈민정음을 그 동안 공기처럼 너무도 당연하고 친숙하게 접해 왔기 때문에 그 소중함을 모른다. 그리고 그 역사적 연원에 대해서도 정확히 숙지하는 못하는 바가 있다. 따라서 3장에서는 우리 문자 훈민정음과 그 해설서 『훈민정음』에 대한 기본 지식을 우선 살펴보기로 한다.

제3장

훈민정음과 『훈민정음』

3.1 훈민정음과 『훈민정음』의 역사적 탄생

훈민정음은 15세기에 탄생한 우리 고유의 문자다. 우리 고유의 문자라 하는 것은 그 이전에 그러한 문자가 존재하지 않았다는 것을 의미하며, 그 이전의 문자 생활이란 불완전한 한자 문화권 속에서의 몸부림이었다. 그 몸부림의 소산은 외국 문자로서 한자를 받아들여 그것을 우리의 문화적 축적의 산물로 만들어낸 차자 표기일 것이다.[1] 그러나 한문을 써 왔든 아니면 차자 표기로 우리의 문자 생활을 지속해 왔든지 간에 훈민정음 창제 이전의 문자 생활이란 곧 한자로 대변되는 언어 권위관에[2] 짓눌린 역사였다고 해도 과언이 아닐 것이다. 이러한 문자 생활을 통해 우리는 그 나름의 사상과 감정을 표현하기에 이르렀지만, 그 한계는 명백한

---

1) 한자의 국어 수용 과정에 대한 논의는 김민수(1980)를 참고할 것.

2) 언어 권위관은 고대 국어 이후 19세기까지 지배해 온 한자 및 한문의 권위관으로 우리의 말글살이가 한자 및 한문에 종속되어 한문 숭상주의라는 필연적 결과와 일맥상통하는 인식 태도를 가리킨다고 말할 수 있겠다. 이러한 태도와 관련해서는 고려 시대 최행귀의 언어 이론을 참고해 볼 필요가 있다. 이것은 마치 서양에서 라틴어가 과거에 가졌던 권위에 비견되는 것으로 한자 및 한문은 동양의 라틴어라고 볼 수 있는 성격의 문자였던 것이다. 김민수(1980)에서 처음으로 논의가 되었으며, 이상혁(1999), 이상혁(2004)에서도 다룬 바 있다.

것이었다. 그러나 고유 문자가 필요하다는 인식, 그리고 역사적 필연성, 문자 발생의 문화적 축적은 결국 우리에게 소중한 고유 문자인 훈민정음을 가져다 주었다. 그것은 우리 국어사 및 국어학사에서 새로운 패러다임을 형성하는 중요한 역사적 사건이자, 문화적 혁명이다.

이러한 훈민정음은 1443년(계해년) 음력 12월에3) 세종에 의해 창제되었다. 창제 주체를 놓고 한동안 의견이 분분한 때가 있었다. 즉 세종이 직접 창제를 한 것이 아니라 집현전의 여러 학자들이 이루어낸 신문자 창제를 왕에 대한 예우 차원에서 세종의 업적으로 기록했다는 견해가 세종 친제설에 대한 반론이었다. 그러나 당시에 문자 창제와 관련하여 많은 반대가 있었다는 점에서 세종 자신이 직접 하지 않은 일을 세종의 업적으로 기록하기란 어려웠을 것이다. 그리고 세종이 그러한 문자 창제의 주체이고, 그 과정을 주도한 인물이라는 면을 쉽게 부각할 수는 없었을 것이다. 따라서 '세종 친제설'이 정당한 것은 그가 가진 언어학적 탁견이 무시될 수 없다는 점에 기인한 측면도 있지만, 여러 기록에 비추어 볼 때 그가 품고 있었던 문자 창제의 강한 의지를 간과할 수 없는 점 때문이기도 하다.

그리고 3년이 지난 후, 1446년 음력 9월에4) 『훈민정음』이 간행되었다. 이 문헌은 신문자 훈민정음의 해설서로서 집현전의 학자들의 공동 연구에 의해 세상에 빛을 보게 된 소중한 문헌이다. 그러나 그 원본이 1940년 발견되기 전까지는 훈민정음 기원에 대한 많은 억측들이 난무했으나,

---

3) 양력으로 환산하면, 1444년 1월이 되는데 이 점과 관련해서 현재 우리 남한에서 기념일로 정하고 있는 10월 9일 한글날에 대하여 비판적으로 바라보지 않을 수 없다. 무릇 기념일 혹은 생일 따위는 바로 그 대상이 탄생하거나 만들어진 날로 삼는 게 일반적이다. 그러나 우리의 한글날은 「훈민정음」 텍스트의 원고 탈고일 혹은 원본 「훈민정음」 간행일을 기준으로 정한 바 있다. 이미 김민수(1955)에서 이 점에 대하여 지적한 바 있으며, 남한의 10월 9일 한글날은 그리 합리적으로 보기 어렵다. 참고적으로 북한은 문자 훈민정음의 탄생에 초점을 맞춰 한글날을 1월로 정해 놓고 있다. 사소한 문제이기는 하나, 통일이 된 후 한글날은 엄밀히 말하면 북쪽에 양보해야 할지도 모를 일이다.
4) 원본 『훈민정음』의 말미 정인지 후서를 보면 '正統十一年九月上澣'이라 되어 있어 그 간행 연도가 곧 1446년임을 알 수가 있다.

원본이 발견된 후 그 논란의 종지부를 찍게 되었다. 아래의 내용은 원본 『훈민정음』 발견 경위에 대하여 정확하게 최초로 언급한 글로 판단되기에 「국어국문학」 9호에 실린 그 전체 원문을[5) 그대로 여기에 옮긴다.

인용문

原本 訓民正音의 保存 經緯에 대하여

鄭喆

　　여기서 말씀 드리려는「原本 訓民正音」은 이미 崔鉉培님이 "한글갈"을 통하려 발표하신 全鎣弼本을 이릅니다. 이 原本 訓民正音이 全鎣弼님 手中에 넘어 갈 때까지의 保存 經緯를 밝히고자 합니다.

　　崔鉉培님의 "한글갈"에 보면 原本 訓民正音이 慶北 義城 某古家의 집에서 나왔다고 적혀 있는데 그런 것이 아니라 事實은 慶北 安東郡 臥龍面 周下洞 李漢杰님 宅의 家寶였습니다. 이 어른은 號 後村(西紀 1880～1950) 本貫 眞城 退溪의 宗派이며 일찍 先祖께서 女眞征伐의 功이 있어 世宗大王으로부터 賞을 받아(단 한卷) 늘 궤中에 감추어 世傳家寶로 남겨 오다가 燕山君 때 諺文冊 所持者를 嚴罰할 때 生命을 유지하기 위하여 不得已 첫 머리 두 장을 뜯어 버리고 돌돌 말아서 書笈에 秘藏했던 것입니다.

　　後村 李漢杰先生은 林下名儒로서 安東一圓 뿐 아니라 嶺南 一帶에까지 名譽가 孜孜한 분으로서 抗敵 志操와 그의 排日 敎育熱은 단단하였다. 先生의 長男에 容規(裡里農大 國語講師로 在職中 病死 柳님의 紹介) 二男 容薰(慶北 安東師範校 在職中), 三男 容準等 세 子弟가 있었으며 三男 되는 李容準님은 서울 經學院(成大 前身)에서 공부하였는데, 當時 成大 助敎授 金某의 가장 寵愛하는 弟子였읍니다. 그 當時 全鎣弼님은 家産이 넉넉하여 金某를 시켜서 貴重한 책이면 값의 高下를 不問하고 모조

---

5) 인쇄의 한계 때문에 원문에서 일부 노출하지 못한 한자는 확인하여 필자가 넣었으며, 띄어쓰기와 한글 오자는 그대로 놔 두었음을 밝힌다.

리 사들이게 하였읍니다. 이 때 李容準님은 그의 가장 尊敬하는 스승 金
某에게 師事하는 가운데 自己 故鄉 安東에 訓民正音이라는 책이 있다는
것을 이야기하자, 金某는 곧 全鎣弼님으로부터 많은 돈을 얻어 가지고
당장에 안동으로 내려와서 現物을 보게 되었읍니다. 그런데 原本 訓民正
音의 現品은 意外에도 表紙부터 첫 머리 두 장이 毀損되어 있어졌으므로
不得已 世宗實錄 本에 原本을 記憶해가면서 漢紙를 끊여 써 넣어 깁기로
하였읍니다. 기우려 해보니 암만해도 古色蒼然한 原本과는 差異가 많음
을 느끼어 드디어 이 漢紙를 소죽 솥에 삶아 누른 빛을 내어서 原本과 비
슷하게 裁斷하여 꿰어며고 李容準님(鮮展에 入選한 書藝家)으로 하여금
原本 書體와 비슷하게 書寫시켰다. 原本은 軟美 整齊한 書風으로 一家를
이루우신 安平大君의 글씨가 分明하며 李容準님은 安平大君體에 造詣가
있었으므로 글씨 自體로 봐서는 거의 다름이 없었으나 아무리하여도 기
운 데는 宛然히 달라 보였고 特히 意外의 誤字 一字는 다름 아니라, 序文
末尾에 "便於日用耳"라 한 것을 "便於日用矣"라고 곧 耳를 矣로 쓴 것이
큰 瘤가 아닐 수 없었읍니다.(勿論, 이 誤字는 뒷날 알게 된 것임).

　　이와 같이 하느라고 이 집에 오래 묵은 金某는 斯學界의 研究資料로
이 책을 서울로 가져 가기로 許諾을 請하였다. 이에 後村先生은 所願을
承諾하고 同時에 五百餘年 傳해오던 國寶 原本 訓民正音은 金某 手中으
로(結局 全鎣弼님) 永渡ㅎ게 되었읍니다. 이에 金某는 서슴지 않고 一金
三千圓을(1940년) 謝禮金으로 冊主 後村先生에게 치르게 되었읍니다.
金某는 結局 이 책을 所願대로 購入하여 還京하여 全鎣弼님에게 전해 주
고 이 소문을 만나는 사람마다 하게 되어 當時 朝鮮語學會 會員을 비롯
하여 이 책에 關心을 가진 이는 그 책을 보고 싶었던 것은 말할 것도 없
었읍니다. 이에 全鎣弼님은 愛藝한 이 책을 及其也 公開하게 되어 모든
實物을 보게 되었고 그 가운데 崔鉉培님 같은 이는 쉽사리 卷頭 補修한
것을 辨別하셨을 뿐 아니라 耳를 矣로 誤書한 것까지 다 아시게 되었으
며 더운 解放後 國語講習會 席上에서 말씀하시기를 後村先生의 德澤으로
原本 訓民正音이 傳하게 됨은 實로 感慨無量하다고 所懷를 披瀝하셨읍니
다. 그런데 義城 某 古家로 訛傳(崔先生님은 뒤에 아시게 되었으나) 된
것은 原 冊主인 後村先生이 不尠한 謝禮金을 받고 世傳家寶를 남의 손에
넘겼다는 것이 不名譽스러워 金某에게 故意로 부탁한 所以가 있었읍니

다.

이에 國寶 原本 訓民正音의 保存 經緯를 널리 아뢰어 後村先生의 文化
愛를 기리고자 합니다.(筆者는 一般會員·慶北 安東 高校 敎師)

이렇게 발견된 『훈민정음』은 지금도 성북구 소재 간송 미술관에 원본
『훈민정음』이 소장되어 있는데, 이『훈민정음』은 이제 우리의 소중한 문
화유산이 되어 국보 70호로 지정되었고, 그 가치를 인정 받아 1997년
10월 유네스코 지정 세계 기록 유산으로 등재되어 세계적인 문화 축적물
로 인정받게 되었다.

이 원본의 발견 이후 훈민정음과 원본『훈민정음』의 연구는 우리말로
그 번역이6) 이루어지면서 학계에서 그 가치와 역사적 의의가 활발하게
논의되었고, 세종을 포함하여 15세기 정음 음운학파로 명명될 수 있는
집현전 학사들의 탁월한 언어학적 식견은 지금도 여러 부분 국어 연구자
들에게 인용되고 재해석되고 있다. 그리고 외국의 언어학자들도 이 문헌
의 가치를 알고 그에 대한 연구와 번역을7) 하고 있다.

이제 여기서 우리는 훈민정음의 명칭을 대체로 두 가지 개념으로 이해

---

6) 『훈민정음』에 대한 최초의 번역자 문제는 김민수(1985)에서 언급되었는데, 조
   선일보에 방종현 선생님 이름으로 연재되어 "원본 훈민정음의 발견"이라는 제목
   으로 『훈민정음』이 신문지상에서 최초로 번역되었다. 그러나 방종현 선생님은
   그의 책 『해석원본훈민정음』(1946)의 자서에서 "그 발표자의 명의는 비록 내 이
   름으로 되어 있으나, 이것을 실제로 번역한 이는 홍기문이다"라고 분명히 언급하
   고 있다고 하였다.
7) 아래의 내용은 Gari K. Ledyard(1998)의 『The Korean Language Reform of
   1446』에서 발췌한 『훈민정음』 어제 서문의 영역이다. The Correct Sound for
   the Instruction of the People / The sound of our country's language are
   different from those of the Middle Kingdom and are not smoothly
   adaptable to those of Chinese characters. There, among the simple
   people, there are many who have something they wish to put into words
   but are never able to express their feelings. I am distressed bt this, and
   have newly designed twenty-eight letters. I desire only that everyone
   practice them at their leisure and make them convenient for daily use.
   비판적으로 검토할 부분이 있다. 그에 대한 논의는 후고로 미룬다.

하여야 할 것이다. 그 하나는 문자 명칭으로서의 훈민정음이요, 다른 하나는 문헌으로서의 『훈민정음』이다. 전자의 경우는 줄여서 '정음'이라고 일컫기도 했으며, 창제 당시나 그 이후 조선 후기에는 '언문'8) 혹은 '반절'9) 등의 명칭으로 불리기도 했다. 후자의 경우는 한문본과 국역본이 있는 바, 한문본을 원본 『훈민정음』 혹은 『훈민정음』〈해례본〉이라 칭할 수 있고, 국역본은 예의편만이 번역된 한글본이므로 『훈민정음』〈언해본〉이라고 부를 수 있을 것이다. 그리하여 문자로서의 훈민정음이 주로 국어사의 대상으로 인식되는 개념이자 명칭이라면, 문헌으로서의 『훈민정음』은 주로 국어학사에서 논의될 대상이다.10)

3.2 『훈민정음』의 이본

　　문헌으로서 『훈민정음』을 논할 때, 우선 고려가 되어야 할 사항은 이본에 대한 문제이다. 현재까지 발견된 이본은 대체로 다음과 같이 나누어 볼 수 있다. 金敏洙(1957)에서 인용된 표를 바탕으로 필자가 약간 추가하여 아래에 제시하기로 한다.

---

8) '諺文'이라고 할 때는, 대체로 훈민정음을 낮춰 이르는 말이라고 인식하고 있으나, 반드시 그런 것은 아니라는 점이 이상혁(1998)에서 논의된 바 있다.

9) '反切'이라고 할 때는 훈민정음이 창제된 당시에 그 기능과 관련지어 생각을 해 볼 수 있는데, 종래 운서의 한자음 표시는 '兩字 表音法'에 따라 漢字 두 자로 했으나, 훈민정음이 창제된 후에 그 역할을 표음적 주음 기호로서 훈민정음이 맡게 됨으로써 이 명칭이 훈민정음의 이칭으로 불리게 된 연유가 있다.

10) 문자로서의 훈민정음이 반드시 국어사의 논의 대상만이 되는 것은 아니다. 문자 체계에 대한 연구자들의 인식 태도, 그리고 그 문자를 기반으로 한 표기법(writing system)의 문제는 국어학사의 영역에서도 다루어질 수 있다. 훈민정음 문자 체계를 인식하는 당대 혹은 후대 연구자들의 태도가 하나의 국어학적 견해에 해당할 수 있기 때문에 그것이 국어학사의 영역이 될 수 있으며, 표기법 역시 일종의 당대 규범에 해당하는 것이기 때문에 문자 의식의 결과물로서 국어학사의 대상이 될 수 있기 때문이다.

훈민정음 해례본 한문본 -1) 간송 전형필본(유일본)
　　　　　예의본 한문본 -1) 해례본의 권두에 실린 것
　　　　　　　　　　　　2) 세종실록본
　　　　　　　　　　　　3) 예부운략본
　　　　　　　　　　　　4) 열성어제본
　　　　　　　　　　　　5) 경세훈민정음도설본
　　　　　　　国역본 -1) 월인석보 권두본
　　　　　　　　　　　2) 박승빈본
　　　　　　　　　　　3) 가네사와(金澤庄三郎)본
　　　　　　　　　　　4) 일본 궁내성(宮內省)본

　　위의 이본 중에서 원본 『훈민정음』으로 알려진 〈해례본〉은 앞서 언급한 바와 같이, 훈민정음에 대한 전모를 밝혀준 훈민정음 해설서로서 한문본이면서 현재 간송 미술관에 소장된 유일본이기 때문에 매우 소중한 책이다. 현재 전하고 있는 이 책이 그 문헌 말미의 鄭麟趾의 후서에 나타난 바와 같이 "正統11)十一年九月上澣"의 표현에 의거하여 1446년(병인년) 음력 9월 상순에 간행된 것으로 보아 왔으나, 그 초간본 여부에 대해서는 논란의 여지가 많다12). 다만 그 초간본의 원형은 거의 갖춘 것으로 파악하고 있다.

　　『훈민정음』〈예의본〉의 경우는 위에서 보는 바와 같이 크게 한문본과 국역본으로 나누어 살펴볼 수 있다. 이들은 모두 『훈민정음』 예의 부분만을 그 내용으로 하고 있기에 붙여진 이름이다. 우선 한문본의 첫 번째 것이 〈해례본〉의 권두에 실린 〈예의본〉이다. 이 〈예의본〉의 첫 장이 오래 전에 낙장이 되어 그 부분을 발견 당시에 붓글씨로 보충하게 되었는데, 이 때 어제 서문 말미의 "便於日用耳"를 "便於日用矣"로 잘못 보수하여 옥에 티가 된 그 이본이 이것이다. 그 사실은 한문본 이본 중의 하나

---

11) 중국 명나라 영종 때의 연호(1436~1449).
12) 김민수(1957)에서는 세종 16년에 주조된 갑인(甲寅) 활자가 아니기 때문에 다소 의심스럽다고 언급하고 있다.

인 〈세종실록본〉의 내용을 보고 나중에 알게 된 것이라 한다. 이밖에도 〈예부운략본〉13), 〈열성어제본〉14), 〈경세훈민정음도설본〉15) 등이 있다.

〈예의본〉 중에서 국역본은 위에서 보는 바와 같이 그 이본이 4종이 있다. 원본이 한문본이기 때문에 우리말로 언해한 언해본이라고도 일컬어지는 것으로 한문본과는 달리 그 끝에 가서 중국음, 정확히 말하면 漢音 표기를 위한 齒頭와 正齒에 대한 규정이 달려 있다. 金敏洙(1957)에서는 1948년(세종 30년)에 간행된 『東國正韻』에서도 그 설정이 없는 것으로 보아 대개 그 이후 『四聲通攷』를 편찬할 즈음에16) 창안된 규정에 의하여 齒頭와 正齒의 글자들이 생긴 것으로 추정하고 있다. 따라서 국역본 『훈민정음』〈예의본〉은 1455년 이후에 번역된 것으로 파악하고 있다. 위의 4종 중에서 『월인석보』〈권두본〉이 가장 오래된 것으로 파악하고 있으며, 가장 좋은 것으로 보고 있는데 나머지 것들은 모두 『월인석보』〈권두본〉의 변조 내지는 轉寫로 인하여 파생된 이본의 성격을 지닌 것에 불과하다고 했다.

그런데 金敏洙(1957)의 시대까지는 『月印釋譜』〈卷頭本〉 喜方寺本이 현전하는 最古의 국역본이라고 평가되었다. 그것은 『월인석보』의 간기-隆慶二年戊辰十月日慶尙道小伯山池叱方寺開板을 보고 판단한 것으로 '隆慶二年'은 선조 1년(1568)에 해당하는 시기다. 그러나 1972년 통문관을

---

13) 정우영(2000)에서는 '예부운략본'은 '해례본'을 참고한 것 같지는 않으며, 주로 '실록본'을 보고 만들되 그 내용을 편찬자가 재해석하여 양식을 바꾸어 배열하고, 그 안에 글자나 일부 내용을 추가, 조정한 것으로 보고 있으며, 안병희 (1976)에서는 '실록본'에서 '본문'을 거의 그대로 전재한 것으로 본다.
14) 정우영(2000)에서는 구두점이나 사성점 표기 등 양식상의 정밀한 부분까지는 전해주지 않지만, '실록본'보다 훨씬 더 근사하게 '해례본'의 모습을 전해주는 자료로 여겨진다고 보았다.
15) 정우영(2000)에서는 '경세훈민정음도설본'은 '해례본'은 참고하지 못하였고 '배자예부운략본'을 저본으로 순서와 양식만 바꾸어 거의 그대로 전재한 것으로 추정된다고 하였으며, 안병희(1976)는 '실록본'이거나 '예부운략본'의 전재에 지나지 않는다고 보고 있다.
16) 이 문헌은 단종 3년(1455년) 편찬된 것으로 보고 있다.

통해 서강대 도서관에서 소장하게 된 『月印釋譜』第一·第二(二卷一冊)가 세상에 공개됨으로써 국역본『훈민정음』〈예의본〉의 최고는 原刊 初刷 校正本『月印釋譜』 권두의 것이 되고 말았다. 따라서 세조 5년(1459년)에 국역본『훈민정음』〈예의본〉이 우리말로 번역된 것이 역사적 사실로 증명된 것이다. 자연스럽게 〈희방사본〉은 覆刻本임이 밝혀진 셈이고, 그것과 〈西江大本〉 사이의 차이가 어느 정도 드러나게 되었다. 결국 국역본『훈민정음』〈예의본〉본 중에서 『월인석보』〈권두본〉은 2종이며, 〈서강대본〉이 먼저이고 〈희방사본〉은 나중의 것이 되었다17).

　나머지 〈박승빈본〉, 〈가네사와(金澤庄三郎)본〉, 일본 〈궁내성(宮內省)본〉 중에서 〈박승빈본〉이 刊本(목판본)으로 알려져 있고, 〈가네사와(金澤庄三郎)본〉, 일본 〈궁내성(宮內省)본〉은 그 寫本으로 알려져 있는데, 〈박승빈본〉의 첫째 장은 붓글씨로 補修한 흔적이 있고 〈희방사본〉과 첫째 장을 제외하면 근본적으로 다를 바 없다고 하니18), 〈희방사본〉보다 먼저인 〈서강대본〉이 현전하는 국역본『훈민정음』〈예의본〉의 善本이라고 할 수 있을 것이다.

　한문 식자층을 위한 것이었다면 당시에 국역본이 그리 필요하지는 않았을 것이다. 그러나 그 외에 한문을 잘 모르는 독자들을 위해서 우리말로 번역이 된 것이라면, 의문이 가면서 아쉬운 것은 국역한 부분이 왜 〈예의〉에만 국한된 것일까 하는 문제와 혹시 〈해례〉의 국역본은 원천적으로 존재할 수 없었을까 아니면 현전하지 않는 것뿐일까 하는 점이다. 현전하지 않는 것이라면 꼭 발견되길 바랄 뿐이나, 과연 그러한 개연성이 있을지 역시 미지수이다.

---

17) 이에 대한 자세한 논의는 鄭然粲(1972), 安秉禧(1972)를 참고할 것.
18) 〈서강대본〉 및 〈희방사본〉은 그 서명이 '世宗御製訓民正音'이지만, 나머지 이본들은 '訓民正音'이라는 점이 또한 차이라면 차이일 것이다.

3.3 『훈민정음』의 내용 구성 체계

앞에서 『훈민정음』의 이본에 대하여 알아보았는데, 이 절에서는 그 한 문본 『훈민정음』〈해례본〉과 국역본 『훈민정음』〈예의본〉의 내용 구성 체계와 그 특징에 대하여 살펴보고자 한다.

『훈민정음』〈해례본〉은 아래와 같이 구성되어 있다.

예의 - 어제서문 // 자모의 음가 // 종성법 / 연서법 / 병서법 / 부서법 / 성음법 / 사성법
해례 - 제자해 / 초성해 / 중성해 / 종성해 / 합자해 // 용자례 // 정인지 후서

『훈민정음』〈해례본〉의 구성은 위와 같이 되어 있으나, 그 내용과 관련지어 보면 크게 여섯 부분으로 나누어 볼 수 있을 것이다.19) 예의는 어제서문과 자모의 음가, 그리고 나머지 규정으로 되어 있고, 해례는 五解와 一例 및 정인지의 후서로 구분해 볼 수 있다. 이 책의 전체 분량이 33장인데, 대부분의 분량을 해례 부분이 차지하고 있다.

먼저 예의 부분을 살펴보기로 하자. 주지하는 바와 같이 어제서문은 세종의 문자 창제 동기를 밝힌 부분이며, 자모의 음가를 설명한 그 다음 단락은 한자를 이용해 초성 17자와 중성 11자의 음가를 설명하고 있다. 그리고 그 다음 내용에서는 초성, 중성, 종성 각 문자의 운용법을 다른 문자와 서로 관련지어 규정하고 있으며, 아울러 15세기 성조 언어인 국어의 표기를 위한 사성법 개념을 명시하고 있다.

흥미로운 것은 자모의 음가 설명이 중성을 끝으로 마감되기 때문에 바로 그 다음 단락에서는 "終聲復用初聲"이라는 종성의 표기 규정을 언급하

---

19) 이 글에서는 내용상 여섯 부분으로 나누어 보았지만, 『훈민정음』〈해례본〉의 예의 부분은 각 장 7행에 11자, 해례 부분은 각 장 8행에 13자, 정인지 서 부분은 각 장 8행에 12자로 되어 있어서 크게는 세 부분으로 나누어 보는 게 일반적이다.

고 있다는 점이다. 따라서 앞 단락의 자모의 음가 설명 부분은 단순히 음가만을 설명하고자 하는 부분이 아니라, 문자로서의 초성자, 중성자의 쓰임을 강조한 부분으로 판단해 볼 수 있을 것이다. 이러한 점에 주목해 보면 그 다음에 왜 "終聲復用初聲"이 연이어 나왔는지가 보다 쉽게 이해될 수 있다. 결국 예의 부분은 음운론 혹은 음운사의 관점에서도 논의될 내용이기도 하지만, 궁극적으로는 당대 어문 규정, 다시 말하면 표기법 규정으로 논의될 내용이기도 한 것이다.

해례 부분은 오해일례로 구성되었는데, 제자해에서는 문자의 제자 원리를 상형에 두고 있음을 밝히고 있다. 발음 기관을 상형하여 만든 오음 기본자(ㄱ, ㄴ, ㅁ, ㅅ, ㅇ)를 바탕으로 因聲加劃과 異體의 원리에 따라 나머지 초성자가 만들어졌음을 서술하고 있다. 중성은 삼재(천지인)를 상형하여 만들어졌는데, 중성 기본자 석 자(丶, ㅡ, ㅣ)가 그것이고, 이 기본자의 결합으로 초출자와 재출자 8자를 만들어졌음을 밝히고 있다.

초성해에서는 초성의 위치에서 초성이 중종성과 결합하여 음을 이루는 방식을 설명하고 있으며, 중성해에서는 중성의 위치에서 초종성과 결합하여 음을 이루는 방식을 설명하고 있다. 덧붙여 중성의 병서법이라고 일컬을 수 있는 '二字合用'과 '三字合用'으로 가능한 중성자의 18자의 예를 보여주고 있다. 종성해에서는 종성의 위치에서 초중성과 결합하여 음을 이루는 방식을 설명하고 있으며, 이어서 입성법을 통해 '以影補來'에 대한 설명을, '八終聲法'을 통해 현실적 받침 규정에 대하여 규정을 하고 있다.

합자해에서는 먼저 부서법에 대하여 설명한 후, 합용병서와 각자병서가 쓰인 예를 고유어를 중심으로 보여주고 있으며, 한자와 우리말을 섞어 쓸 때의 규정인 '補以中終聲法'과 우리말의 사성법, 그리고 국어에서의 'ㆆ'과 'ㅇ'의 통용, 반설경음을 통해서 연서법 규정을 보충하고 있다.

용자례에서는 95개의 고유어 어휘를 제시하여 초성, 중성, 종성에 따라 어떻게 그것이 실현되고 표기될 수 있는지를 당시의 기초 어휘 중심으로 나열해 주고 있다20). 이런 양상을 앞의 다섯 가지 解와 관련지어 생각해 보면, 『훈민정음』〈해례본〉은 언어 이론과 그 응용의 구조를 하나의 텍스트 안에서 구현한 연구 축적물로 우리의 문자의 전모를 논하는 데 있어 그 텍스트 구조를 높게 평가할 수 있는 귀중한 문헌이라고 아니할 수 없다.

그리고 용자례를 제외한 다섯 가지 解 뒤에서 각각 같은 방식으로 '訣曰'이라 하여 칠언의 시로 본문의 내용을 간략하게 요약하여 정리하고 있다. 이 '訣文'은 내용상 보면 본문의 중복이긴 하지만, 본문의 내용을 한시로 정리하여 다시 제시하고 있다는 점에서 그 체계의 정합성을 높이 평가할 수 있겠다. 이것은 마치 파니니 문법을 연상시키는 것으로 수많은 규칙을 간략화하여 정리해 그것을 암송하게 했던 인도 고대 문법의21) 간결성을 유사한 방식으로『훈민정음』에서 보여준다는 점에서 이 해례 편찬자들의 역량을 다시금 높이 보지 않을 수 없다.

정인지의 서에서는 훈민정음 창제의 이유, 훈민정음의 우수성, 창제 및 편찬 인물, 편찬자, 그 편찬 시기 등을 밝힌 부분인데, 결국은 〈해례본〉의 편찬 경과에 대한 언급이라고 할 수 있다. 이두 사용의 불편함, 한문 사용에 따른 송사의 어려움은 훈민정음이 창제될 수밖에 없는 이유라고 밝히고, 훈민정음은 전환이 무궁하고 간단하면서도 긴요하며 정밀하여 어떤 소리라도 다 적을 수 있는 보편적 문자 체계임을 강조하고 있다.

결국『훈민정음』〈해례본〉은 당대 성운학과 지식과 역철학이라는 동양 철학을 바탕으로 이루어낸 국어학적 업적이자 우리 문화사 및 그것을 뛰어 넘는 세계 문자학사에서 길이 빛날 세계 기록 문화유산이라는 점을 부인하기 어려우며, 당대의 언어학적 역량의 최고 집적물이라고 할 수 있겠다.

---

20) 이에 대한 자세한 논의는 9장에서 다루었다.
21) 최근 대장경파니니연구회에서는 파니니 문법의 특징을 살려 우리 문법의 간명화 방안을 모색하기 위해서 '규범생성문법'이라는 새로운 개념을 도입하여 현대 국어 문법의 새로운 모델을 구축하고자 하는 움직임이 일고 있다.

　다음은 국역본 『훈민정음』〈예의본〉의 체계를 간략히 살펴보자. 이 문헌의 이본 관계는 전술한 바와 같고, 그 체계를 보면 구결문 → 협주 → 언해문의 구조가 일관되게 반복되어 국역된 모습을 확인할 수 있다.

구결문	國귁之징語엉쯉흠이
협주	國귁온나라히라之징논입겨지라語엉는말쏜미라
언해문	나랏말쏘미

　먼저 구결문의 형식으로 한문 원문에 우리말로 토를 달았다. 그것은 이전의 차자 표기에서 한자의 약자 등으로 토를 달던 방식에서 그 약자 대신에 훈민정음이 그 기능을 이어받은 것으로 한문 원문을 구 단위로 끊고 주로 조사나 어미 등의 허사를 훈민정음으로 표기한 방식이다. 훈민정음의 懸吐 기능을 엿볼 수 있는 대목이다. 이 기능은 한문의 보조적 수단으로 훈민정음이 활용된 것으로 20세기 초까지 계속 계승되었다.

　또한 원문 한자 아래 그 한자의 한자음을 훈민정음으로 달아 놓았다. 당시의 속음, 곧 조선 현실음이 아님을 알 수 있다. 이 한자음은 동국정운식 한자음으로 알려져 있는데, 이것은 조선 현실음과 중국 원음(한음) 사이의 괴리를 극복하고자 『東國正韻』(1448) 운서에서 제정한 한자음으로 이상적 교정음에 해당하는 것이다.

　이렇게 볼 때, 훈민정음의 또 다른 기능은 바로 한자음을 전사하는 발음 기호의 역할을 하고 있었다는 것이다. 이 역시 훈민정음이 한문의 보조적 수단으로 이용된 것으로 당시의 漢音 표기를 위해서도 훈민정음이 그 注音的 기능을 했다는 점에서 훈민정음이 보편적 표음성을 지닌 문자라는 점을 확인할 수 있다. 그것은 곧 중국 反切의 기능을 훈민정음이 이어받은 것으로 표음 문자, 음소 문자가 지닌 장점을 여실히 보여주고 있는 측면이라고 볼 수 있다.

　그 다음엔 한 행에 두 줄로 앞에 나온 한문의 한자를 우리말로 새긴 협주의 방식이다. 그리하여 해당 한자의 우리말 뜻을 정확히 풀이한 것을 알 수 있는데, 두 가지의 원칙이 있었던 것으로 판단된다. 그 하나는 한번 출현된 한자는 다시 새기지 않는 원칙이다. 즉 위의 예에서 보듯이 '國之語音'의 한자 새김은 '國之語'까지만 제시되고 있다. '音'의 경우는 이미 이 국역본의 제목, '世宗御製訓民正音'에서 출현된 한자로 이미 새김을 했기 때문이다.

그 다음의 원칙은 각 한자를 새길 때, 그 한자가 어떤 단어 부류에 속하는 지를 판단한 후에 그 새김의 형식을 한자마다 달리 하는 것이다. 즉, 그 한자가 명사류에 속하면 '-이라'의 형식으로, 용언류에 속하면, '-ㄹ씨라'의 형식으로, 부사류에 속하면 '- ᄒᆞᆫ 뜨디라'의 형식으로, 허사류에 속하면 '아모그에 ᄒᆞᆫ 겨체 쓰는 字이라', 혹은 '입겨지라'의 형식으로 뜻풀이를 한 것이다.22) 일종의 초기적 품사 의식의 발로라고 아닐 할 수 없다. 또한 새김은 곧 뜻풀이이고 뜻풀이는 사전의 메타 언어적 형식인데, 그것에 비추어 볼 때, 이 협주를 통해서 사전 뜻풀이의 초기적 지각 단서를 엿볼 수 있다. 또한 번역의 정교함을 전제해 주는 당시 언해자의 수준 높은 형태 의식으로 평가할 수 있을 것이다.

이 국역본의 체계에서 특기할 만한 것은 사성법의 언해가 끝난 후 말미에 중국 한음에 대한 규정이 첨가된 부분이다. 치두와 정치에 대한 설명인데, 한문본에는 없는 규정으로 언해자가 임의적으로 삽입한 것으로 보인다. 그러나 임의적으로 삽입한 부분이었다 할지라도 그 형식이 여전히 구결문 → 협주 → 언해문으로 되어 있는 걸 봐서는 이미 그 국역 이전에 그 한문 원문이 있었을 것으로 추정해 볼 수 있다. 그 원문을 아래와 같이 복원해 볼 수 있을 것이다.

漢音齒聲有齒頭正齒之別,　ㅈㅊㅉ人ㅆ字用於齒頭,　ㅈㅊㅉ人ㅆ用於正齒,　牙舌脣喉之字通用於漢音

---

22) 예를 들면 '文문은글와리라, 興잉는둘씨라, 不붏은아니ᄒᆞᆫᄠᅳ디라, 乎뽕는아모그에ᄒᆞᆫ겨체쓰는字ᄍᆞ ㅣ 라' 따위가 그것이다.

한문본에는 위의 원문이 없지만, 위와 같은 한문 문장의 복원은 가능할 것이고, 그것을 바탕으로 언해자는 구결문 → 협주 → 언해문의 형식으로 국역을 했을 개연성도 있다. 훈민정음이 우리말 표기를 위한 문자 체계로, 이상적 교정음을 전사하기 위한 표음 기호로, 중국 한음을 전사하기 위한 주음 기호로 다양하게 당시에 쓰였음을 보여주는 것이다. 따라서 정치와 치두의 첨가는 어찌보면 당시의 훈민정음의 기능으로 보았을 때, 당연히 필요했던 것으로 여겨진다. 다만, 임의적 추가인가 아니면 원문을 보고 언해한 것인가 하는 문제는 정확히 알 길이 없으나, 현재로서는 한문본에 이 규정이 없는 걸 봐서는 언해자의 의도에 따른 추가로 이해할 수밖에 없을 것이다.

제4장

훈민정음의 창제 목적에 대한 인문학적 접근

" … 최근에 특히 분명하게 밝혀진 사실은, 언어학이 과거보다 훨씬 더 제반 사회 과학 속으로 통합되지 않으면 안 된다는 점, 그리고 오로지 미시 언어학의 연구에만 국한될 수 없는 것이며, 오히려 무엇보다도 언어와 사고와 사회에서의 복잡한 제반 관련성을 연구 대상으로 해야 한다는 점이다. 중요한 점들에 있어서도 언어학의 개개의 연구 방향과 제반 이론의 수정 내지는 비판적인 평가가 요구되는 것은 의심할 여지가 없다. …"

-Gerhard Helbig 「Geschichte der neueren Sprachwissenschaft」의
제 2판 서문 중에서-

훈민정음이 창제된 지 이제 560여 년 이상 되었다. 그리고 신문자가 만들어진 지 450여 년이 지나서야 훈민정음은 진정한 '국문'으로서[1] 그 지위를 얻게 되었다. 그 이전까지만 해도 한문에 밀려 신문자의 위상을 명실상부하게 발휘하지 못했다는 것은 역사적 사실이다. 그리고 『훈민정음』이라는 문헌이 20세기 중반에 발견되고, 훈민정음 창제와 관련된 여러 역사적 정황 및 다양한 문헌적 근거가 제시되면서 훈민정음의 창제 목적이 어떤 것이었는가 하는 논의도 학계에서 다양하게 이루어져 왔다[2].

---

1) 法律勅令總之國文爲本漢文附譯或混用國漢文(勅令 第一號 第十四條)(1894.11.21),
   法律勅令은다國文으로써本 삼고漢譯으로附하며或國漢文을混用홈(1895.5.8)

그러나 그러한 훈민정음 창제 목적과 관련된 연구가 학제적 만남의 장에서 조응하여 한데 얽히지 못하고 각 학문 분야에서 고립된 양상으로 전개된 바가 없지 않다. 다시 말하거니와 인문학적 시각에서 총체적으로 훈민정음 창제 목적에 대한 논의가 다소 부족했던 것이 사실이다.

이러한 문제 의식을 바탕으로 이 장에서는 훈민정음 창제 목적과 관련해서 그 동안의 논의를 재정리해 보고 그것을 바탕으로 훈민정음 창제 목적에 대한 인문학적 접근을 모색해 보려고 한다. 또한 훈민정음 창제를 통해서 15세기의 언어관은 어떻게 해석되고 이해될 수 있는가 하는 점을 아울러 생각해 보고자 한다. 이러한 모색은 훈민정음 창제 목적에 대한 새로운 동기론을 제시하고 밝히는 작업이 아니다. 오히려 기왕에 논의되었던 여러 관점을 유의미하게 한데 묶어서 학제적 만남에 기반을 둔 새로운 국어학사적 논의의 출발로 삼고자 하다는 점을 이 장의 들머리에 덧붙이고자 한다.

4.1 15세기 국어학사 서술 범위론과 훈민정음 창제 목적의 문제

훈민정음의 창제와 문헌으로서의 『훈민정음』의 간행은 문자사 및 국어학사의 시대 구분에서 새로운 패러다임의 기점이라는 점에서 국어학적 의의를 지닌다. 따라서 문자로서의 훈민정음과 문헌으로서의 『훈민정음』에 대한 다양한 연구들은 순수 국어학적 업적들이라고 아니 할 수 없다.

그러나 훈민정음이 왜 창제되었는가 하는 문제, 즉 훈민정음 창제의

---

2) 어찌 보면 지금 이 시점에서 훈민정음 창제의 목적에 대한 논의가 국어학적 관점에서 학문적 의의가 있을 수 있는가 하는 의문을 제기할 수도 있다. 그러나 과거 역사적 사실에 대한 현재적 해석과 수용의 논리는 항상 현재 진행 중이라는 점에서, 그리고 그것은 우리의 학문적(국어학적) 미래를 과거라는 지향점에서 출발점을 삼아야 한다는 전제를 함의한다.

목적은 무엇인가 하는 문제는 문자사 및 국어학사적 관점과 역사적 관점에 각각 걸리는 문제로 이숭녕(1956)의 국어학사 서술 태도에서 바라본다면 국어학사의 서술 내용에 벗어나는 문제일 수 있다. 이숭녕(1956)에서는 "국어학사는 과거의 순수 과학적 연구만을 연구 대상으로 하고, 언어 정책적인 면은 제거되어야 하며, 이로서 국어학의 권위를 세우며, 국어학 자체의 권위와 한계를 획정하게 된다"고 하였다.

그런데 현재 학계에서 주목을 받고 있는 여러 국어학사 연구서들이 훈민정음에 대하여 서술해 놓은 실상을 보면 위의 견해에 부합하지 않고 모두 훈민정음 창제 목적과 관련된 내용을 그 서술 대상으로 삼고 있다. 즉 언어 정책적 측면, 정확히 말하면 어문정책사적 측면이 그 내용으로 자리를 차지하고 있다. 그렇기 때문에 미시적 접근에 초점을 맞추어 생각해 본다면 훈민정음 창제 목적과 관련된 논의는 어문정책사의 중요한 주제다. 그러나 훈민정음 창제 목적과 관련된 문제는 좁은 의미의 국어학에 입각한 국어 연구의 역사적 기술론에 의존할 수 없다. 그렇다면 우리는 그 문제와 관련해 넓은 의미의 국어학사의 서술 태도에 바탕을 두어야 한다. 그 넓은 의미의 국어학사라 함은 역사적으로 우리 선조들이 가졌던 국어에 대한 의식이나 표기법에 대한 지식, 그리고 언어 정책에 대한 태도까지를 아우르는 개념이다. 그렇다면 국어학사는 두 가지의 내포적 분류가 가능하다. 첫째 국어학의 역사로서 규정되는 국어학사가 하나요, 다른 하나는 국어학과 역사학의 만남으로서의 국어학사다.

전자의 경우는 국어학사의 외연을 좁게 볼 것인가 넓게 볼 것인가 하는 문제와 관련해서 지금까지 수용된 국어학사의 개념이라면 후자의 경우는 훈민정음 창제 목적과 관련하여 국어학의 독립된 영역만으로는 그 주제를 규명하기가 불충분하기 때문에 필자가 제기하는 학제적 만남으로서 규정한 인문학사 속의 국어학사라 할 수 있을 것이다.

따라서 그 주제가 훈민정음 창제 목적과 같은 제학문의 범위를 넘나드는 경우에 국어학사의 서술론은 특정한 한 학문의 영역에서만 논의되는 것만으로는 주제에 대한 총체적 접근이 가능할 수 없다. 이런 점에서 훈민정음 창제 목적의 인문학적 접근 방식은 그 의의가 있다고 생각한다.

4.2 훈민정음 창제 목적에 대한 국어학적 견해와 그 문제

훈민정음 창제 목적은 우선『훈민정음』어제 서문에3) 드러나는 문헌적 근거에 따라 다음과 같이 정리되어 왔다.

> 1) 나라의 말이 중국과 달라서 문자와4) 더불어 서로 통하지 않는다.
> 2) 어리석은 백성이 그 뜻을 펴지 못한다.
> 3) 세종 자신이 그러한 것을 불쌍히 여겨 쉽게 익힐 수 있는 문자를 만들었다.

그리하여 1)과 관련해서는 조선의 자주 정신, 2), 3)과 관련해서는 애민·실용 정신이라는 내용으로 훈민정음의 창제 목적을 파악하였다. 곧 고유 문자가 없는 국가적 체면과 백성을 사랑하고 어여삐 여겨 그들의 문자를 갖게 했으며 그것은 누구나 쉽게 익힐 수 있는 백성들의 문자임을 뜻하는 것이었다. 또한『훈민정음』말미의 정인지 후서를 보면 이두의 불편함을 해소하기 위해서 훈민정음이 창제되었다고 덧붙이고 있다. 남풍현(1978, 1980)은 이 정인지의 후서를 근거로 삼아5) 훈민정음 창제의 목적

---

3) 國之語音, 異乎中國, 與文字不相流通, 故愚民有所欲言, 而終不得伸其情者多矣. 予爲此憫然, 新制二十八字, 欲使人人易習, 便於日用耳.

4) 일반적으로 이 '문자'는 한자, 혹은 한자음으로 이해해 왔다. 그러나 최근에 홍윤표(2003)에서는 이 문자를 "예전부터 전하여 내려오는 한자로 된 숙어나 成句, 또는 문장"으로 이해해야만 '나랏말씀'과 '문자'가 서로 통하지 않는다는 의미가 제대로 해석될 수 있는 것으로 보았다.

5) 蓋外國之語 有其聲而無其字. 假中國文字以通其用 是猶枘鑿之鉏鋙也 豈能達而無礙乎. 要皆各隨所處而安 不可强之使同也.

이 이두로 대표되는 차자 표기 수단을 대체하고자 하는 데 있다는 견해를 피력하였다.

또한 어제 서문에 첫머리에 나타나는 "國之語音"과 그 국역인 "말씀"에 주목하여 훈민정음 창제 목적에 대한 논의가 있었다. 즉 "國之語音"이 과연 무엇을 가리키는가 하는 문제였다. 강길운(1972)에서는 훈민정음 창제의 목적이 한자음(注音)에 있었다고 보고 "國之語音"을 우리나라 말이 아니라 우리나라 한자음이라는 논의를 펼쳤다. 그러한 논의는 이미 이숭녕(1958)에서도 훈민정음 창제 목적을 한자음 改新이라는 측면에서 바라본 바가 있었다. 그러나 이기문(1974)에서는 고유어 표기와 한자어 표기가 다 국어 표기의 일면임을 강조하고 한자음 주음을 위해서 훈민정음이 창제되었다는 시각에 부정적 견해를 피력하면서 훈민정음이 '愚民'을 위해 '便民'할 목적으로 창제된 것이라고 하면서 '國字'의 필요성에 대한 세종 자신의 절실한 자각이 창제의 직접적인 동기라고 보았다.

한편 훈민정음이 당시에 어떤 방식으로 사용되었는가 하는 점에 초점을 맞춘 논의도 있었다. 김완진(1972)에서는 당시의 문헌에서 한자음을 주음하는 방식이 문헌마다 차이가 나는 점에 주목하여 훈민정음 창제 후 문자 사용의 측면에서 독자층을 고려한 국면이 있다고 해석하여, 훈민정음 창제의 목적은 한자와 훈민정음의 조화로운 병용을 의도한 것이었다는 견해를 강조하였다. 곧 한자의 대체 수단으로서 훈민정음이 창제된 것이 아님을 간접적으로 언급함으로써 소위 세종 정신은 한글 전용의 정신이 아니라는 점을 강조하였다.

이렇게 다양하게 훈민정음 창제 목적에 대한 논의가 진행되면서도 한편으로는 "창제 목적"이라는 다소 추상적 논제에 대한 미시적 문제 제기들이 제시되었다. 즉, 김완진(1972)나 이성연(1984)에서는 창제의 '목적'과 '동기'를6) 구분해서 파악해야 한다고 하였으며, 이현희(1990)에서는 '창

---

6) 김완진(1972)에서는 고유어 표기 수단에 대한 필요성, 한자음 표기를 위한 수단의 필요성, 자주 의식의 대두 등을 내적 동기로 보고 있고, 元 세조의 파스파

제 동기'란 창제의 의도와는 관계가 없이 창제가 있게 된 직접적 원인과 관련되는 국면이고, '창제 목적'은 창제를 한 의도와 관련되는 국면이라고 구별하고 있다7). 한편 강신항(1977)에서는 '聖人之道'를 밝혀 이상 정치를 구현해야 한다는 인식이 직접적 동기이며, 표기 수단이 없는 점, 국가 체면의 문제, 한자음, 외국어음을 표기의 문제는 수단과 결과이지 목적이 아니라고 보고 있다.

이상과 같이 위의 논의들은 대체로 훈민정음 창제 목적을 고찰함에 있어서 국어학적, 언어학적 측면에서만 바라본 견해들이었다. 따라서 훈민정음 창제 목적과 관련된 역사성의 문제에 소홀했다고 볼 수 있다. 그러나 훈민정음 창제 목적에 대한 논의는 국어학적 의의로만 해결될 수 없는 그 역사적 의미가 있다. 그렇다고 해서 그저 역사학계의 논의만이 그 학문 분야에서 바라본 창제 목적의 또 다른 관점으로만 이해될 수는 없다. 그러한 역사학계의 관점이 국어학적 관점과 통합적이고 총체적 관계 속에서 논의되어야 하는 것이다.

그리고 훈민정음 창제 결과 이루어진 신문자의 다양한 기능을 고려해 본다면 고유어를 위한 표기니, 한자음을 위한 표기니 하면서 그 창제 목적을 단순화시킬 수 없다는 데 그 핵심이 있다. 다시 말하면 훈민정음 창제 이후, 『훈민정음』에서는 〈用字例〉를 통해서 신문자로 고유어를 94개 표기하고 있다8). 『훈민정음』이라는 문헌에 기대어 본다면 당연히 훈민정음은 고유어 표기를 위해 만들어진 문자로 이해할 수 있다. 그러나

문자 제정에 의한 영향을 외적 동기로 삼아서 내적 동기론과 외적 동기론을 구분하고 있다.

7) 이현희(1990)에서는 일례로 우리의 고유 문자가 없어서 훈민정음을 창제하게 되었다 함은 창제의 동기가 되겠지만, 고유 문자가 없었기 때문에 고유 문자를 가질 수 있게끔 새 문자를 창제하였다 함은 창제의 목적이 되는 것이라 하였다. 이 문맥에서 말하는 '창제의 동기'는 지금까지의 훈민정음 창제 목적과 관련된 논의의 '창제 목적'과 어떤 차이가 있는지 구별이 안 되는 듯싶고, 고유 문자를 가질 수 있도록 새 문자를 창제하였다함이 '창제의 목적'이라고 하는 것이 논리적으로 성립할 수 있는 것인지 의문이 간다.

8) 이상혁(2000)과 9장의 『훈민정음』의 〈용자례〉 분석"을 참고할 것.

『東國正韻』의 편찬과 『洪武正韻譯訓』의 간행은 또 무엇을 의미하는가? 『동국정운』은 金敏洙(1980)의 견해에 비추어 본다면 최초로 이루어진 한자음 통일안으로서 조선 한자음 자전의 성격을 띠고 있는 것이다. 그리고 『홍무정운역훈』역시 한어 발음을 표기하기 위한 한어발음사전이자 한조(漢朝) 사전이다. 이 경우는 대신에 표음 문자로서의 훈민정음이 발음 기호로서 그 역할을 한 것이다. 그리고 각종 언해류 문헌들의 간행에 비추어 본다면 번역의 수단이라는 측면에서는 메타언어(meta-language)로 대상 언어(한문)에 대한 상위 언어적 기능을 수행한 측면이 있었다. 그리고 『훈민정음』 국역본에서 "國之語音이 異乎中國ᄒ야 與文字로 不相流通ᄒᆯ씨…"에서 보여주는 표기 방식을 보면 한문 원문에 토를 훈민정음으로 달아 놓은 텍스트 구조를 볼 수 있다. 그런데 이러한 형식은 한자 차자 표기로 토를 달던 그 이전의 구결문의 형식을 보여 주는 것으로 그 토를 훈민정음으로 표기했다는 측면에서 신문자가 차자 표기 대체 수단임을 알 수 있다.

그렇다면 훈민정음이 사용된 당대의 양상에 초점을 맞춰 바라본 창제 목적은 고유어 표기, 東音과 華音을 포함하는 한자음 표기, 번역어, 그리고 구결이나 이두를 대체하는 문자 체계로서 만들어진 측면이 있는 것이다. 그것은 곧 훈민정음 창제 목적 단순하지 않고 복합적이라는 점을 현재의 시각에서 해석해 볼 수 있다.

그리고 그러한 언어내적 동기론과 더불어 어제 서문에서 나오고 있듯이 '愚民'을 교화하고자 하는 훈민 정책의 일환으로서의 언어외적(정치사적, 사회사적) 측면이 통합적으로 모색되어야 하는 것이다. 그런데 이 언어외적 동기론과 언어내적 동기론을 분리해 사고할 수 없음에도 전자를 그저 역사학계의 관점으로만 이해하고자 했던 것이 훈민정음 창제 목적을 언어내적 동기론에만 머물게 만든 이유였다. 그러나 훈민정음 창제 목적에 대한 논의를 국어학계에서 다루고자 한자면, 그 학문적 독립성을 강조하긴 어렵다. 따라서 현대의 국어학사적 논의에서 문자 창제라는 결과와 그에 따른 문자 운용의 실제 측면만을 가지고 훈민정음의 창제 목적을 논하는 것은 학문의 독자성의 줄기를 찾는다는 시각에서는 옳은 접근일 수는 있으나, 훈민정음 창제가 가져온 당대 인문학적 의식 흐름을 고민해 본다면 국어학만의 접근 방식은 국부적일 수밖에 없다. 그렇기 때문에 이 시점에서 훈민정음 창제 목적에 대한 인문학사적 접근에 대한 타당성이 제기되는 것이다. 그렇다면 훈민정음 창제와 관련해 역사학계의 논의는 국어학사의 관점에서 보았을 때 타당한 것이었는가? 그 점을 다음 장에서 살펴보기로 한다.

4.3 훈민정음 창제 목적에 대한 역사학적 견해와 그 문제

역사학계에서 훈민정음 창제와 관련된 중요한 논의는 이우성(1976)과 강만길(1977)이 있다. 이우성(1977)에서는 강신항(1967)의 견해를 국어학계의 한글 창제 목적이라고 소개하면서 훈민정음 창제에 관한 역사적 배경이 동시에 설명되어야 함을 강조하였다. 그리하여 조선 왕조의 정치·사회적 구조와 결부시켜 당시 국가 정책으로서의 훈민정책을, 그리고 훈민정책 수행을 위한 국자 제정의 불가피성을 다음과 같이 제시하였다.

"농민을 훈도해야 할 사정의 절실함과는 반대로 농민에 대한 전달 수단이 너무나 오활(迂闊)했던 사실은 조선 왕조의 정치적 고충이 아닐 수 없었고, 이러한 고충은 드디어 세종으로 하여금 새로운 전달 수단의 창안에 부심케 하였다.…왕조 자체의 지향은 이러한 농민들에게 훈도를 통해 항구적이며 안정된 공민으로 파악하려 하였다. 따라서 이 공민들을 부당한 권리 침해로부터 보호해 주어야 하며 그러기 위해 그들에게 말을 할 기회를 주어야 하고 동시에 말을 할 수 있도록 해야 하였다. 정음은 곧 이 우민(愚民)들로 하여금 말로써 감정을 표현할 수 있게 함이다. 훈민정음 어제 서문은 바로 이것을 강조함이었다"

강만길(1977)에서는 이우성(1976)의 견해를 새로운 이론이라고 강조하면서도 그 전엔 지배층이 백성들의 문자를 만들지 않고서도 백성을 다스리는 데 불편함을 느끼지 못했는데 왜 하필 15세기에 훈민정음이라는 문자 창제가 이루어졌는가 하는 문제 제기를 통해서 어느 개인의 능력이나 심리 상태가 역사적 사실의 중요 원인으로 부각되면 역사가 우연의 소산물로 이해되거나 영웅주의적 사관에 빠질 위험이 있다고 경계하고 한글 창제의 동기의 새로운 이해로 백성들의 자의식 향상에 초점을 맞추었다. 즉 그것은 결코 치자층의 자애심이 바탕이 되어 어리석은 백성을 위하여 만든 것이 아니라 백성 세계가 스스로 자의식을 높여 감으로써 얻을 수 있었던 전리품과도 같은 것이라 할 수 있다고 하였다. 곧 치자층의 입장에선 지배 목적의 일환인 통치이데올로기의 보급을 위한 수단이겠으나, 백성의 처지에서 보면 값 높은 전리품이었고, 그렇기 때문에 그 훈민정음은 처음부터 진정한 백성의 것이 될 수 있었다는 시각이었다.

그런데 위에서 언급한 역사학계의 두 견해는 그동안 훈민정음 창제의 목적을 언어내적 동기론에서 찾고자 했던 국어학계의 시각을 역사적 관점에서 새롭게 조망한 의미 있는 시도였지만, 거시적 틀 속에서만 훈민정음 창제 목적을 바라보았기 때문에 국어학사적 시각에서 보면 지극히 공허한 측면이 있다. 그리고 국어학계의 미시적 논의에 대한 충분한 이해 정도가 부족했다는 점을 지적하지 않을 수 없다. 예컨대, 훈민정음 사용 양상을 살펴보게 되면 문자로서의 훈민정음을 '백성의 글'이라는 추상적 틀 속에 묶을 수 없는 측면이 있기 때문이다. 즉 반절 대신에 그것을 대체하는 수단으로 동음과 화음 표기를 위해서 훈민정음이 사용된 측면, 곧 운서의 한자음 발음 포기 수단으로서의 훈민정음 기능은 강만길(1977)에서 언급하는 '백성의 글'과는 거리가 먼 것이기 때문이다. 훈민정음이라는 표음문자가 가지는 내재적인 다기능성을 포착하지 못했거나 무시한 측면이 간접적으로 드러난다.

그런 의미에서 역사학계 내에서 훈민정음 창제 목적론은 거시적 담론

으로서의 의의와 국어학계에서 간과할 수 있는 점을 제기한 의의는 있겠
으나, 훈민정음의 언어학적·문자사적 의의에 대한 깊이가 상대적으로 부
족한 연구 성과들이었다. 또한 그것은 진보적인 역사학계에서 훈민정음이
지니고 있는 언어학사적 가치를 본의 아니게 폄하할 수 있는 개연성을 보
일 수 있다는 점이다. 국어학계의 시각이 영웅주의적 관점에 경도되었기
때문이 아니라 훈민정음 창제 자체는 역사적으로 분명히 세종의 친제(親
製)이기 때문이다.

따라서 훈민정음 창제라는 역사적 사실에 대한 접근은 국어학사의 시
각에서 초점이 맞추어져야 한다. 다만 그 목적을 논함에 있어 역사적 의
미를 국어학사 속에서 역사학계가 지적한 측면을 흡수하고 수용하여 통합
적으로 논의될 때 더 의의가 있다고 필자는 생각한다. 설령 역사학계에서
훈민정음 창제의 역사적 의미에 대한 고찰을 하더라도 위에서 지적한 바
와 같이 그 거시 담론의 전제 속에는 국어학적 미시 담론에 대한 이해를
바탕으로 이루어져야 하는 것이다. 그런 의미에서 이 글은 훈민정음 창제
목적과 관련하여 제1장에서 언급한 15세기 국어학사 서술 범위론의 설정
타당성이 획득될 수 있는 근거가 되는 것이다.

4.4 훈민정음의 창제 목적과 인문학적 접근

그렇다면 훈민정음 창제 목적과 관련된 인문학적 접근은 무엇인가?
그것은 다음과 같은 전제를 통해서 이루어질 수 있다. 즉 국어학적 시각
에서는 훈민정음 창제를 언어내적 관점에서 논의하고 있고, 역사학적 시
각에서는 언어외적(정치사적, 사회사적) 관점에서 바라보는 개별 학문 구분
론을 현대의 잣대로 삼아 훈민정음 창제 목적을 논의하는 것은 온당하지
못할 수 있다는 점이다. 따라서 훈민정음 창제 목적과 관련하여 국어학사
라는 범주 안에서 인문학적 접근을 하고자 한다면 다음의 세 가지 측면이

서로 유기적 연관성을 가질 때 그 의의가 있을 것이다.

① 훈민정음이라는 신문자가 탄생할 당시의 언어학 및 인문학적 자양
분은 무엇이었는가?
② 훈민정음 창제 목적과 관련된 언어내적 의미는 무엇이었는가?
③ 훈민정음 창제 목적과 관련된 역사적 의미는 무엇이었으며, 언어내
적 의미와 어떻게 조응할 수 있는가?

①의 문제에 대하여 논하고자 한다면 그것은 당연히 문자 음운학으로 대표되는 성운학(聲韻學)의 발달과, 차자 표기의 한계, 그리고 성리학 수용 이후 易철학의 발달을 들 수 있을 것이다. 역설적으로 훈민정음 창제는 한자를 극복한 새로운 표기 체계의 완성이기도 했지만, 그 탄생 기반은 한자음을 어떻게 표기할 것인가 하는 문제와 관련되기도 할 뿐만이 아니라 성운학의 기본 개념인 '聲'과 '韻'의 변용이 훈민정음의 초성, 중성, 종성으로 실현되었기 때문이다. 또한 운서의 수입, 운서의 복간(覆刊), 자체 운서의 제작이라는 일련의 과정이 성운학에 대한 깊이를 가져오게 했으며, 그 결과 운서에서 한자음을 표기하는 反切보다 더 효율적인 발음기호로서 훈민정음 탄생을 가속화하는 결과를 가져오게 한 것이다.

그리고 『훈민정음』에서 확인할 수 있듯이 그 제자 원리가 역철학에 기반을 둔 것이었다는 점이 명백히 밝혀진 이상, 훈민정음 창제의 자양분이라고 할 수 있는 역철학이 신문자 창제에 실천적으로 적용될 수밖에 없었다는 점도 훈민정음 창제 당시의 중요한 인문학적 의의라고 볼 수 있을 것이다. 고려 말 성리학의 융성과 그에 따른 철학적 기반의 성숙에 기인한 역철학은 『훈민정음』 텍스트 내적 원리이기도 하겠지만, 인문학사적으로 볼 때 유교라는 당대 가치관의 이론적 바탕이 되는 원리이기도 하다는 점에서 훈민정음 창제 배경론에서 논의될 성질의 것이다.

②의 문제는 훈민정음 창제 목적이 순수 국어학적으로 무엇이었는가 하는 점이다. 제 2절에서 이미 언급한 바와 같이 당초 목적에 대한 논란

이 분명히 존재하는 것은 사실이지만, 신문자 사용면에서 역으로 훈민정음 창제 목적을 살펴본다면 단순히 하나의 목적만을 가지고 훈민정음이 창제되었다고 보기엔 ①과 같은 그 이전, 혹은 당대의 시대 배경론을 간과하기 어렵다. 즉, 문자 음운학으로 대표되는 성운학의 발전, 그리고 역철학이라는 전통적인 인문학적 학문 영역의 구축과 그 관계를 설정하지 않을 수 없는 것이다. 그렇다면 언어내적인 의미의 창제 목적은 무엇으로 규정하는 것이 보다 설득력이 있는가?

　백성, 우민(愚民)의 문제를 좀더 고민해 볼 필요가 있다. 곧 백성 혹은 우민은 어제 서문의 문맥에서는 단순히 글 모르는 평민일 수 있겠으나, 좀더 포괄적으로 보면 한자와 한자음의 관계를 정확히 이해하지 못하는 다수로서의 백성 혹은 우민일 수 있다는 가정을 하게 된다. 그렇게 되면 단순히 글을 모르는 백성들을 위한 표기 체계로서의 훈민정음이 창제된 측면이 하나가 있게 되고, 동음이든 화음이든 한자음이 시대에 따라 변화하면서 그 변화된 음의 정확히 발음을 알지 못하거나 정리하지 못하는 당대의 언어적 현실을 극복하고자 한자음 정리를 위한 훈민정음의 창제 목적이 가능하게 된다.

　후자의 경우는 그 이전 시대, 혹은 당대의 시대 배경론(성운학의 발달, 역철학의 성립)에 비추어 충분히 예견될 수 있는 창제 목적이었을 것이다. 실제로 훈민정음 창제 후 '韻會'를 번역하라는 세종의 지시와 『홍무정운역훈』의 간행이 그것을 뒷받침하고 있다. 물론 그 차원에서 훈민정음의 기능은 표음적 및 주음적 성격을 띠는 발음 기호였겠으나9), 한자로 발음을 표시하는 이른바 반절, 양자 표음법에 대한 극복이라는 점에서 당대 언어

---

9) 필자는 훈민정음의 표음성과 주음성(注音性)을 구분하고자 한다. 전자는 문자로서 훈민정음이 고유어나 '東音'을 표기하는 특성으로 이해하고자 하며, 후자는 문자로서의 훈민정음이 '華音'을 비롯한 다른 언어의 음을 표기하는 특성으로 이해하고자 한다. 넓은 의미에서 보면 주음성도 표음성 속에 포함된다. 그러나 이 글에서는 훈민정음의 표음적 특성을 대내적 표기 특성으로, 주음적 특성을 대외적 특성으로 파악해 보고자 구분한 것이다.

관의 변화를 실감케 한다.

역사학계에서 주장하는 훈민정음 창제 목적은 전장에서 언급한 바 있으나, 그 논의가 실제로 국어학계의 논의와 어떻게 조응했는가 하는 점을 생각해 보면 거의 전무하다고 볼 수 있다. 또한 국어학계 역시 역사학계에서 제시한 거시적 창제 동기론에 대하여 거의 무비판적으로 수용하거나 아예 도외시하고 있다는 측면을 지울 수 없다.

결국 두 학계에선 각각의 독립된 학문 영역 안에서 훈민정음 창제 목적을 그 학문 영역 안에서만 해석해 내고 있는 셈이다. 따라서 ③의 문제는 훈민정음 창제 목적을 총체적이면서 학제적 만남의 관점에서 논의되어야 한다는 측면에서 제기된 것이다. 그것은 ①과 ②를 바탕으로 해야 함은 물론이고 이 글의 시각에서는 국어학사의 틀 속에서 국어학과 역사학의 만남이 이루어져야 함을 강조하고자 한다.

거듭 강조하거니와 훈민정음 창제는 국어학적 연구 성과이며 그 창제 목적은 새로운 어문 정책의 시발을 알리는 국가적 실천의 한 양상이라는 점에서 국어학적인 영역 안에서 실증적으로만 논의될 수 없는 역사적 사실이다. 그런 의미에서 김민수(1980)의 논의는 훈민정음 창제 목적과 관련된 다른 국어학계 논의 중에서 가장 주목할 만하다10).

따라서 인문학적 관점에서 훈민정음 창제 목적을 파악하고자 한다는 것은 ①에서와 같은 훈민정음 창제 배경론에 대한 고찰이 선행되어야 할 것이다. 그것은 다른 시기도 아니고 왜 하필 바로 15세기 초에 훈민정음의 창제가 가능하게 되었는가 하는 의문에 대한 타당한 해답을 줄 수 있는 것이기 때문이다. 그리고 전통적으로 논의되었던, 국어학적 의미에서

---

10) 金敏洙(1980)에서는 1431년에 설순이 어명을 받은 『三綱行實圖』의 편찬은 세종의 독자적인 창안으로서 두 의도가 스며 있었다고 분석된다. 삼강을 강조한 것은 국권 확립을 위한 『龍飛御天歌』의 창작과 연결되고, 거기에 그림을 고안한 것은 우민 교화를 위한 훈민정음의 창제와 이어지게 되기 때문이라고 밝히고 있다. 다만 이러한 논의가 순수 국어학적인 입장에서 문헌적 근거를 가지고 창제 목적을 전개한 측면과 어떻게 조응하고 있는가 하는 점이 두드러지지 않는다는 점이 아쉬운 대목이다.

바라본 훈민정음 창제 목적론을 문헌상의 근거만을 바탕으로만 논의할 것이 아니라 신문자 사용면에서 당대 국어학적 사실들이 어떻게 전개되었는가 하는 점을 살펴보아야 한다. 그리고 거기에 덧붙여 역사학계에서 제기한 훈민정음 창제론과 명확한 선을 긋는 것이 아니라 역사학계의 시각을 인문학적 의미에서 바라본 훈민정음 창제 목적론이라는 흐름 속에서 국어학사의 서술 내용에 반영하여 제시해야 할 것이다.

그렇다면 ①, ②, ③을 바탕으로 국어학사 틀을 견지하면서 인문학적 관점에서 바라본 훈민정음의 창제 목적은 아래와 같이 정리될 수 있을 것이다.

고려 시대는 성운학의 발달을 가져온 시기이다. 그 과정 속에서 중국으로부터 운서가 직접 수입되기도 하고, 혹은 고려에서 직접 운서를 복각하기도 하고, 때로는 자체적인 운서를 간행하기도 하였는데 이것은 고려말 조선초 문자 음운학의 발전이었다. 그리고 그 와중에 중국으로부터 성리학이 유입되고 조선 왕조가 건설되면서 불교에서 유교로 국가적 이데올로기가 바뀌면서 철학적인 면에서 역철학의 발전이 이루어진 계기가 되었다. 또한 국어사에서 볼 때, 차자 표기로 대표되는 이두나 구결이 지니는 표현상의 한계가 드러나게 되었다.

그런 언어학 및 인문학적 배경 아래서 훈민정음은 창제되었다. 『훈민정음』〈용자례〉의 고유어, 각종 언해류의 간행 등을 보게 되면 그 신문자는 고유어 표기를 위한, 그리고 우민을 편민(便民)하고자 했던 실용적이고 표기 체계였다. 그러나 훈민정음은 고유어 표기만을 위한 문자 체계만은 아니었다. 발음기호로서 반절을 대체하는 수단이었으며 그 결과는 『동국정운』이나 『홍무정운역훈』의 정음 표기와 같은 한자음 정리였다. 이 때의 훈민정음은 단순한 문자라기보다는 음소문자가 보일 수 있는 표음 기호, 주음 기호의 성격임을 인식해야 한다. 그리고 한문의 권위가 여전히 지배하는 당대에 훈민정음은 『훈민정음』의 정인지 후서의 주장과 『훈민정음』 국역본 텍스트의 구결문 형식에 초점을 맞추면 차자 표기를 대체하는 수단이기도 했던 것이다. 따라서 문자 사용 면에서 언어 내적 동기론에 비추어 보면 훈민정음 창제 목적은 복합적일 수밖에 없었으며, 그것은 음소문자인 훈민정음이 가질 수밖에 없었던 태생적 장점에서 기인한 것이었다.

그러나 그러한 언어내적인 창제 목적 이면에는 정치사적·사회사적 의미에서 언어외적 창제 목적이 있었음을 부인하기 어렵다. 그것은 훈민정음이 치자층의 입장에서 보면 국가의 훈민 정책을 보급하고 백성들을 교화하는 중요한 통치 이데올로기적 수단이었으며, 백성들의 입장에서 보면 그들의 자의식 성장에 따라서 그들이 얻어낸 문화적 자기 무기였던 셈이다. 따라서 훈민정음의 창제는 역사적으로도 필연적으로 치자층의 지배 논리, 혹은 훈민 정책과 백성들의 언어 표현 욕구를 불가피하게 해소해 주어야 한다는 시대적 요청과 언어학적으로 성숙된 문화적 환경이 한데 어울려서 이루어질 수밖에 없는 필연적 산물이었다고 생각한다.

요컨대 훈민정음 창제 목적은 그 자체가 국어학적 의의가 있는 동시에 역사적 사실로서 국어학적 관점과 역사학적 관점이 독립적이고 서로 다르다는 시각에서 접근하는 것이 아니라, 학제적 접근 혹은 인문학사적 관점 속에서 총체적으로 논의될 성질이 것이며 당시의 창제 목적 또한 그러한 흐름 속에 있었던 것이다.

4.5 훈민정음 창제와 15세기 언어관

15세기에 훈민정음이 창제되면서 이 시대의 언어관은 그 새로운 국면을 맞이하게 되었다. 즉 한자 권위관의 위상이 흔들리기 시작한 것이다. 여전히 한자 문화권의 사회이기는 했으나, 훈민정음의 창제는 한자가 지닌 권위와 위상에 대한 도전이었다.

고대 국어학 시대에는 언어신성관이 주류를 이루었고, 중세 초기(고려 시대)에는 동양의 라틴어로 그 위세를 떨쳤던 한문 중심의 언어권위관의 맹위를 떨쳤으며 그 언어권위관의 위력은 조선 후기까지 이어졌다. 그러나 그러한 한문 중심의 언어권위관은 훈민정음 창제와 더불어 조선 시대에서 절대적 위치를 지켜낼 수는 없었다.

시대에 따라 한자음이 변하고 그 한자음을 교정하려는 여러 당대 연구자들의 고뇌 속에서 언어라는 것은, 특히 조선 사회에서 한자, 혹은 한자음이라는 것은 주자(朱子)의 이선기후(理先氣後)의 이원론적 입장에서 언어 도구관이라는 관점으로 파악할 수 있는 대상이 되고 만 것이다. 이(理)에 해당하는 사고가 기(氣)에 해당하는 언어보다 앞선다는 성리학의 의식은 역설적으로 곧 한자 중심의 권위관을 15세기에 위축시키는 결과를 낳았던 것이다.

이것은 한자 중심의 언어 권위관의 위기이자 변모의 변증법이다. 한자가 차지하는 위치가 여전히 높긴 하지만, 새로운 문자의 등장과 더불어 그 기능과 역할이 축소되었다. 예컨대 한자음 표기에서 한자로 표음하던 양자 표음법, 곧 반절은 그 역할을 훈민정음에 넘겨주고 우리 운서의 한자음 표기는 정음이 그 전사 기호로서 소임을 다하게 되었다. 또한 문자 통용의 관점에서 보면 한자, 차자표기, 훈민정음이라는 3중의 표기 체계가 공존하는 양상이 15세기에 전개됨으로써 그에 따른 다양한 인문학적 축적이 가능하게 되었다. 한자가 담당하던 기능의 일부를 훈민정음이 계승하고 그에 따라 훈민정음의 위상이 주목을 받게 된 질적 변화의 시기에는 한자 중심의 절대적 언어 권위관의 힘은 약화되고 언어 도구관이 15를 기점으로 하여 한자 중심의 권위관과 힘겨루기를 하는 양상으로 전개되었던 것이다.

이 장에서는 훈민정음 창제 목적과 관련해서 세 가지 정도의 초점을 가지고 살펴보았다. 우선 훈민정음 창제 목적과 관련된 논의는 순수 국어학사의 범주를 벗어나는 주제이기는 하나 훈민정음 창제가 가져다 준 인문학적 · 문화사적 의의에 주목하여 15세기 국어학사 서술 범위는 그 어느 시대보다 국어학과 역사학의 학제적 접근 필요함을 강조하였다. 또한 그러한 학제적 접근은 훈민정음이라는 신문자가 탄생할 당시의 언어학 및 인문학적 배경론에서 출발해야 하며, 그 다음에 훈민정음 창제 목적과 관련된 언어내적 의미에 대한 고찰이 있어야 하며, 궁극적으로 훈민정음 창제 목적은 어떤 역사적 의미를 지니고 있는가 하는 점을 살펴보았다. 그리고 마지막으로 그러한 훈민정음 창제가 가져다 준 15세기 언어관의 변화는 무엇이며 국어학사에서 어떤 의의를 지니고 있는가 하는 점을 간략하게 첨언해 보았다.

다른 언어 통시적 언어 현상과 달리 훈민정음 창제는 단순히 국어학적 논의 대상 이상의 의미를 지닌다. 그리고 그 창제에 얽힌 배경, 목적 역시 국어학사의 큰 틀 속에서 논의되어야 하지만, 국어학이라는 언어 내적 접근만으로는 진정으로 그 역사적 의미를 찾기엔 부족하다는 것이다. 바로 그러한 문제 제기가 곧 훈민정음 창제 목적을 인문학적 시각에서 바라보아야 한다는 근거이기도 하다.

제5장

훈민정음과 관련된 명칭의 역사적 변천

이 장에서는 우리글, 우리 문자가 우리 문자가 만들어진 15세기부터[1] 현재에 이르기까지 어떠한 명칭으로 변천해 왔으면 그 의미는 각 시기마다 어떻게 변별될 수 있는가 하는 문제를 국어 의식의 변천이라는 국어학사의 기술의 한 측면을 바탕으로 서술해 보고자 한다.

국어의 명칭은 훈민정음이 창제된 이래로 다양한 변모 양상을 보여 왔다. 그러한 다양한 변모 양상은 단순히 국어 내적인 변화에 기인하는 면도 없지 않으나 오히려 국어학이 역사적으로 발전되는 과정에서 선인들이 우리말과 글을 어떠한 관점에서 어떻게 이해했는가 하는 국어 의식의 차원에서 그 명칭의 다양한 모습이 각 시대마다 나타났다. 따라서 우리말글 명칭의 역사적 변천과 그 의미를 보다 체계적으로 밝히고 새롭게 현재의 관점에서 해석하는 일은 두 가지 점에서 그 의의가 있다.

우선 우리말 명칭의 역사적 변천과 그 의미를 밝히고 해석하는 작업은 국어 사상사 내지는 국어 의식사라는 관점에서 국어학사를 기술하는 데 그 내용의 전제가 될 수 있으며 또한 국어 의식의 실체를 구체화시키는 근거로 자리매김 할 수 있다. 그리고 두 번째로는 내용 중심의 문법을 지

---

[1] 우리 사상과 감정을 표현했던 차자표기와 같은 15세기 이전의 문자 체계도 당연히 우리말에 해당하는 것이지만 이 글에서는 본격적인 우리말을 나타내는 표현으로서의 명칭만을 그 대상으로 삼으려 한다.

향하고 있는 낱말밭 이론에서 제기하는 언어적 중간 세계에 대한 해명을 위해서도 부분적으로 유용한 논의가 될 수 있다고 생각한다.

편의상 이 장에서는 우리말글이 시대적 흐름과 더불어 어떠한 명칭으로 바뀌거나 사용되었으며, 그러한 명칭은 어떠한 의미와 의의를 지니고 있는가를 주로 문헌 자료에 드러나는 양상을 통해 15세기부터 20세기에 걸쳐서 살펴보기로 하겠다.

5.1 조선 전기에 나타난 우리말글의 명칭

조선 전기에 나타나는 우리말글의 명칭은 다음과 같다.

> (1) 나랏말씀
> (2) 훈민정음(訓民正音), 정음(正音)
> (3) 언문(諺文)
> (4) 국어(國語)
> (5) 언어(諺語)
> (6) 반절(反切)

(1)의 경우는 세종의 『訓民正音』의 '御旨序文'에 나타나는 '國之語音'을 한글로 번역한 표현이다. 한자의 훈을 바탕으로 번역한 '나랏말씀'에 대하여 선행 연구에서는 다양한 해석을 시도하고 있다. 강길운(1972)에서는 '나랏말씀'을 우리 한자음을2) 가리키는 것으로 파악하였고, 김영신(1974)과 박지홍(1984)에서는 '나랏말씀'의 '말씀'을 랑그(langue)와 비슷한 개념으로 이해하고 '말'을 빠롤(parole)과 비슷한 개념으로 제시하였다. 반면에 이숭녕(1986)에서는 '나랏말씀'에서 '말씀'의 개념을 오히려 빠롤로

---

2) 강길운(1972)에서는 훈민정음 창제의 주된 목적이 한자음의 주음(注音)에 있었다고 바라보았기 때문에 '나랏말씀'을 우리 한자음에 국한시켰던 것으로 보인다.

파악하고 '말'을 랑그와 유사한 것으로 바라보았다. 한편, '나랏말쌈'에 대한 현대 국어 사전의 정의는 '우리나라의 말. 나라말. 국어(國語)'로3) 포괄적이면서도 간략하게 기술되어 있다.

　(2)의 경우 '훈민정음'이라는 어휘가 가지고 있는 한자 본래의 의미에 충실하면 주지하다시피 '백성을 가르치는 바른 소리'에 해당한다. 그런데 (2)의 '훈민정음'은 불가피하게 (3)의 '諺文'과 함께 그 의미를 되새길 필요가 있다. '언문'의 개념이 우리가 일반적으로 알고 있는 '한글을 낮추어 부르는 말'이라는4) 의미로 이해된다면 (2)와 (3)을 분리하여 그 의미를 살펴보아야 하나 역사적 문헌 자료를 통해 그 표현 양상을 보면 실제로 두 개념 사이의 특별한 차이를 인식할 수 없기 때문이다. 다음의 문헌을 보자.

① 『世宗實錄』 권 102. 世宗 25년(1443) 12월 조에 "是月 上親制諺文二十八字 … … 是 謂訓民正音" - 이 달에 임금이 친히 언문 28자를 만들다. (중략) 이것은 이른바 訓民정음이라고 부른다.

② 『世宗實錄』 권 103. 世宗 26년(1444) 2월 병신(丙申) 조에 "命集賢殿校理崔恒 … … 指議事廳 以諺文譯韻會" - 집현전 교리 최항 등에 명하여 (중략) 의사청에서 언문으로 운회를 번역하게 하다.

③ 『慵齋叢話』 권 7에 "世宗設諺文廳 命申高靈成三問等制諺文" - 세종이 언문청을 설치하고 신숙주와 성삼문 등으로 하여금 언문을 짓게 하다.

---

3) 국어대사전(금성판, 1996), 575쪽 참조
4) 국어대사전(1996, 금성판)
　언:문〔諺文〕 圀 ('상말을 적은 글자'라는 뜻) '한글'을 한문(漢文)에 상대하여 **낮추어** 일컫던 말.
　우리말 큰사전(1994, 한글학회)
　언:문 圀 ① 전날에 일컫던 **'한글'의 낮은말**. ②… …. 〔諺文〕

④『月印釋譜』(1459) 세조 어제 서문에서 "撰成釋譜詳節 就譯以正
音 殺人人易曉" -『석보상절』을 편찬하여 완성하고 이어서 훈민정
음으로 번역하여 사람들로 하여금 쉽게 알 수 있게 하였다.

위의 기록들을 살펴보면 15세기에 전반적으로 '훈민정음'의 개념은
'언문'의 개념과 그 의미에 있어서 큰 차이를 보이지 않는다. 실록에서도
①에서와 같이 '上親制'의 표현과 '諺文'이 함께 등장하는 것을 보면 이 시
기의 '언문'의 개념은 한글을 부정적으로 낮추어 부르는 의미를 띠고 있지
않았다고 볼 수 있다. 왜냐하면 임금께서 친히 만은 것을 감히 낮추어 표
현할 수 있는 개연성을 실제로 불가능하기 때문이다. 오히려 '언문'이라는
표현은 그것이 당시에 어떤 목적의 표기 수단으로 기능했는가 하는 점(창
제 목적)을 고려해 볼 때5) 덧붙여 '운서'의 번역 수단의 기능을 담당하는
의미로까지 ②에서 해석되고 있음을 우리는 알 수 있다.

만약에 이 시기에 '언문'을 한글을 낮추어 부르는 말이었다면 당시에
조정에서 ③에서 보는 바와 같이 '언문청'이라는 명칭으로 국가 기관을 설
치했을까 하는 의심을 떨쳐 버리기가 어렵다. 또한 '훈민정음'이 ④의 '譯
以正音'에서 보는 바와 같이 번역의 수단으로 이해될 수 있다면 여기서 우
리는 훈민정음과 언문의 그 내포적 의미는 같다는 주장을 할 수 있겠다.
일찍이 安自山도 '언문'이라는 명칭을 결코 야비한 것이 아니고 적절한 意
義로 된 것이라고 그의 논문(諺文名稱論, 1938, 『正音』 26호, 朝鮮語學研究會)
에서 밝히고 있다.

---

5) 정광 외(1997)에서는 훈민정음이 창제된 이후 적어도 세 가지의 표기 수단으로
   이 문자가 사용되었음을 정리하려 제시하고 있다. 첫째로 고유어를 표기하는 문
   자, 둘째로 한자의 東音을 정리하는 데 그 발음 기호, 셋째로 중국어를 학습하는
   데 있어 표준적인 漢音을 정하여 표음하는 기호로 이용되었음을 밝히고 있다.
   김완진(1972)에서는 당시의 문헌마다 한자음을 주음하는 방식이 차이가 나는
   것으로 보아 창제의 목적은 한자와 훈민정음의 조화로운 병용을 의도한 것이었
   고 결국 문자의 사용도 한자와 훈민정음의 이중구조로 되어 있었다고 파악하였
   다.

따라서 우리가 현재 '언문'이라는 단어의 부정적 의미에 익숙한 이유는 '諺'이라는 한자의 축자적 의미에 매몰될 수 있는 여지뿐만이 아니라 한편으로는 우리 말글에 대한 부정적 언동과 탄압을 후대에 일부 보수적 식자층에서 역사적으로 잘못 답습한 결과 때문이라고 필자는 생각한다.

崔世珍도 '諺文字母'라 하여 한글을 '언문'이라고 표현하고 있다. 범례에 부재된 이 표현도 그를 역관의 신분이라는 점과 범례의 내용을 감안한다면 그가 한글에 대하여 부정적인 의미로 '언문'이라는 표현을 사용하지는 않았다고 볼 수 있다. 외국어를 우리 말롤 번역 혹은 통역을 하는 사람이 언문에 대하여 폄하하는 의도를 갖는다는 것을 납득하기가 어렵기 때문이다.

결국 중세 시대의 언문은 '훈민정음'의 의미와 일치한다고 볼 수 있기 때문에 여기서 우리는 중세의 '언문'이라는 표현을 훈민정음의 단순한 이칭으로 이해할 필요가 있으며 그러한 차원에서 기존의 '諺文'에 대한 정의는 수정되어야 한다.6)

최세진 또한 '俗所謂反切二十八字'라는 표현을 통해서 이미 항간에서는 언중들이 훈민정음을 '反切'이라는 이칭으로 부르고 있었다는 점을 알려주고 있다. 金允經(1938)에서는 반절의 원래 뜻은 두 자의 음을 끊어서 한 음을 만드는 것을 이름이라고 '반절'의 정의를 내리고 있으나 왜 훈민정음의 별칭으로 반절이 쓰이게 되었는지는 모른다고 언급하고 있다. 그러나 훈민정음을 반절이라고 한 것은 아마도 우리 문자가 초중종성을 가르는 자모 문자로서 반절식으로 맞추어 놓았기 때문에 그렇게 무른 것으로 보인다는 견해를 주목해 보면7) '반절'이라는 표현도 중세 국어 시대에 우리글의 또다른 명칭임을 이해할 수 있겠다.

그러나 엄밀한 의미에서 훈민정음이 반절이라는 이칭으로 불리는 까

---

6) '訓民正音'과 '諺文'의 비교론적 차원에 대한 자세한 논의는 이상혁(1998)을 참고할 것.
7) 「조선어학사전」(최윤갑 · 리세용 편) 64~65 참조.

닭은 다른 데 있지 않나 한다. 즉 한자음 표음의 기능을 한자 두 자로 표기하던 방식이 전통적인 중국식 반절이라면, 훈민정음이 창제된 후에는 조선에서 나오는 운서의 한자음 표음을 훈민정음으로 하게 된 데에서 훈민정음이 반절로 불리게 된 연유를 찾는 것이 더 타당할 것이다. 또한 우리 문자 재래의 자모순에 따라 자음자와 모음자를 결합시켜 배열하여 놓은 음절표를 반절 본문이라고 하는데 이 반절표가 민간에서 널리 알려지게 되고 우리말글의 상징적 명칭으로 자리매김되어 '반절'이 훈민정음의 이칭으로 불렸다고 볼 수도 있겠다.

(4)에서 제시한 國語는 『훈민정음』 해례의 〈合字解〉에서 다음과 같이 등장한다. 'ㆍㅡ起ㅣ聲於國語無用'(ㅣ음이 앞에 나와 ㆍ과 ㅡ와 결합한 음은 우리말에서 쓰이지 않는다)이라는 표현에서 등장하는 바, 이 의미는 우리나라 고유의 글이나 말을 지칭한다고 볼 수 있다. 이 때부터 우리글과 말을 '國語'라는 말로 표현했다는 것은 당시 중국을 숭상하는 분위기 속에서 대단히 주목할 만한 일이며 우리글과 말에 대한 주체적 표현이라고 볼 수 있을 것이다.

(5)의 諺語는 『훈민정음』 해례의 〈合字解〉에 나오는 표현으로 이 역시 우리 고유의 토박이글이나 말이라고 볼 수 있다. 다음의 한문 문장을 보자.

初聲二字三字合用並書, 如諺語ᄯᅡ爲地, ᄧᅡᆨ爲隻, ᄢᅳᆷ爲隙之類
(어두의 자음을 두자 혹은 석자를 함께 쓰면 우리 고유의 토박이말
  ᄯᅡ, ᄧᅡᆨ, ᄢᅳᆷ 따위와 같다)

이 표현에서 알 수 있듯이 '諺語'는 우리말 중에서 한자어가 아닌 우리 고유의 말을 가리킨다는 점을 이해할 수 있는데 '훈민정음'과 관련지어 볼 때 이 표현 역시도 우리말글의 이칭으로 이해할 수 있겠다. 이 표현에서도 한자 '諺'이 우리말을 낮추어 부르려는 의도에서 쓰였다기 보다는 '늘

일상에서 자주 쓰는 우리말'이라는 의미로 이해하는 쪽이 더욱 합리적이지 않을까 생각한다.

5.2 조선 후기에 나타난 우리말글의 명칭

조선 후기에 나타난 우리말글의 명칭은 다음과 같은 표현이 주로 사용되었다.

(7) 훈민정음(訓民正音), 정음(正音)
(8) 언문(諺文)
(9) 언음(諺音)
(10) 언서(諺書)
(11) 언자(諺字)
(12) 훈음(訓音)
(13) 훈문(訓文)
(14) 훈자(訓字)
(15) 동음(東音)
(16) 동문(東文)
(17) 암클

조선 후기에 오면 위에서 보는 바와 같이 우리말글에 대한 명칭이 다양하게 나타난다. (8)의 언문과 (7)의 훈민정음, 그리고 (7)의 정음의 경우는 여러 문헌에서 가장 광범위하게 사용된 우리말글의 명칭이다. '정음'의 경우는8) '훈민정음'의 준말로 그 의미가 훈민정음과 차이가 없다.

---

8) 주의해야 할 것은 조선 전기의 일부 문헌에서 '정음'은 '훈민정음'을 줄여 부르는 것이 아니라 우리말 어음의 표준음, 새로 개정한 동국정운식 표준 한자음, 그리고 홍무정운식 한어 자음으로 그 개념을 연구자들은 문맥에 따라서 달리 파악해야 할 것이다. 이에 대한 최근 논의는 강신항(2003)을 들 수 있다.

(8)의 경우도 우리가 일반적으로 인식하고 있는 '한글을 낮추어 부르는 말'이라는 의미로 이 시대에 이해되고 있지 않다. 그렇다면 이 시대도 '언문'은 '훈민정음' 혹은 '정음'과 같은 개념이었다고 가정할 수 있겠다. 그러나 이 개념들은 조선 후기에 에 들어와 중세와는 그 다소 다른 의미를 띠고 있다고 생각한다. 이러한 전제에 주목하여 우리는 우리말 인식의 새로운 양상을 아래의 기록에서 모습을 확인할 수 있다.

① 訓民正音 世宗莊憲大王御製

臣錫鼎謹按 御製諺文二十八字 卽列宿之象也(崔錫鼎의 經世正韻 (1678))

② 諺文初中終三聲辨(朴性源의 華東正音通釋韻考(1747))

③ 世宗大王製訓民正音 …… 書之甚便 而學之甚易 千言萬語 纖悉形容 雖婦孺童駿 皆得以用之 以達其辭 以通其情 此古聖人之未及究得 而通天下無所者也…
… 則正音不止惠我一方 而可以爲天下聲音大典也
正音之理 有能推例善用 卽不止三十六字母 而變通無窮矣(申景濬의 韻解訓民正(1750))

④ …… 若註以諺文 傳之久遠 ……
文章必尙簡奧 以簡奧通情 莫禁誤看 諺文往復 萬無一疑 子無以婦女學忽之
龍飛御天歌 國初詞臣撰 後以諺文甁傳 翻譯 國朝譯院 以諺文翻出漢語老乞大朴通事二書諺文 …… 實世間至妙之物 比之文字 其精有二
文字則制以六義 爲物散亂 不可以一例推萬狀 諺文則以中係初 以終係中 各有條脈 縱橫整齊 婦人孺子咸能頓悟
文字則古人諧聲之外 偏旁之如 漸久漸多 古人轉注外 後來詞客 任意

變續 …

…恒起訟辨 諺文則若移動全部則已 欲誤一字之形 得乎欲改一字之音

得乎 此用之精也(柳僖의 諺文志)

⑤ 諺文 卽我世宗朝出自聖意 …… 以翻萬物難狀之音

夫天下萬國 各有其國之書 ……俱不如(李圭景의 諺文辨證説)

訓民正音初終聲通用八字 皆古篆之形也 …… 故兼此二妙者訓民正音

也 匪聖人烏能與於此也

翻切之法 莫妙于我之訓民正音也 非徒萬國言語 雖風雨鳥獸虫多難

象之音 皆可得以翻焉(李圭景의 反切翻猻丑變動説)

⑥ 訓音作者 不取會意之法 而惟取音通意之妙

訓音則不祖六法何也 曰訓文之作 本爲聲音也 是故 其主意也在聲 其

致力也在聲音(李思質의 訓音宗編 第十二聲音總論問答項)

崔錫鼎은 ①에서 보는 바와 같이 한글에 대하여 '훈민정음'과 '언문'의
두 표현을 그의 저술에서 사용하였다. 그것은 곧 그가 '언문'이라는 표현
을 '훈민정음'이라는 표현과 구분하기 위한 의도을 가지고 부정적인 의미
로 사용하지 않았다는 것을 말해주는 것이다. 그러한 입장은 ②에서도 볼
수 있듯이 朴性源이 표현한 '언문'의 경우를 보더라도 그러하다. 그의 저
술『華東正音通釋韻考』는 고려 이래로 전하는『增補三韻通考』에 華音과
東音을 병기한 책으로 정조의 '御製序'를 붙여 內閣에서 간행할 만큼 중시
되었던 운서였던 것으로 알려져 있다. 그러한 성격의 운서에서 '언문'이라
는 표현을 써 가며 훈민정음을 낮잡아 인식한 문자 내지는 글로서 취급했
다고 보기는 어렵다.

한편 申景濬은 ③에서 한글에 대한 표현을 '훈민정음' 또는 '정음'으로
일관하고 있음을 볼 수 있다. 그는 여기서 '훈민정음'에 대하여 첫째, 학습
의 용이성, 둘째, 부녀자들과 아이들이 한글을 사용하는 점, 셋째, 세종의

탁월한 업적, 넷째, 표음 문자로서의 우수성 등에 대하서 열거하고 있다. 또한 〈初聲解〉에서 정음의 이치를 잘 이용하면 무궁하게 변통할 수 있다는 점을 들어 우리 한글에 대하여 찬양하고 있다. 그런데 이렇게 '훈민정음'에 대하여 그 가치를 높이 평가하는 표현이 문헌에 등장하는 것은 중세에서는 쉽게 보기 어려운 현상이다. 따라서 시대적으로 우리 민족의 자아 의식이 싹트기 시작한 조선 후기에 申景濬이 가지고 있었던 정음에 대한 인식은 단순히 우리글이라는 의미 이상의 민족적 자아 인식의 언어관의 한 면모이며 중세와는 구분되는 탈중세적인 성격을 띠고 있다고 봐도 무리가 없다고 생각한다. 따라서 ③에서 등장하는 '훈민정음'이나 '정음'은 대단히 긍정적이고 적극적인 개념으로 당대 연구자들에 의해 사용되고 있음을 알 수 있다.

우리는 또한 다음을 주목할 필요가 있다. 조선 후기에 '언문'이라는 표현은 경우에 따라서 ④에서 보다시피 오히려 가치중립적 이상의 의미로 표현되고 있음을 볼 수 있다. 柳僖는 그의 『諺文志』 서문에서 이전의 학자들이 '훈민정음'의 표현으로 한글을 찬양하고 있는 것과는 달리 '언문'이라는 표현으로 우리 한글의 우수성을 역설하고 있다. 이 '언문'이라는 명칭은 당시에 널리 쓰이던 표현이었다는 점(항간에 ~ 불린다)에서는 속칭이라는 의미를 당연히 담고 있다고 볼 수는 있겠다. 그러나 기존의 입장과 같이 '언문'이 한글을 낮추어 이르는 말이라고 가정하면 그 의미적 맥락에서 우리 한글의 우수성을 '언문'이라는 어휘로 그가 표현했다는 점을 수긍하기가 어렵다.

따라서 우리는 위의 기록을 근거로 근대 국어의 시기에서도 '언문'의 의미는 곧 '훈민정음'의 의미와 같음을 알 수 있으며, '언문'이라는 표현에 '한글을 낮추어 부르는 말'이라는 부정적 의미가 당시 유희의 국어 의식 속에 없었음을 알 수가 있다.

그리고 더욱 놀라운 것은 여기에 그치지 않고 유희는 한글이 한문(한자)보다 더 뛰어난 점이 있다는 사실을 위의 기록에서 보는 바와 같이 〈全

字例〉에서 진술하고 있다. 이 점은 중세와는 확연히 구분되는 탈중세적 정음관의 구체적 모습이다. 이 시대가 민족이라는 실체가 온전히 부각된 시기라는 점을 확언할 수는 없다. 그러나 유희가 제시한 '언문' 표현은 중세 시대의 '언문'이 가지는 가치중립적 의미 이상을 담고 있는 것이라고 볼 수밖에 없다.

李圭景은 ⑤에서 보는 바와 같이 그의 문헌에서 '언문'과 '훈민정음'이라는 표현을 섞어 쓰고 있음을 알 수 있다. 이러한 양상은 그 또한 그가 '훈민정음'과 '언문'의 의미를 서로 다르게 인식하지 않고 있다는 증거가 될 수 있다. 또한 이규경은 '언문'이라는 어휘를 써가며 '卽我世宗朝出自聖意'이라는 표현을 통해 '언문'이 만들어진 것이 세종의 뜻이었다고 강조함으로써 우리글의 주체적인 탄생을 찬양하고 있다. 이러한 점을 좀더 확대 해석해 본다면 '언문'은 한자에 예속되지 않은 우리글의 정체성이 깃들여 있는 명칭으로 볼 수 있다. 그것은 곧 이규경이 가졌던 우리말글에 대한 탈중세적 인식이다.

'훈민정음'은 (9), (10), (11)에서 보는 바와 같이 이 시대에 언음, 언서, 언자라는 또다른 이칭으로 표현되고 있음을 알 수가 있다. (9)의 '언음'이라는 표현은 1846년에 石帆이 지은 상하 두 권의 책인 『諺音捷考』에서 유래하는 명칭이다. 필자의 판단으로는 '언문'을 주로 우리글에 비중을 두는 표현으로 이해한다면 '諺音'은 주로 우리말에 초점을 맞춘 표현이 아닌가 싶다. 그런데 『諺音捷考』의 범례 다음에 붙은 내용의 제목에서는 '諺文原流'라는 표현이 등장하고 있는 것을 보면 두 명칭 사이의 개념 차이가 본질적으로 없는 것으로 이해된다.

(10)의 '언서'라는 표현은 이수광의 『芝峰類說』에서 '我國諺書字樣全微梵字'라는 표현에서 등장하는 데 달리 부르던 명칭으로 이해된다.9) 이렇게 훈민정음을 한문에 상대하여 '언서'라고 이수광이 불렀던 이유는 분명히 우리글을 폄하하거나 낮춘 태도는 아니다. 오히려 우리글을 한문과

---

9) 최현배(1961)에서 49~51쪽에서 재인용.

동등한 개념으로 바라본 그의 국어 의식의 한 단면이라고 조심스레 이야기할 수 있겠다. (11)의 '언자'라는 표현도 '諺文字'를 줄인 명칭으로 '언문'을 보다 적극적으로 문자의 차원에 주목하여 바라본 표현이라고 이해할 수 있겠다.

(12)와 (13)의 어휘와 관련하여 ⑥에서 李思質은 훈민정음의 이칭으로 '훈음'과 '훈문'이라는 명칭을 사용하고 있다. '훈음'은 '훈민정음'의 '훈'과 '음'을 따서 줄인 이름이거나, 혹은 우리말 음에 주목한 이칭으로 이해되며, '훈문'은 '훈민정음'이라는 문자 내지는 글에 주목한 이칭으로 판단된다. 이 두 가지 역시 '훈민정음'의 약어로 '훈민정음'과 같은 개념이지만 이전의 연구서에서 볼 수 없었던 명칭을 그가 사용하고 있다는 점은 조선 후기가 그만큼 규범적인 틀에 얽매이지 않았던 시대라는 점을 보여 주는 동시에 그의 개인적 독창성을 드러내는 대목이라고 아니할 수 없다. 덧붙여 (14)에서 드러나는 '훈자' 역시 ⑥의 문헌에서는 나타나지 않으나 '훈민정음'이라는 '글자' 혹은 '문자'를 줄여 부르던 명칭으로 이해된다.

(15)에서 제시된 東音은 한자의 중국음인 華音에 대응하는 우리 한자음이다. 그런데 이 명칭을 우리말 명칭의 이칭으로 보기에는 그 개념의 폭이 좁은 것이 사실이다. 왜냐하면 이것은 조선 현실 한자음을 가리키는 것으로 이해되기 때문이다. 따라서 조선 전기에서도 등장하는 표현이기하지만, 주로 조선 후기 운서에서 낱낱의 한자에 개한 표음적 성격을 지니는 발음 기호 정도로 이해하는 것이 보편적이다.

그러나 우리말 자체가 표음성을 가지고 있는 표음 문자이고 한자 문화권에서의 표의적 특성을 지닌 한자를 쉽게 전사할 수 있는 것이라면 '동음'이라는 개념도 적극적으로 우리말의 또다른 표현 양식이라고 해석해 볼 수도 있을 것이다. 훈민정음의 창제 목적에 중국 한자음을 정리한다는 명분도 있었다는 시각이 현재의 일반적 견해임을 참고하면 더더욱 그러하다. 다만 '동음'이라는 표현이 표음 기호라는 본래의 개념을 본질적으로 넘어설 수 없는 것은 사실이다. 그러므로 그것이 '훈민정음'과 정확히 일치하는 개념은 아닐지라도, '훈민정음'이 지닌 전사 기능의 의미를 담은 명칭으로 이해할 수 있을 것이다.

우리는 '동음'과 관련하여 (16)의 '東文'이라는 표현에 주목하지 않을 수 없다. 이 표현은 姜瑋의『東文字母分解』(1869)[10]에서 일관되게 등장하고 있다. 그가 특별히 '동문'이라는 표현을 무슨 이유로 썼는지 알 길이 없으나 '동문'의 의미는 분명히 우리 한글을 가리키고 있음이 분명하다. 나중에 이본으로 알려진『擬定國文字母分解』가『東文字母分解』와 내용상 차이가 있지만 같은 저술임이 확인되고 있음을[11] 볼 때 더욱 명백하다. 아직은 우리글의 명칭을 국문이라고 부를 수 없는 까닭이었겠고, '國文'이라는 표현은 갑오경장 이후부터 불리기 시작했기에 그 당시 '동문'이라는 표현은 아직 한계를 지닌 명칭이라고 볼 수 있다. 다만 '東音'과 '東文'의 관계를 추측해 본다면 '동문'의 경우는 필경 우리 문자 내지는 글을 지칭하는 우리글의 또다른 명칭이라고 볼 수 있을 것이다.

(17)의 '암클'이라는 표현은[12] 한글을 전형적으로 낮추어 부른 명칭'으로 여자들이 사용하는 글로 당시의 보수적인 양반층에서 불렀던 이름으로 그 명칭에서 한편으로는 당시의 사회와 시대상을 엿볼 수 있다. 그러한 경향으로 인해 조선 후기에 이렇게 우리글을 무시하고 업신여기는 일부 식자층의 태도가 한편으로는 '諺文'이라는 표현의 의미까지도 함께 부정적인 개념으로 인식하게 만드는 요인으로 작용하게 되었다는 점을 간과

---

10) 현재까지 전하는「東文字母分解」의 異本은 金九經의「朝鮮文字及語學史」(1938)에 인용된 원문「東文字母分解」와 國文研究所의「國文研究案」(1907)에 李能和가 등재한 기록「擬正國文字母分解」두 종류이다. 이 두 종류 중에서 후자의 경우는 1900년대 초반에 '東文'이라는 표현 대신에 '國文'이라는 말로 변경된 것으로 보인다.

11) 金敏洙(1987)은 두 저술을 이본으로 보고 있으면 그 내용에는 차이가 있음을 내용 대조표를 제시하며 밝히고 있다. p.169 참조.

12) 이러한 표현을 보면 이데올로기적 편향성이 묻어나는 어휘가 꽤 있음을 알 수가 있다. 한 언어의 어휘가 단순히 언어 안에서만 생성되는 것만이 아니라 그 사회의 의식과 사고의 반영이라는 점을 무시하긴 어려우며, 이러한 어휘에 대한 체계적인 정리가 필요하다.

할 수는 없다.

5.3 근대 계몽기·일제 시대에 나타난 우리말글의 명칭

근대 계몽기·일제 시대에13) 주로 사용되었거나 불렸던 우리말글의 명칭은 대체적으로 다음과 같다.

    (18) 국문(國文)
    (19) 국어(國語)
    (20) 한말, 한나라말
    (21) 배달말글, 조선언문(朝鮮言文)
    (22) 한글, 한나라글
    (23) 조선어(朝鮮語)
    (24) 조선(朝鮮)글
    (25) 조선어문(朝鮮語文)

위의 명칭 중에서 (20)의 '한말' 명칭을 기점으로 대략 개화기와 일제 시대로 양분할 수 있는데 주지하다시피 갑오경장 직후부터 경술국치 이전까지는 우리말과 글이 (19)의 國語와 (18)의 國文으로 불렸다. 그러한 사실은 당시에 저술된 여러 국어학 연구서의 제목에서 명백히 나타나 있는데 당시의 국어학자인 이봉운, 주시경, 지석영, 김희상의 저작들과 우리말 연구와 보급에 기여한 여러 단체를 살펴보면 쉽게 확인할 수 있다.14) 이러한 명칭은 이전 시대에서는 볼 수 없는 것으로 '대한 제국'이라

---

13) 근대 계몽기·일제 시대라 함은 갑오경장(1894)에서 일제로부터 해방된 1945년까지의 시기로 국한한다. 근대의 시작은 역사적으로 볼 때 갑오경장 이전부터 진행되어왔다고 볼 수 있겠으나 그 이전은 국어학 연구의 경향이 전통적 성격을 띠고 있는 시대라는 일반론적 관점을 받아들여 위와 같이 그 범위를 한정한다.

는 새로운 국호가 시작되면서 국가의 개념이 생겨나고 우리글과 말에 대한 애착과 관심이 표면화되면서 함께 등장한 것이다. 더군다나 갑오경장 이후에는 한글이 한자를 물리치고 국가의 공용어로 인정된 이상 한글의 위상은 그 이전 시대보다도 거 높이 평가받았을 것은 당연한 이치다. 따라서 일제에 의해 우리의 주권을 빼앗긴 경술국치(1910) 이전까지는 대부분 위의 (18)과 (19)의 '國文'과 '國語'는 우리말과 글의 주체성과 한문보다 우월한 우리 국가의 공식 언어의 정체성을 한층 더 강화시켜주는 표현이자 우리말과 글의 새로운 명칭이었던 것이다.

한편 우리는 (20)의 '한말'이라는 명칭과 관련하여 고영근(1994)에서15) 밝힌 주시경의 이름으로 발부된 한 수료 증서에서16) '한말'이라는 표현이 나오고 있음을 확인할 수 있다. 고영근(1994)에서는 이 '한말'이라는 표현을 '한나라말'에서17) '나라'를 떼어 내고 만든 이름으로 단순한 '말'보다는 더 구체적이고 그러면서도 국권 침탈 이전의 '국어'가 표시했던 것과 동일한 의미 효과를 가져올 수 있는 명칭으로 이해하고 있다. 그리고 이 표현은 '국어'나 '국문'이란 말을 쓸 수 없는 상황에서 주시경이 창안한 말임에 틀림없다고 언급하고 있다. 이러한 주장은 어느 정도 타당한 것으로 생각되며 아울러 우리는 '한말'이라는 명칭을 통해 일제 강점 초기에 우리말의 또다른 표현을 확인할 수 있다. 또한 '한말'이 '한나라말'의 줄임이고 '한나라말'은 '한국어'에 대응하는 표현이라면 이 '한말'이야말로 그 긍정성 여부를 떠나서 최초의 대외적 표현으로서의 우리말의 이칭이라고

---

14) 이봉운의 「국문정리」(1897), 주시경의 「국문론」(1897), 「국어문법」(1898), 「국문문법」(1905), 「국어문전음학」(1908), 「국문연구」(1909), 「국어문법」(1910), 지석영의 「신정국문」(1905), 김희상의 「초등국어어전」(1909) 등에서 위의 명칭 등을 확인할 수 있고 '國文硏究所' '國語硏究學會' 등과 같은 기관이나 단체도 같은 명칭으로 나타나고 있음을 알 수 있다.
15) 고영근(1994),「統一時代의 語文問題」의 pp.289~291 참조.
16) 이 수료 증서의 발부 일자는 고영근(1994)에서 1911년 4월 1일로 환산한 바 있다.
17) 주시경이 1910년 6월 10일에 발행한 〈보증친목회보〉 1호에 기고한 글에는 '국어'와 '국문' 대신에 '한나라말'과 '한나라글'이 등장한다.

볼 수도 있겠다. 물론 여기서 '한국어'라는 표현이 '한+國語'인지 '韓國語' 인지 하는 문제가 제기될 수도 있다. 그러나 '한글'의 유래를 밝힐 때 '한 글'에서 '한~'을 '大, 一, 正'과 '韓'의 두 가지로 이해하는 관점이 일반적이 라면 '한말' 내지는 '한나라말'은 일제에 나라를 빼앗긴 시기에 주시경에 의해 제시된 한편으로는 우리말의 이칭으로 또다른 한편으로는 우리말의 대외적 명칭이라고 가정할 수도 있겠다.

그런데 '한말'이라는 표현이 등장한 같은 해에 〈한글모 죽보기〉를 보면 다음과 같이 (21)의 '배달말글'이라는 명칭이 나타난다.

> 同年 九月 十七日 國語硏究學會를 배달말글몯음(朝鮮言文會)라 하고
> 講習所를 朝鮮語講習院이라 하야……18)

고영근(1994)에서는 위의 기록을 통해 '한말'이라고 하면 우리말만 가 르치고 우리 글자는 빠지는 데 대해 '배달말글'이라고 하면 이의 한자 이 름 '朝鮮言文'에서 보는 바와 같이 우리말과 우리 글자를 다 포괄적으로 지시할 수 있다고 밝히고 있다. 필자는 이러한 견해와 아울러 이 시기에 '배달말글'이 등장한 이유를 다음과 같이 생각해 보았다. 근대 계몽기 이 후에 '국어' 내지는 '국문'이라는 표현이 20세기 초의 민족 국가가 도래하 던 시대에 우리의 정체성을 확인시켜주는 명칭이었다. 그러나 국권의 상 실로 말미암아 그 명칭을 당당하게 사용할 수 없게 되고 '한나라말', '한말' 이라는 새로운 표현이 등장하였고, 우리 민족의 유구한 역사와 전통을 비 춰 '한말'이라는 표현보다는 비록 '朝鮮言文'이라는 표현과 함께 병기하기 는 했으나19) '배달말글'이라는 우리말글의 새로운 명칭을 통해 우리 민족 의 역사적 정체성을 아울러 드러내고자 한 의도가 아니었나 생각한다.

(22)의 '한글'이라는 표현은 1913년 3월 23일에 처음으로 나타나며

---

18) 고영근(1994)에서 재인용.
19) 당시는 일제 시대 초기에 해당하는 1911년으로 이렇게 '朝鮮言文'이라는 표현
    이 함께 등장하는 것은 또한 그 시대의 한계를 문헌을 통해 보여주는 것이다.

현재까지 가장 보편적이고 공식적으로 쓰이는 우리글의 명칭이다. 고영근 (1994)에서는 〈한글모 죽보기〉를 통해서 다음과 같이 밝히고 있다.

四二四六年 三月二十三日(日曜)下午一時 臨時總會를 私立普成學校內 에 開하고 臨時會長 周時經先生이 昇席하다 … 本會의 名稱을 '한글 모'라 改稱하고……

이는 '배달말글몯음'으로 불려지던 조선언문회의 창립총회의 전말을 기록한 것으로 '배달말글'이 '한글'로 바뀌었음을 알 수 있다. 이전까지는 金敏洙(1977)에서 밝힌 바와 같이 '한글'이라는 표현이 처음으로 보이는 것은 〈아이들보이〉지(1913.9.창간)의 '한글풀이'란이라고 했으나 6개월을 앞당긴 표현의 실체가 고영근(1994)에서 제시된 것이다. 그는 '한글'도 '한 나라글'에서 '나라'를 빼고 만든 것이 틀림없다고 보았으며 '배달말글'에서 '한글'로 바꾼 이유를 음절이 짧아지는 발음의 경제성와 아울러 '한글'의 '한'은 멀리 '三韓'의 '韓'에서 가깝게는 '대한제국'의20) '韓'까지를 연상시 킬 수 있다는 점에서 '한말'에서 썼던 '한'을 다시 취한 것으로 바라보았다. 그리고 '한글'에서 '글'만으로도 우리의 말과 문자 언어 모두를 포괄할 수 있다는 점에서 당시에 '한글'이라는 우리말글의 명칭을 선택했다고 언급하 였다.

그러나 이글에서는 고영근(1994)의 견해를 수긍하면서도 다른 각도에 서 생각해 보고자 한다. 그 전제는 최현배(1961)에서 제시한 '한글'의 '한' 에 주목할 필요가 있다고 생각한다. 그는 '한글'의 '한'을 '韓'이라는 의미 말고도 '一, 大, 正'을 의미한다고 하였다. 그렇다면 '한글'의 '한'은 '단일 (一)민족'의 말, '위대(大)한' 말, 그리고 또다른 역사적 맥락에서 '훈민정

---

20) 다만 대한제국이라는 국호가 오히려 우리나라의 영역을 한반도에 국한하려는 의도에서 정해진 이름이라는 주장도 제기되어 그로 인해서 '한글'의 '한'도 '三韓' 의 '韓'이기 때문에 태생적으로 그렇게 주체적이지 못한 명칭이라는 점에서 북 한에서 사용하지 않는다 하니 이 점 역시 곰곰이 생각해 볼 일이다.

음'과 관련하여 '정(正)한 말'로도 해석이 가능하다고 본다. 따라서 '한'의 정확한 어원이 명시적으로 그러나지 않는 이상, '한글'의 의미는 그것이 본래적이든 아니면 후대에 결과적으로 부여한 의미이든지 간에 '글'이라는 표현이 말과 문자 언어를 모두 포괄하듯이 '한'의 다양한 의미를 고려하여 파악되어야 할 것이다. 그렇다면 그것은 '한말'의 경우도 마찬가지가 되며 이렇게 다양한 의미를 함께 가진 '한글'이라는 명칭은 제한된 의미밖에 갖지 못하는 '한말'보다 더 나은 표현이라고 주시경이 판단했으리라 생각한다.

'한글' 표현은 그 이후 주시경의 후학이었던 김두봉과 이규영에 의해 사용되기는 하였으나 우리의 글을 긍정적으로 바라보지 않았던 일제 시대가 더욱 공고히 되어가면서 우리말글은 (23), (24), (25)에서 보는 바와 같이 '조선어', '조선글', '조선어문'이라는 표현으로 대체되어 간다. 따라서 '조선어', '조선글', '조선어문'과 같은 표현은 지금 북한에서도 사용하고 있는 우리말글의 명칭이기는 하나 일제 시대에 일본의 입장에서 볼 때는 식민지의 지역 언어의 성격을 띠고 있는 국부적 명칭 혹은 '방언'의 의미로도 이해할 수 있겠다.

5.4 현대 국어 시기에 나타난 우리말글의 명칭

현대 국어 시기에 나타난 우리말글의 명칭은 대체로 다음과 같다.

(26) 한글
(27) 국어
(28) 조선어
(29) 조선말
(30) 한국어
(31) 한국말

일제 시대 말기에 '조선어'라는 명칭으로 주로 쓰이던 우리말은 해방이 되면서 '朝鮮語學會'가 '한글학회'로 바뀐 것에서 할 수 있듯이 '한글'이라는 본래의 명칭을 완전히 회복하였다. 그렇게 되면서 새로운 국가의 수립과 맞물려 '국어'라는 명칭이 근대 계몽기 이후에 사라졌다가 역시 다시 등장하였다. 그러나 분단의 아픔을 맛보게 된 우리는 50여 년 동안 남한과 북한의 이념적 차이와 그에 수반하는 언어의 차이를 경험하게 되면서 우리말글의 명칭까지도 서로 달리 부르게 되었다.

북한에서는 '한글'이나 '국어'라는 말 대신에 (28)의 '조선어' 혹은 (29)의 '조선말'이라는 표현으로 우리말글을 부르고 있다. 물론 북한에서 널리 일반화되어 있는 '조선어' 혹은 '조선말'이라는 명칭은 일제 시대에 사용된 '조선어'나 조선글'과는 사용 의도에서나 혹은 내포적 의미에서나 그 차이를 보인다고 생각한다. 일제 시대에 사용된 그 명칭은 위에서 언급하였거니와 북한에서는 다른 의미로 '조선어' 혹은 '조선말'이라는 표현을 사용한다. 그것은 북한의 조선말 대사전(1992, p237)에서 '조선'이라는 단어를 어떻게 정의하고 있는가와 관련을 맺고 있다. 그 정의를 보도록 하자.

조선^2 : 맑은 아침의 나라라는 뜻으로 예로부터 ≪우리나라≫를 이르는 말.

이 정의를 살펴보면 남한의 사전의 정의와 사뭇 다름을 알 수 있다. '조선'에 대한 북한의 정의에서는 '조선'이라는 단어의 한자 뜻에 주목하여 먼저 '맑은 아침의 나라'라고 전제하고 '이씨 조선'에 국한하여 '조선'이라는 개념을 파악하지 않고 있음을 알 수 있다. 오히려 과거의 우리나라 모두를 '조선'이라는 개념 속에 아우르고 있다. 이러한 관점에서 북한은 남한도 '남조선'이라는 명칭으로 부르고 스스로를 '북조선'이라는 명칭으로 일컫는다. 이것으로 볼 때 북한이 인식하고 있는 '조선어, 조선말'은 일제 시대에 주로 일본의 입장에서 바라본 명칭과는 그 내포적 의미가 분명히 다르다. 아래의 표현은 북한의 우리말글의 명칭에 대한 인식의 한 단면을 여실히 보여주는 정의이다.

> 조선말 : 아득한 옛날부터 조선 인민이 써내려오면서 발전시켜온 민족어. ·······.
> 조선어 : = 조선말.

이 표현은 북한에서 우리가 사용하는 (30)의 '한국어'나 (31)의 '한국말'과 같은 대외적인 개념의 명칭으로도 불린다. 남한에서는 대내적인 명칭으로 '한국어' 혹은 '한국말'이라고 하지만 북한에서는 '조선어'와 '조선말'이 내대와 대외에서 함께 사용하고 있음을 알 수 있다.

어느 명칭이 더 옳고 그렇지 않은가 하는 문제를 접어두고라도 동시대를 살아가는 입장에서 서로 다른 명칭으로 우리말글을 표현하는 것은 실로 안타까운 일이 아닐 수 없다. 그러나 그것이 또한 남북한의 국어 의식의 한 단면을 부여 주는 것이므로 통일을 대비하여 어떻게 우리말과 글을 불러야 하는지 고민해 볼 일이다[21].

우리는 지금까지 우리말글이 창제된 15세기부터 현재에 이르기까지 우리말글의 명칭이 역사적으로 어떻게 변천해 왔으며 그 각각의 의미는 어떠했는가 하는 점을 주로 문헌 자료와 필자의 해석을 덧붙여 알아보았다.

30여 가지가 넘는 우리말글에 대한 명칭을 역사적으로 살펴보면서 우리는 그 시대를 살았던 연구자와 언중들의 국어 의식의 한 단면을 읽을

---

[21] 최근 김민수(2003)에서는 남한의 한국어와 북한의 조선어를 통합할 수 있는 고유 명사로 '우리말(Urimal)' 혹은 '우리글(Urigeul)'을 제안한 바 있다. 북쪽에서도 호의적이라는 점에서 그 명칭을 통일 이후의 단일 명칭으로 진지하게 고민해 볼 필요가 있을 것이다.

수 있었다. 그것은 관련 어휘의 낱말밭을 "유기적인 분절 속에서 상호 협력 관계에 있는 언어 기호의 무리를 전체를 통하여 구성되는 언어적 중간 세계에서의 한 단면"으로 정의한[22] 바이스게르버의 언어 연구의 태도와도 부분적으로 연결되는 것으로 그 하위 단계인 내용 중심의 언어 연구에 어느 정도 기여하는 바가 있을 것이라고 전망해 본다. 언어를 통해 한 국가와 민족의 의식을 규명해 낼 수 있다는 언어사상형성관의 일면을 확인하게 된다. 한편으로는 그러한 우리말글 명칭에 대한 다양한 역사적 인식이 국어학사를 의식사라는 틀 속에서 새롭게 해석한다는 차원에서 국어학사의 중요한 서술 내용이 될 수 있을 것이다.

---

22) 배해수 (1994),「한국어 내용 연구 (Ⅰ)」, p8에서 재인용.

제6장

훈민정음과 언문의 관계, 그리고 국어 의식

    국어사에서는 국어 자체의 변천을 통해 우리말의 시대적 특성과 성격을 보여 준다. 반면에 국어학사에서는 국어 자체의 변천보다는 소위 국어에 대한 연구 업적, 국어학 관계 문헌의 연구, 당대 연구자들의 국어에 대한 인식 태도들이 종합적으로 이루어진다. 그런데 지금까지의 국어학사 서술은 주로 국어에 대한 연구 업적, 국어학 관계 문헌의 가치 등에 무게 중심이 실려 기술되어 온 실증적 국어학사의 틀에 치우쳐 있다. 즉 당대 국어 연구자들의 국어에 대한 인식 태도에 대한 국어학사적 접근이[1] 고대 국어에서 현대 국어에 이르기까지 일관된 흐름을 가지고 통시적으로 기술되었다고 보기에는 미흡한 점이 있는 것이 사실이다.

    국어학사에서 실학 시대는[2] 역사적으로 그 이전의 시기와 비교해 볼 때 그 변화의 폭이 커서 중세와는 확연히 구분되는 시기이다. 임진왜란이

---

1) 정광 외(1997)에서는 우리 선조들의 언어에 대한 인식이나 표기법의 고안, 특이한 언어사용 등을 포함하는 넓은 의미의 국어학사에서는 역사적으로 우리 선인들이 가졌던 모든 언어에 대한 관심과 연구가 국어학사의 서술 대상이 된다고 언급하고 있다. 이상혁(1996)에서도 넓은 의미의 국어학사의 한 측면으로 국어 의식사의 관점을 제시한 바 있다.

2) 金敏洙(1980)에서는 조선 후기의 국어학사 서술에서 '近世'라는 용어를 사용하고 있다. 그러나 이 글에서는 국어학사의 서술에서 제시하는 사회사적인 용어를 받아들여 '실학시대'라는 용어를 사용하기로 하겠다.

라는 크나큰 전란을 겪고 양명학과 실학이 새롭게 부흥되면서 당대의 사
람들의 우리 말 전반에 걸친 인식태도는 중세의 계승과 근대 지향적 성격
을 다소 드러내는 새로운 양상이었다. 이러한 점을 가정하면서 이 글에서
는 기존의 실학 시대의 국어학사에서 구체적으로 다루지 못한 두 가지 요
소 중에서 당대 연구자들이 취했던 언어관을 '언문'이라는 개념을 통해 유
추해내고 아울러 중세 국어 시기의 특성과 차별되는 국어 의식의 새로운
성격을 제시하고자 한다.

　우선 우리는 이 장에서 국어의 사회사적인 변천에 주목하여 '탈중세적
의식'이라는 개념의3) 정의를 내릴 것이다. 그 정의가 선행되어야 하는 이
유는 '탈중세적 의식'이라는 개념이 실학 시대 국어학의 흐름과 관계되는
두 가지 요소와 서로 밀접하게 연결될 수밖에 없기 때문이다. 이 장에서
는 탈 중세적 의식의 구체적인 기준에 해당할 수 있는 두 요소 중의 하나
에 대해 살펴볼 것이다. 그 하나는 당대 연구자들이 취했던 우리 말글에
대한 인식 태도이다. 중세 국어 시기에서는 당대 연구자들의 일반론적인
정음관이4) 뚜렷하게 드러나지 않으나 조선 후기에 오면 당대 연구자들이

---

3) 애초에 이 논의를 시작할 때 필자는 '탈중세적 의식'을 근대성이라는 용어로 사
　용하였다. 그러나 사회·경제사적 측면에도 '근대성'이라는 개념은 실상 임진·병
　자 양란 이후부터 19세기 말이나 20세기 초 사이의 시기에 정확하게 적용되기
　어려운 점이 있다. 근대를 알리는 시기(기점)을 두고 학자들의 다양한 논의가
　있기 때문이다. 물론 국어사의 관점에서는 '근대 국어'라는 용어에서 보듯이 '근
　대'라는 표현을 쓸 수 있겠으나, 국어학사의 관점에서는 근대의 시작을 17세기
　까지 소급하기란 무리가 따른다. 국어학사에서는 근대성의 징후를 보이는 연구
　업적이 언제 처음으로 나타났는가 하는 점이 아직은 소상히 밝혀지지 않았을 뿐
　더러 근대성의 시점을 어느 시기부터 잡아야 하는지에 대한 논의도 충분히 이루
　어지지 않았다. 따라서 이 글에서는 국어사의 관점과는 궤를 달리하여 이 시기
　를 실학 시대라고 일컬을 것이며 '탈중세적 의식'의 의미를 중세 국어 시기의 국
　어 의식과 차별되는 특성으로 제시하고자 한다.
4) 훈민정음이 창제된 당시에 성리학적 언어관에 입각한 국어에 대한 미시적 기술
　이 없었던 것은 아니었다. 훈민정음 해례 등의 연구서들도 당시의 언어관을 잘
　반영하는 국어학적 업적임은 두말할 나위가 없다. 그러나 여기서 언급한 일반론
　적 언어관이라는 것은 국어 연구자들이 거시적 의미에서 우리말글을 어떻게 긍
　정적으로 바라보고 있는가 하는 국어 의식의 포괄적인 개념임을 밝혀둔다.

당시의 정음에 대한 그들의 새로운 견해를 다양한 문헌에서 꽤나 자세히 보여주고 있다는 점에 주목할 필요가 있다.

실학 시대의 연구자들이 그들의 연구에서 인식했던 내용을 현재의 관점에서 재해석하여 그 새로운 각도의 의미를 부여하는 것은 당대 연구자들의 우리말글에 대한 인식 태도를 파악하고 이해하는 데 중요한 패러미터로서 기능할 수 있다고 생각한다.

편의상 이 장에서는 국어에 대한 탈중세적 의식의 하나로 새롭게 나타나는 일반론적 정음관에 대한 논의를 거시적 접근이라고 규정하겠다. 아울러 당대 연구자들이 여러 기록과 문헌에서 언급한 '훈민정음'과 '언문' 등의 표현이 비교론적 차원에서 중세와는 어떻게 달랐으며 그들은 그것을 어떻게 인식하고 있었는가를 살펴봄으로써 각 연구자들의 정음관이 드러나는 탈중세적 의식은 무엇인가 하는 점에 초점을 맞추어 실학 시대의 국어 의식의 한 단면을 서술해 보겠다.

6.1 실학 시대 국어 의식의 성립과 '탈중세적 의식'의 정의

崔世珍의 국어 연구 이후 국어에 대한 연구는 임진·병자 양난과 겹치면서 침체기에 접어들게 되고 우리말을 사용하는 언중들의 의식도 많은 변화를 겪었다. 그러한 사회적 변화와 언중들의 의식 변화는 국어 자체의 변천을 수반하게 되었다. 그와 더불어 새로운 시대를 맞이한 국어학의 17C 양상은 종전과는 다른 면모를 보이게 되었다. 시대적 변동과 전쟁을 겪고 난 후 경험하게 되는 민족적 자각은 성리학의 변모를 가져오게 하는 결과를 잉태하였다. 그것은 명에서 도입된 양명학이며, 명에 이어 건국한 청나라의 고증학적 전통을 이어받은 실학의 태동이었다.

이 두 경향은 연이어 국어 의식의 변화를 가져온 動因이었으며, 그 결과가 실학 시대 국어학자들의 사상적 맥락과 그들의 연구 성과에서 여실히 드러난다. 그것은 구체적으로 정음에 대한 연구로 발현되었다. 그러나 이러한 시대적 배경과 국어 의식의 새로운 탄생은 당연하게 받아들여지는 것이지만, 여기서 우리는 한 가지 주목해야 하는 점이 있다. 지금까지는 단순히 실학 시대가 도래하자 그에 따른 국어 연구의 활성화–정음 연구의 양적 증가–만이 실학 시대의 국어학의 부활을 알리는 변인이라고 생각해 왔다. 그러나 그러한 조건에 따른 정음 연구의 활성화와 더불어 시대적·사상적 배경에 입각한 정음 연구의 내용–국어학적 업적(문헌 자료) 안에 포함되어 있는 국어에 대한 탈중세적 의식에는 소홀히 한 점이 없지 않다. 따라서 실학 시대 국어학 연구 성과가 내재적으로 가지고 있는 국어학사적인 탈중세적 의식에 대한 포착은 새로운 경향의 의식을 구체적으로 보여주는 좋은 증거가 될 수 있다고 생각한다.

위의 역사적 맥락과 관련지어 볼 때 우리는 탈중세적 의식의 개념을 다음의 두 가지로 연역적 정의를 할 수 있겠다.

> ㉠ 우리 말글을 바라보는 관점(정음관)의 시대적 변화에 기인한 민족적 주체성
> ㉡ 중세 국어학의 이론적 틀(성리학과 역 사상)의 규범에서 부분적으로 벗어나는 다양성

㉠의 경우는 우리말에 대한 인식–정음관–과 관계되는 거시적 맥락의 탈중세적 의식에 해당하는 것이고 ㉡의 경우는중세와는 다른 양상을 보이는 실학 시대의 연구자들의 자모 배열에 대한 인식과 관련되는 정의이다. ㉡의 경우는 ㉠의 관점과 달리하는 미시적인 접근이므로 다음 기회로 미루고자 한다. 이러한 관점에서 먼저 우리 말 인식의 탈중세적 의식–정음관의 탈중세적 의식은 어떻게 파악될 수 있는지를 살펴보기로 한다.

6.2 '언문'에 대한 새로운 개념 접근과 훈민정음에 대한 중세적 의식

우리 말글에 대한 탈중세적 의식을 논하기 위해서는 중세와 비교론적 접근이 필요하다고 전장에서 언급하였는데 그 전에 먼저 '언문(諺文)'에 대한 현대 국어 사전의 정의의 문제점을 제시하면서 논의의 출발점을 삼으려 한다. '언문(諺文)'에 대한 현대 사전의 뜻풀이는 다음과 같다.

㉠ 국어대사전(1996, 금성판)
　　언:문〔諺文〕 몡 {'상말을 적은 글자'라는 뜻}'한글'을 한문(漢文)에
　　　　　상대하여 **낮추어** 일컫던 말.

㉡ 우리말 큰사전(1994, 한글학회)
　　언:문 몡 ① 전날에 일컫던 **'한글'의 낮은말**.　②…….〔諺文〕

위의 두 사전에서 '언문'에 대하여 '한글을 낮추어 일컫던 말'내지는 '한글의 낮은말'이라는 뜻으로 정의하고 있다. 이 두 정의는 '언(諺)'의 훈(訓)5)에 주목하고 일부 사대부나 양반층에서 한글을 무시했다는 일부의 역사적 사실에만 초점을 두어 뜻풀이를 한 듯하다. 그러나 위의 사전의 정의는 중세와 실학 시대에서 '언문'이라는 단어가 나오는 여러 기록을 살펴본 결과 적절하지 못한 뜻풀이임을 알 수 있다. 일찍이 안자산(安自山)도 '언문'이라는 명칭이 결코 야비한 것이 아니고 적절한 의의(意義)로 된 것이라고 그의 글에서6) 밝히고 '언문'이라는 표현을 고수해야 한다고 주장하였다. 그러나 그 동안 나온 여러 국어사 및 국어학사 관련 연구서에서는 '언문'을 위에 제시된 두 사전의 개념과 크게 차이를 보이지 않는 부

---

5) '언(諺)'의 훈(訓)은 '상말(常-)'이다. 한어대사전(漢語大辭典)에서도 '언(諺)'의
　의미는 '일상의 말'이라고 기술되어 있다.
6) 安自山(1938), "諺文名辭典". 『正音』26호(朝鮮語學研究會)을 참고하라.

정적 의미로 해석을 하고 있음을 알 수 있다.

이것은 곧 두 가지의 중요한 점을 제기한다. 우선 지금까지 '언문'이라는 개념을 지나치게 부정적인 역사적 개념으로 낮게 평가하고 있다는 점이 그 하나요, 다른 하나는 그와 관련하여 과거에 쓰인 '언문'이라는 표현이 가지고 있는 본질적 의미에 충실하여 그 개념을 다시 음미해 보아야 한다는 점이다.

이와 관련하여 우선 우리는 북한에서 나온 조선말 대사전(1992, 사회과학원 언어연구소 편)의 정의를7) 참고하여 새롭게 '언문'의 정의를 내릴 필요가 있다. 또한 새롭게 내린 정의의 타당성을 입증한다는 측면에서도 '언문'이라는 단어가 등장하는 기록을 바탕으로 '언문'과 '훈민정음'과의 상관성과8) 그것을 통해 '언문'의 중세적 의미와 탈중세적 의미를 비교하여 우리는 우리 말글에 대하여 실학 시대 연구자들이 보여주는 탈중세적 인식을 일반론적 언어관이라는 차원에서 새롭게 파악할 수 있다.

우리는 말글에 대한 탈중세적 인식을 살펴보기 위해서 먼저 우리는 15세기에 창제된 훈민정음과 언문이 중세의 여러 기록에서 어떻게 표현되고 있는가를 먼저 검토해 볼 일이다. 아래 제시된 기록을9) 보자.

> ①『世宗實錄』권 102, 世宗 25년(1443) 12월 조에 "是月 上親制諺
> 文二十八字 …… 是謂訓民正音" - 이 달에 임금이 친히 諺文 28
> 자를 만든다. (중략) 이것은 이른바 訓民正音이라고 부른다.

---

7) 조선말 대사전에 등장하는 '언문'의 정의는 다음과 같다.
　　언문2 〔명〕 늘 쓰는 입말의 글이라는 뜻으로 처음에는 우리 민족글자인 ≪훈민
　　　　정음≫을 글말의 글자인 한자, 한문에 상대하여 이르는 말. 뒤에 한자, 한문
　　　　을 떠받드는 기풍이 조장되면서 우리글을 낮잡아보는 글이 되었다…….
8) 方鍾鉉의『訓民正音通史』(1948)에서는 훈민정음과 언문을 국어학사 시대 구분
　　의 요소로 제시하여 제1기 훈민정음 시대(세종 25년~연산군 11년), 제 2기 언
　　문 시대(중종 22년~고종 30)로 명명하고 있다. 그러나 실학 시대에서도 '훈민
　　정음'이라는 표현이 여러 문헌에서 자주 드러나기 때문에 이러한 구분은 아주 적
　　절하다고 볼 수는 없다.
9) 이 기록의 대부분은 정광(1997)에서 제시한 자료에서 재인용하였음을 밝혀 둔다.

② 『世宗實錄』권 103, 世宗 26년(1444) 2월 병신(丙申)조에 "命集賢殿校理崔恒…… 指議事廳 以諺文譯韻會" - 집현전 교리 최항등에 명하여 (중략) 의사청에서 諺文으로 운회를 번역하게 하다.

③ 『世宗實錄』권 113, 世宗 28년(1446) 9월 조에 "是月 訓民正音 成御製曰 … … 正音之作 無所祖述 - 이 달에 『訓民正音』이 완성되었다. 임금이 지어 말씀하시기를 (중략) 訓民正音을 지은 것은 옛 사람이 저술한 바가 없다.

④ 『世宗實錄』권 114, 世宗 28년(1446) 11월 임신(壬申)조에 "命太祖實錄入于內遂置諺文廳 考事迹添入龍飛詩 - 태조실록을 입내(入內)하도록 명하고 이어서 諺文廳을 설치하였으면 사적을 고찰하게 하여 용비어천가의 시가에 삽입하도록 하였다.

⑤ 『慵齋叢話』권 7에 "世宗設諺文廳 命申高靈成三問等制諺文" - 세종이 諺文廳을 설치하고 신숙주와 성삼문 등으로 하여금 諺文을 짓게 하다.

⑥ 『世宗實錄』권 114, 世宗 28년(1446) 12월 기미(己未) 조에 "傳旨吏曹 今後吏科及吏典取才時 訓民正音並令試取 雖不通義理 能合字取之" - 이조에 전지하기를 '이제부터 이과와 이전 취재 시에는 訓民正音을 함께 시험하되 그 뜻과 이치에 통하지 않더라도 능히 합자할 수 있으면 채용하라'고 하다.

⑦ 『世宗實錄』권 116, 世宗 29년(1447) 4월 신해(辛亥) 조에 "先試訓民正音 入格者許試他才 各司吏典取才者並試訓民正音" - 먼저 訓民正音을 시험하고 합격한 자에게만 다른 시험에 응시할 수 있게 하다. 각 관청에서 이전의 취재를 하는 경우 訓民正音을 함께 시험하다.

⑧ 文宗 원년(1450) 10월 -正音廳 設置.

⑨『月印釋譜』(1459) 世祖 御製 序文에서 "撰成釋譜詳節 就譯以正音 殺人人易曉" - 『석보상절』을 편찬하여 완성하고 이어서 訓民正音으로 번역하여 사람들로 하여금 쉽게 알 수 있게 하였다.

⑩『世祖實錄』권 21, 世祖 6년(1460) 9월 경인(庚寅) 조에 "禮曹啓 訓民正音先王御製之書 東國正韻洪武正韻皆先王撰定之書" - 예조에서 계하기를 『훈민정음』은 선왕이 만드신 책이고 『동국정운』과 『홍무정운역훈』도 모두 선왕께서 정하여 편찬한 책이다.

⑪『世宗實錄』世宗 30년(1448) 3월 조에 "驛召尙州使金鉤 鉤爲尙州 未半年 時集賢殿奉敎 以諺文譯四書 直提學金汶主之" - 역에 명하여 상주 목사 김구를 부르다. 김구는 상주에 간 지 반년도 채 못 되었다. 이 때 집현전에서 임금의 말씀을 받들어 언문으로 사서를 번역하였으면 직제학 김문이 이를 주재하였다.

⑫『世宗實錄』에 소재된 崔萬理 상소문에서 "我朝自祖宗以來 至誠事大 一尊華制今當同文同軌之時 創作諺文有駭觀聽" - 우리나라는 조종 이래로 지성껏 중국을 섬기면서 모두 하나같이 중국의 제도를 준수하고 이제 같은 문자, 같은 궤도(법률이나 제도가 같음을 비유함)를 사용하는 때에 諺文을 창작하는 것은 보고 듣기에 해괴함이 있습니다.

⑬ 신숙주의『保閒齋集』권 7에 부록된 '신숙주의 행장(行狀)'(姜希孟 撰)에 "上 以本國音韻 與華語雖殊 其牙舌脣齒喉淸濁高下 未嘗不與 中國同 列國皆有國音之文 以記國語 獨我國無之 御製諺文字母二十八字" - 임금이 말하기를 본국의 음운으로 말하면 비록 중국어와 다르나 그 아음, 설음, 순음, 치음, 후음과 청탁고저의 소리는 중국과 더불어 다르지 않다. 열국이 모두 그 나라의 소리에 맞는 문자가 있어 나라 말을 적는데 어직 우리 말만이 문자가 없어서 임금이 諺文 28자를 지었다.

⑭ 崔世珍의 『訓蒙字會』 권두 凡例에 나타나는 '諺文字母'

⑮ 『燕山君日記』권 54, 연산국 10년 7월 무신(戊申) 조에 "且今後諺文 勿敎勿學 已學者 亦令不得行用 凡知諺文者 令漢城五部摘告 其知而不告者 幷隣人罪之 …… 朝士家所藏諺文口訣書冊 皆焚 之 如飜譯漢語諺文之類 勿禁" - 이제부터 언문을 가르치지도 배우지도 말 것이며 이미 배운 사람도 실제로 쓸 수 없다. 한성의 5부에 명령하여 諺文을 아는 사람을 모두 적발하여 고하게 하고 이를 알면서도 고하지 않는 사람은 그 옆집 사람에게 죄를 주라. (중략) 조정대부 집에 소장된 언문과 구결로 된 서책은 모두 불태우라. 중국어를 번역한 諺文은 금하지 않는다.

위의 기록들을 살펴보면 15 세기에는 전반적으로 '훈민정음'의 개념이 '언문'의 개념과 그 의미에 있어서 큰 차이를 보이지 않는다. 실록에서도 ①에서와 같이 '上親制'의 표현과 '언문'이 함께 등장하고 ⑤, ⑬에서도 '御製諺文'이라는 표현이 등장하는 것을 보면 이 시기의 '언문'의 개념은 한글을 부정적으로 낮추어 부르는 의미를 띠고 있지 않는다고 볼 수 있다. 왜나하면 임금께서 친히 만든 것을 감히 낮추어 표현할 수 있는 개연성은 실제로 불가능하기 때문이다. 오히려 '언문'이라는 표현은 그것이 당시에 어떤 목적의 표기 수단으로 기능했는가 하는 점(창제 목적)을 고려해 볼 때10) 덧붙여 '운서'의 번역 수단으로써의11) 기능을 담당하는 의미로까지

---

10) 정광 외(1997)에서는 훈민정음이 창제된 이후 적어도 세 가지의표기 수단으로 이 문자가 사용되었음을 정리하여 제시하고 있다. 첫째로 고유어를 표기하는 문자, 둘째로 한자의 동음(東音)을 정리하는 데 그 발음 기호, 셋째로 중국어를 학습하는 데 있어 표준적인 한음(漢音)을 정하여 표음하는 기호로서 이용되었음을 밝히고 있다.

11) 이것은 한문의 번역 수단으로서의 상위 언어(meta-language)기능으로도 이해될 수 있겠다. 물론 운서의 번역 수단으로서의 훈민정음은 주로 표준적인 한음(漢音)을 표음하는 주음(注音)기호로서의 의미를 띠는 것이지만 훈민정음의 상위 언어적 기능은 ⑪에서 보다시피 당시에 번역되었던 '諺解類'들까지도 고려하면서 부여한 기능이다.

②에서 해석되고 있음을 우리는 알 수 있다.

만약에 이 시기에 '언문'을 한글을 낮추어 부르는 말이었다면 당시에 조정에서 ④에서 보는 바와 같이 '諺文廳'이라는 표현으로 국가기관을 설치했을까 하는 의심을 떨쳐 버리기가 어렵다. 또한 ⑧에서 드러나는 '正音廳' 설치라는 역사적 사실이 우리말의 위상을 높이기 위한 명칭 변경이 아니었다면 '언문'이 갖는 부정적 의미는 이 시기에 없었다고 필자는 생각한다. 따라서 '훈민정음'이 ⑨의 '譯以正音'에서 보는 바와 같이 번역의 수단으로 이해될 수 있다면12) 우리는 훈민정음과 언문의 그 내포적 의미는 같다는 주장을 할 수 있겠다. 따라서 이 글에서는 훈민정음=언문이라는 입장을 취하고자 한다. 다시 말하면 기존의 사전적 정의와 같이 언문은 한글을 낮추어 부르는 말이라는 전제하에 훈민정음과 언문을 비교하면 위의 기록으로 미루어 볼 때 '훈민정음'은 한글을 낮추어 부르는 말이라는 모순된 등식이 성립될 수 있기 때문에 여기서 우리는 중세의 '언문'이라는 표현 곧 훈민정음의 단순한 이칭으로 이해해야 할 필요가 있다.

그런데 ⑫의 崔萬理의 상소문에서 나타나는 언문이라는 표현과 ⑮의 표현은 위에서 언급한 다른 기록과는 달리 화자(혹은) 내지는 서술자의 부정적 가치 판단이 개입된 것으로 볼 여지는 있다. 최만리의 경우 한글 창제를 극구 반대했던 인물이고 연산군 시대에는 소위 '諺文禁壓'의 사건으로 훈민정음의 탄압하여 사용을 금하는 조처가 위해진 시기이기 때문에 그러한 추측이 가능하다. 그러나 최만리의 경우는 당시에 보편적으로 사용되고 있는 '언문'의 표현을 답습했을 것으로 추측되고 연산군의 경우는 그가 언문에 대한 탄압을 명하기는 했으나13) 연산군 자신도 직접 '악장'

---

12) 물론 기록에서 '훈민정음'이라는 표현은 우리 문자 혹은 우리말이라는 의미 말고도 ③과 ⑩에서 보는 바와 같이 책의 의미로도 이해된다. 그러나 그것은 이 논의에서 문자 혹은 우리말로서의 훈민정음=언문이라는 등식과 차원을 달리하는 것이다.

13) 위의 기록 중에서 ⑮에 나타나는 역사적 사실로부터 유추할 수 있다.

을 언문으로 지은 기록이 있는 것을 보면14) 당시에 '언문'이라는 문자 자체는 부정적 대상으로 사용되었다고 볼 수만은 없다. 또한 연산군 시대에 역서와 제문 등의 일상적인 글을 언문으로 번역하여 사용하고15) 궁중에서 언문이 사용된 사실을 보여주는 기록을16) 보더라도 '언문'에 대한 부정적 인식은 언문투서 사건 초기에 있었던 일시적 현상으로 이해할 수도 있다.

따라서 우리가 현재 '언문'이라는 단어의 부정적 의미에 익숙한 이유는 '언(諺)'이라는 한자의 부정적 의미에 매몰될 수 있는 여지뿐만이 아니라 한편으로는 아마도 위의 ⑫과 ⑮에서 보여주는 바와 같이 우리 말글에 대한 부정적 언동과 탄압을 후대에 일부 보수적 식자층에서 역사적으로 잘못 이해하고 답습한 결과 때문이라고 필자는 생각한다.

⑭에서 최세진은 '諺文子母'라 하여 한글을 '언문'이라고 표현하고 있다. 범례에 부재된 이 표현도 그를 역관의 신분이라는 점과 범례의 내용을 감안한다면 그가 한글에 대하여 부정적인 의미로 '언문'이라는 표현을 사용하였다고 보기는 어렵다. 외국어를 우리말로 번역 혹은 통역을 하는 사람이 언문에 대하여 폄하하는 의도를 갖는다는 것을 납득하기가 어렵고 그 범례의 내용에서 한문을 배우기 위해서는 언문을 먼저 익히는 것이 편리할 것이라는 그의 제안에 주목하더라도 그가 한글을 바라보는 입장은 사뭇 긍정적이었으리라고 생각한다.

이렇게 볼 때 중세 국어 시기에 우리 말글을 바라보는 당시 식자층의 보편적 입장은 대체적으로 가치중립적이었다고 볼 수 있다. 여기서 가치중립적이라는 것은 당시의 사람들이 특별히 한글에 대하여 '언문'이라는

---

14) 정광 외(1997)의 121~122쪽을 보라.
15) 정광 외(1997)에서는 『燕山君日記』권 56, 연산군 10년 12월 병인(丙寅) 조의 "命兵曹正郞曺繼衡 以諺文飜譯歷書"의 기록을 통하여 그 사실을 제시하고 있다.
16) 정광 외(1997)에서는 『燕山君日記』권 62 연산군 12년 6월 기유(己酉)조의 "新採與淸運平等 御前言語 問或不知尊稱 御前當用言語 用諺文飜譯 印領諸院"의 기록을 통해서 그 사실을 보여주고 있다.

표현을 써 가며 부정적 인식을 구체적으로 드러낸 증거가 없으면서도 한 편으로는 우리 글자가 중국의 그것보다 훨씬 우월하다는 긍정적 인식도 보이지 않는다는 의미를 함께 포괄한다. 이것은 중국에 대한 명분론적 사 대를 중시했던 당시의 경향과 맞물리는 것으로 이해 될 수 있다. 그러나 실학 시대에 오면 중세와는 다른 양상을 보인다. 이 점에 주목하여 실학 시대 국어 연구자들의 우리 말글에 대한 인식을 살펴보기로 하자.

6.3 훈민정음에 대한 탈중세적 인식

조선 후기 실학 시대의 국어 연구자들은 중세와는 차원을 달리하는 우 리 말 인식의 양상을 아래의 기록에서 보여 주고 있다17).

　㉠ 訓民正音 世宗莊憲大王御製
　　臣錫鼎謹按 御製諺文二十八字 卽列宿之象也(崔錫鼎의 經世正韻
　　(1678))

　㉡ 諺文初中終三聲辨(朴性源의 華東正音通釋韻考(1747))

　㉢ 世宗大王製訓民正音 …… 書之甚便 而學之甚易 千言萬語 纖悉形容
　　雖婦孺童駿 皆得以用之 以達其辭 以通其情 此古聖人之未及究得 而
　　通天下無所者也 …… 則正音
　　不止惠我一方 而可以爲天下聲音大典也
　　正音之理 有能推例善用 卽不止三十六字母 而變通無窮矣(申景濬의
　　韻解訓民正(1750))

　㉣ 訓民正音 卽天下之大文獻 豈直爲朝鮮一區言語傳寫之資而已

---

17) 이 기록은 姜信沆(1995)에서 조선 후기의 정음관으로 제시된 자료를 참고하였 음을 밝혀둔다.

若使倉頡造書之時 有正音 而並傳 則其時字音千萬世無差誤之理
訓民正音 俗稱諺文 多爲婦人及下賤所用 以致轉輾訛誤 雖世稱博雅
之士 鮮有知正音字母之義者(鄭東愈의 漫筆集인 晝永編)

㉣ 訓音作者 不取會意之法 而惟取音通意之妙
　訓音則不祖六法何也 曰訓文之作 本爲聲音也 是故 其主意也在聲 其
致力也在聲音(李思質의 訓音宗編 第十二聲音總論問答項)

㉤ …… 若註以諺文 傳之久遠 ……
　文章必尙簡奧 以簡奧通情 莫禁誤看 諺文往復 萬無一疑 子無以婦女
學忽之
　龍飛御天歌 國初詞臣撰 後以諺文甁傳 翻譯 國朝譯院 以諺文翻出漢
語老乞大朴通事二書
　諺文 …… 實世間至妙之物 比之文字 其精有二
　文字則制以六義 爲物散亂 不可以一例推萬狀 諺文則以中係初 以終係
中 各有條脈 縱橫整齊 婦人孺子咸能頓悟
　文字則古人諧聲之外 偏旁之如 漸久漸多 古人轉注外 後來詞客 任意
變續 …… 恒起訟辨 諺文則若移動全部則已 欲誤一字之形 得乎欲改
一字之音 得乎 此用之精也(柳僖의 諺文志)

㉥ 諺文 卽我世宗朝出自聖意 …… 以翻萬物難狀之音
　夫天下萬國 各有其國之書 ……俱不如(李圭景의 諺文辨證說)
　訓民正音初終聲通用八字 皆古篆之形也 …… 故兼此二妙者訓民正音
也 匪聖人烏能與於此也翻切之法 莫妙于我之訓民正音也 非徒萬國言
語 雖風雨鳥獸虫豸難象之音 皆可得以翻焉(李圭景의 反切翻紐變動說)

◎ 訓民正音可以通行於天下者也(盧正燮의 廣見雜錄)

㉧ 歌求字音之別標 訓民正音無以尙矣 書不幾字 字不幾畫 而經緯錯綜
離合變化 字體楷正……
　訓民正音可以通行於天下者也……(鄭允容의 字類註譯)

崔錫鼎은 ㉠에서 보는 바와 같이 한글에 대하여 '훈민정음'과 '언문'의 두 표현을 그의 저서에서 함께 사용하였다. 그의 문헌에서 '훈민정음'도 '世宗莊憲大王御製'이고 '언문'도 '御製諺文王十八字'인 것을 보면 최석정 역시 '훈민정음'은 긍정적 개념이요, 반면에 '언문'은 부정적 개념이라는 인식을 하고 있다고 보기 어렵다. 그것은 곧 그가 '언문'이라는 표현을 '훈민정음'이라는 표현과 구분하여 부정적인 의미로 사용하지 않았다는 것을 말해주는 것이다. 따라서 위의 증거는 실학 시대에도 '언문'의 의미는 최소한 가치중립적 성격을 지니고 있었음을 보여주는 좋은 예라고 할 수 있겠다.

그러한 입장은 ㉡에서 볼 수 있듯이 朴性源의 경우에도 그가 표현한 '언문'의 경우를 보아도 그러하다. 그의 책『華東正音通譯韻考』는 그가 고려 이래로 전하는『增補三韻通考』에 華音과 東音을 병기한 책으로 정조의 '御製序'를 붙여 내각에서 간행할 만큼 중시되었던 운서였다고 알려져 있다. 그러한 운서에서 언문을 낮추어 인식한 문자 내지는 글로서 취급했다고 보기는 어렵다는 점을 감안한다면 박성원 역시 '언문'을 최소한 가치중립적 입장에서 바라보았던 인물이라고 할 수 있겠다.

한편 申景濬은 ㉢의 〈訓民正音圖解敍〉에서 한글에 대한 표현을 '훈민정음'또는 '정음'으로 일관하고 있음을 볼 수 있다. 그는 여기서 '훈민정음'에 대하여 첫째, 학습의 용이성, 둘째, 부녀자들과 아이들이 한글을 사용하는 점, 셋째, 세종의 탁월한 업적, 넷째, 표음 문자로서의 우수성 등에 대하여 열거하고 있다. 또한 〈初聲解〉에서 정음의 이치를 잘 이용하면 무궁하게 변통할 수 있다는 점을 들어 우리 한글에 대하여 그 장점을 찬양하고 있다. 그런데 그처럼 이렇게 '훈민정음'에 대하여 그 가치를 높이 평가하는 표현이 문헌에 등장하는 것은 중세 시대에는 쉽게 보기 어려운 현상이다. 따라서 시대적으로 우리 민족의 자아의식이 시작한 당시에 신경준이 가지고 있었던 정음에 대한 인식은 단순히 우리글이라는 의미 이상의 민족적 자아 인식의 언어관의 한 면모이며 중세와는 구분되는 탈중세적 성격을 띠고 있다고 볼 수 있겠다. 오히려 위의 ⓒ에서 드러나는 '훈민정음'혹은 '정음'의 의미는 대단히 긍정적이고 적극적인 개념으로 사용되고 있음을 알 수 있다.

비슷한 입장은 ⓔ에서 나타나는 鄭東愈의 언급에서도 제시되고 있다. 그는 그의 만필집인 〈晝永編〉에서 '훈민정음'이라는 일관된 표현으로 우리 한글을 바라보고 있다. 우리는 그 일관된 표현으로부터 당연히 그가 한글을 긍정적이고 적극적으로 바라보고 있음을 유추할수 있다. 위의 내용에서도 알 수 있듯이 그는 한글이 가지고 있는 보편적 표음 문자로서의 우수성, 불충분한 표음법인 반절법보다 나은 점, 박식한 인사도 정음의 이치를 알아야 한다는 점 등을 열거하면서 한글에 대하여 가치 평가를 높게 하고 있다. 이 역시도 신경준과 더불어 그가 가지고 있는 정음관의 한 단면인 동시에 그의 탈중세적 면모를 확인할 수 있는 내용이다.

그런데 우리는 정동유의 언술에서 '訓民正音 俗稱諺文'이라는 표현에 주목하여 이 실학 시대에 드러나는 '언문'의 표현은 한글을 낮추어 부르는 말이라고 가정해 볼 수도 있다. 그러나 이 표현은 한글을 주로 사용하는 계층이 항간의 여자나 아랫사람들이라는 점에 집착하여 '俗稱諺文'이라는 표현을 식자층의 입장에서 쓴 것뿐이지 한글 자체가 비천하고 격이 낮은 말이라는 의미를 담고 있지는 않는 것으로 이해된다. 다시 말하면 '속칭'이라는 의미는 '항간에서 ~라고 불린다'는 의미 이상도 그 이하도 아닌 것이며, 부정적 의미가 담긴 표현이 아니므로 이 당시에도 '언문'이라는 표현의 의미는 중세의 가치중립적 의미를 내포하고 있음을 알 수 있다.

우리는 다음을 주목해 볼 필요가 있다. 실학 시대에서는 '언문'이라는 표현이 경우에 따라서 ⓗ에서 보다시피 오히려 가치중립적 이상의 의미로 표현되고 있다는 점이다. 柳僖는 그의 〈諺文志〉 서문에서 이전의 학자들이나 위에서 언급된 신경준, 정동유와 같은 사람들이 '훈민정음'이라는 표현으로 한글을 찬양하고 있는 것과는 달리 '언문'이라는 표현으로 우리 한글의 우수성을 역설하고 있다. 이러한 근거는 '언문'이라는 표현이 당시에 널리 쓰이던 표현이었다는 점(항간에 ·~불린다)에서 속칭이라는 의미를 당연히 담고 있다고 볼 수는 있겠다. 그러나 기존의 입장과 같이 '언문'이 한글을 낮추어 이르는 말이라고 가정하면 그러한 표현의 의미적 맥락에서 우리 한글의 우수성을 '언문'이라는 어휘를 가지고 유희가 표현했다는 점은 수긍하기가 어렵다. 따라서 우리는 곧 '훈민정음'의 의미와 같음을 알 수 있으며 '언문'이라는 표현에 부정적 의미가 당시의 국어학 연구의 인식 범주 속에 없었음을 위의 자료를 통해 알 수 있다. 그것은 곧 국어에 대한 유희의 탈중세적 인식이자 그 시대의 보편적 인식이라고 이야기해도 과언이 아니다.

그리고 더욱 놀라운 것은 여기에 그치지 않고 유희는 우리글이 한문(한자)보다 더 뛰어난 점이 있다는 사실을 위의 기록에서 보는 바와 같이 〈全字例〉에서 진술하고 있다. 이 점은 중세와는 확연히 구분되는 탈중세적 정음관의 구체적 모습이다. 중세 국어의 시기에서는 명분론적 입장이든 사대의 입장이든 간에 우리 한글이 중국의 그것보다 우수하다는 점을 구체적으로 언급하고 있는 문헌이 드물었다. 그러나 이 시대는 민족이라는 실체가 부각된 시기라는 점에 주목해 볼 때 유희의 정음관은 중세 국어 시기의 연구자들이 바라본 우리 말글에 대한 인식과는 구별되는 탈중세적 의식의 중요한 증거가 될 수 있다고 생각한다.

李圭景은 ⓐ에서 보는 바와 같이 그의 문헌에서 '언문'과 '훈민정음'이라는 표현을 섞어 쓰고 있음을 위의 자료를 통해서 알 수 있다. 이러한 양상은 그 또한 '훈민정음'과 '언문'의 의미를 서로 다르게 인식하고 있지 않다는 증거가 될 수 있다. 또한 주목할 것은 위에서 이규경은 '언문'이라는 표현을 써 가며 '卽我世宗朝出自聖意'라는 표현을 통해서 '언문'이 만들어진 것이 세종의 뜻이었다고 강조함으로써 우리글 탄생의 주체적 면모까지도 보여주고 있다. 이러한 점을 좀더 확대 해석한다면 '언문'의 의미에는 한자에 예속되지 않은 우리글의 정체성이 깃들여 있다고도 볼 수 있다는 점에서 이규경이 가졌던 국어의 탈중세적 인식을 새롭게 추출해 낼 수 있겠다.

한편 우리는 유희 이후에 한글에 대하여 자기의 견해를 밝힌 ⊙, ㉢의 입장에서도 훈민정음에 대한 당시 연구자들의 긍정적이고 적극적인 표현들을 읽을 수 있다. 즉 여기서도 우리 한글의 표음성, 반절법보다 우수한 점, 심지어 음향 기록과 다른 나라의 음성도 기록할 수 있는 한글의 우수성 등을 제시하고 있음을 확인할 수 있다. 이것은 또한 위에서도 언급한 바 있으나 중세보다는 훨씬 적극적인 실학 시대의 국어 인식이자 훈민정음에 대한 평가라고 아니할 수 없으며 유희에 이르러 절정에 이른 탈중세적 정음관의 계승이며 이 역시 중세적 언어관과는 다른 인식을 보여주는 증거들이라고 말할 수 있겠다.

지금까지 이러한 논의를 바탕으로 필자는 본론의 앞부분에서 제시된 '언문'의 사전적 정의에 의문을 제기하며 그 뜻풀이가 일부 바뀌어야 한다고 생각한다.18) 또한 실학 시대의 연구자들이 인식한 우리 말글에 대한 관점은 한편으로는 중세의 정음관의 역사적 계승이기도 하지만, 다른 한편으로는 중세와는 다른 정음관의 양상을 보인다는 점에서 실학 시대 국어학 흐름의 한 줄기가 역사적으로 중세와는 차별화된 모습으로 나타남을 알 수 있었다. 이것이 바로 이 시대가 가지고 있는 탈중세적 의식의 한 단면임과 동시에 국어에 대한 탈중세적 인식이라고 볼 수 있는 것이다.

이렇게 볼 때 실학 시대에서 한글을 바라보는 연구자들의 인식은 다음과 같이 정리될 수 있겠다.

첫째, '언문'의 사전적 정의는 역사적 근거를 바탕으로 그 표현이 사용되었던 중세와 실학 시대를 고려하여 '늘 사용하는 우리의 글이나 말, 항

---

18) '언문'에 대한 새로운 사전적 정의를 한다면 다음과 같다.
 언문〔諺文〕「명」 늘 사용하는 우리의 글이나 말. 항상 사용하는 일상의 말이나 글. 원래는 15세기에 만들어진 「훈민정음」을 조선 시대에 한자나 한문에 상대하여 이르던 말글이었으나 일부 식자층에서 한자나 한문을 숭상하는 기풍과 어울려 한글을 낮추어 부르는 말글로 이해되기도 하였다.

상 사용하는 일상의 말이나 글'로 새롭게 규정되어야 한다.

둘째, 실학 시대에서 '언문'은 중세 국어 시기에서 인식하고 있는 '언문'과 더불어 그 부정적 의미를 지니고 있지 않다. 다시 말하면 당시의 '언문'은 가치중립적인 표현이었다.

셋째, '훈민정음'이나 '언문'은 그 우수성이 중세에서는 구체적으로 언급되는 곳이 많지 않았으나 실학 시대에 와서는 중세와는 달리 반절법에 사용되는 한자나, 한문 문장보다 더 우수한 표음 문자이자 우리 민족 고유의 글로서 인식되는 긍정적이고 적극적인 가치 지향의 표현이었다.

넷째, 실학 시대는 중세와는 구별되는 시기로 당대 연구자들의 정음관이 자아 의식의 태동과 민족 개념의 실체를 자각하는 역사적 과정에서 민족적 주체성이 드러나는 탈중세적 의식의 면모 내지는 탈중세적 인식을 띠었다고 볼 수 있다.

결론적으로 이야기한다면 실학 시대 국어학사의 기술에서는 단순히 실학 시대가 도래하였기 때문에 정음 연구가 활성화 되었다는 기존의 논의뿐만 아니라 당시의 시대적·사회적 배경론에 입각하여 당대 연구자들의 연구 성과가 어떤 점에서 좀더 탈중세적 요소를 지니고 있는가 하는 점을 통시적 맥락에서 짚어보는 것이 이 시대의 국어학사 기술에서 설득력을 제공하는 방법이라고 생각한다. 따라서 이 글도 그러한 맥락에서 탈중세적 의식의 한 단면을 가지고 있는 요소를 그 기준으로 삼아 기술되었음을 밝혀둔다.

제7장

훈민정음 문자 통용 의식과 역사적 변천 양상

현재 우리는 한글을 국가 공용 문자로 사용하고 있다. 그러나 한글이 우리 나라의 공식적인 문자로 사용된 지는 불과 백여 년밖에 되지 않는다. 문자로서 한글이 15세기에 만들어졌으나, 그것이 모든 언중들에게 공동으로, 공용으로 쓰이기까지는 우여곡절이 있었다. 그러나 우선 한글 자체가 가지고 있는 편리함과 과학성이 한글 공용화(公用化)의 요인이 되었다. 그리고 사회의 역사적 발전 과정에서 한글이 한자를 대체할 수 있는 우리 글이라고 여기는 언중들, 특히 우리 글 연구자들의 주체적 인식의 변화가 한글의 공용화에 큰 기여를 하였다. 그런 시각에서 본다면 우리는 국어학의 역사적 전개 과정에서 우리 글 연구자들이 지녔던 문자에 대한 견해를 탐색해 보지 않을 수 없다.

따라서 이 장에서는 한글 창제 이전과 한글 창제 당시, 그리고 한글 창제 이후 시기에 연구자들의 공용 문자 의식과 관련된 언어관의 통시적 변화 양상을 살펴보고자 한다. 아울러 그 변화 양상을 국어학사의 전체 흐름에서 국어 문자 의식의 변천이라는 개념으로 해석하고자 한다.

이 장에서 먼저 우리는 국어학사상 중세 전기 시대에 문자에 대한 인식을 기록으로 남겼던 崔行歸의 견해를 그 시대의 대표적인 문자 의식으로 파악하고자 한다. 그 다음은 훈민정음이 창제될 당시, 곧 중세 후기에 崔萬理가 그의 상소문에서 보여준 신문자 창제에 대한 반대 견해와 대표적인 신문자 창제 지지자인 鄭麟趾의 신문자 의식을 조선 전기 문자 의식의 대표적인 두 양상으로 제시하고자 한다. 그리고 조선 후기 시대 에서는 문자 사용과 관련된 의식을 가진 자로서 이규상을 그 대표로 삼을 것이다. 그 근거와 이유에 대해서는 본문에서 밝히고자 한다. 또한 여기서 제시한 각 연구자들의 관점은 당대 공용 문자 의식의 실상을 대표한다는 점에서, 우리는 이 글에서 문자 사용과 관련된 문자 의식의 통시적 변천 양상을 각 연구자의 견해를 바탕으로 비교·대조하고자 한다.

고려 사회는 유교와 불교가 공존하는 사회였다. 따라서 그 사회에서는 유교와 불교에 공통으로 관련되는 한문의 중요성이 대두되지 않을 수 없었다. 그런데 그러한 이유 때문인지는 몰라도 고려가 신라를 정치적으로 계승하였음에도 불구하고 이 시대 초기에는 차자 표기(차자 문자)의 문헌이나 기록이 많이 나타나지 않았다.

이런 상황에서 한문은 그 비중이 커졌으며 한문만이 송, 요, 금, 왜에 두루 통하였기 때문에 라틴어와도 같은 중세적 국제어로서 상당한 권위와 가치도 가진 것이었다. 그러므로 이두의 사용이 제한당한 것은 저를 낮추었다기보다는 이러한 중세 사회의 필연적인 귀결이었고 훌륭한 우리 문화를 널리 선양하기 위해서도 한문의 이용이 불가피하였으며, 그렇게 한문의 효과를 믿고 존중하는 태도는 고대의 언어 신성관의 테두리를 벗어나는 중세적 언어권위관의 발로가 아닐 수 없다1). 이러한 차원에서 최행귀의 문자 의식은 어떠했으며 그 의식은 후대에 어떠한 양상으로 수용되고 변화되어 가는지 살펴보도록 하자.

---

1) 金敏洙(1980), 〔新國語學史〕, p71. 재인용.
　金敏洙(1987), "崔行歸의 言語理論에 대하여." 〔國語學史의 基本理解〕, pp81~82. 참조.

7.1 고려 시대 최행귀의 문자 통용 의식

최행귀는[2] 향찰 표기로 지은 願王歌 11수를 한문으로 번역하면서 언어(특히 문자 사용)에 대한 자신의 견해를 향찰와 관련지어 밝혔다. 그는 자신이 저술한 책이 아닌, 赫連挺이 지은 「均如傳」의[3] '第八譯歌現德分者'에서 향가의 譯詩를 제시하면서 그 서에서 아래와 같이 주장하였다. 아래 원문과 번역된 부분을[4] 살펴보도록 하자.

① … 然而詩搆唐辭 磨琢於五言七字 歌排鄕語 切磋於三句六名 論聲則隔若參商 東西易辨 據理則敵如矛盾 强弱難分 雖云對衒詞鋒 足認同歸義海 各得其所 于何不臧(그러나 한시는 당사(한문)로 엮였으므로 오언칠자로 이루어졌고 향가는 향어(우리말)로 배열하였으므로 삼구육명으로 이루어졌다. **㉠소리로 논하면 삼성(參星)과 상성(商星)으로 떨어져 있으므로 동방과 서방(중국)은 쉽게 나뉘어 분별할 수 있으나** 이치에 따른다면 창과 방패처럼 실력이 맞서므로 그 강약을 분간하기 어렵다. 비록 시의 표현으로써 서로를 자랑하였으나 **㉡의해로 함께 돌아감을 인정하게 된다**. 각기 저마다 그 얻은 바가 있으니 어찌 잘된 일이 아니겠는가?)

최행귀의 ①의 주장과 관련하여 金敏洙(1980, 1987)에서는 '언어의 보편성'이라는 개념을 최행귀가 이미 인식하고 있었고 이러한 견해가 글로 된 것은 아마 이것이 최초라고 믿어진다고 언급하였다. 위의 본문의 밑줄

---

2) 崔行歸는 高麗 제 4대 光宗 시대의 인물로 翰林學士 內議承旨 知制誥의 벼슬을 지낸 사람이다.

3) 이 책의 원 제목은 「大華嚴首座圓通兩重大師均如傳」이며, 1075년에 저술되었다. 그 내용은 均如大師의 주로 생애를 서술한 것으로 '第七歌行化世分者'에 11수의 향가가 있다. (金敏洙, 「新國語學史」, p72 참조.)

4) 여기에 번역된 우리말은 金敏洙(1980, 1987), 정광 외(1997), 그리고 임기중(1993)의 번역을 바탕으로 간혹 필자 나름대로 약간의 수정을 가하였음을 밝혀 둔다.

친 내용에 주목하여 보면 두 언어가 언어 형식(聲)은 다르나 그 의미 내용(義海)은 같다고 최행귀는 밝히고 있다.

그런데 필자는5) 이 '聲'과 '義海6)' 사이의 관계와 관련하여 '언어의 보편성'이라는 개념를 수용하면서 아울러 ①의 내용을 좀더 다른 각도에서 살펴볼 필요성을 느낀다. 다시 말하면 언어의 음성 형식과 그 의미 내용에 초점을 맞춰서 '언어의 자의성'이라는 개념이 이 본문에 숨어있다는 점을 조심스럽게 언급하고 싶다. 필자는 언어와 문자의 언어 형식(소리-聲)이 동일 내용(의미-義海)에 대하여 언어(漢文 혹은 鄕語)에 따라서 다르게 나타난다는 '언어의 자의성'에7) 대한 간접적 언급을 위의 글에서 추출할 수 있다고 생각한다. 위에서 개별 언어가 드러내는 언어의 음성 형식과 의미 내용이라는 두 측면을 최행귀가 언급한 것을 보면 최행귀의 의도가 어찌했는가를 접어두고라도 대단히 주목할 만한 언어에 대한 인식이 선진적인 인물이었음을 짐작할 수 있다.

② 而所恨者 我邦之才子名公 解吟唐什 彼土之鴻儒碩德 莫解鄕謠 矧復
唐文如 帝網交羅 我邦易讀 鄕札似梵書連布 彼土難諳 使梁宋珠璣 數
托東流之水 秦韓錦繡 希隨西傳之星 其在局通 亦堪磋痛 庸詎非魯文
宣欲居於此地 未至鼇頭 薛翰林强變於斯文 煩成鼠尾之所致者歟(다

---

5) 이 글에서 필자는 '言語'라는 개념을 경우에 따라서 세 가지 정도의 의미로 혼용하여 쓰고자 한다. 하나는 '말'이라는 개념으로서의 언어이고 다른 하나는 '글'이라는 개념으로서의 언어이다. 그리고 마지막으로 이 글에서 주로 사용되는 '표기 문자'라는 개념으로서의 언어이다. 역사적으로 볼 때 조선 후기까지 국어 연구의 흐름은 실상 '표기 문자'에 대한 연구라고 해도 과언이 아니다. 우리말의 차자 표기인 향찰과 이두, 문자의 위상으로서의 '훈민정음', 그리고 한문의 표기 수단인 한자가 모두 그러하다. 따라서 이 글이 문자 사용 양상의 변천과 관련된 글이므로 이 글에서 '언어'는 곧 '표기 문자'라는 점에 유의하기 바란다.
6) 소리(聲)가 하늘의 별과 관련을 맺는 제각기 다른 양상이라면 '義海'는 말 그대로 '의미의 바다'라는 비유적 표현으로 의미(義)가 하나의 바다처럼 같다는 뜻으로 이해될 수 있다.
7) 일반적으로 언어의 자의성을 동일 언어 안에서 언어의 형식과 내용 사이의 필연적 관계는 존재하지 않는다는 의미로 정의하는 것이 보편적이기는 하다.

만 한스러운 것은 ⓒ우리의 학자와 선비들은 당시(한시)를 읊을 줄 알지만 중국의 실력있는 선비들은 향가를 알지 못한다. 게다가 ⓓ당문은 구슬로 된 그물이 잘 짜여진 것과 같아서 우리 나라 사람들도 쉽게 읽을 수 있지만, 鄕札은 범서가 잇달아 펼쳐진 것과 같아서 중국인은 알기 어렵다. 그래서 양과 송의 구슬 같은 작품들은 자주 우리 나라로 흘러들어 왔지만 진한(신라)의 비단 같은 문장은 서방(중국)으로 전해지는 일이 드물었다. 우리말이 한 지역에만 국한되어 통하는 것이 몹시 안타깝고 마음 아픈 일이다. ⓔ이 어찌 공자가 이 땅에 살고자 했으나 우리 나라에 이르지 못한 것이 아니며, 설총이 경전을 억지로 우리말로 바꾸려다 번거롭게 쥐꼬리만 이루었던 것이 아니겠는가?)

ⓐ의 주장과 관련하여 金敏洙(1980, 1987)에서는 '한문의 국제성', '모어의 교착성', '한문의 대외적 효용성'이라는 개념을 최행귀가 설파하고 있음을 언급하고 있다. 서로 얽혀 있는 부분이지만, 한문의 국제성에 최행귀의 견해는 ⓒ에서 제시되고 있으며, 모어의 교착성에 대한 견해는 한문과 고려어의 구조적 차이를 밝히면서 ⓓ에서, 한문의 대외적 효용성에 대한 주장은 ⓔ에서 나타나 있다고 보았다. 아울러 ⓓ과 관련하여 金敏洙(1980, 1987)에서는 '언어의 보편성'의 관점에서 鄕札을 비판한 결과가 되었다고 언급하고 있다. 또한, ⓔ과 관련하여 최행귀가 한문의 효과와 권위를 강조한 나머지 향찰을 장애물로 보고 과소 평가하였다고 주장하고 있다. 그리고 이러한 향찰에 대한 평가를 최행귀의 한문주의로 표현하고 있다.

그런데 필자는 원문 ⓐ와 관련하여 金敏洙(180, 1987)의 ⓒ~ⓔ의 관점에 대체적으로 동의하면서 한 가지 다른 해석을 추가하고 싶다. 위의 본문을 보면 최행귀는 우리의 향찰을 漢人들이 이해하기 어렵고, 범서와 같이 잇달아 펼쳐진 언어라고 가치 평가를 유보하며 인식하고 있다. 바꿔 말하면 그는 본문 어디에서도 향찰이나 그 작품인 향가를 낮추거나 폄下하는 태도가 가지고 있지 않다.

ⓒ을 보면 우리 선비들이 한문으로 된 한시를 잘 아는 반면에 중국의 선비들은 우리의 향가를 모른다는 사실이 기술되어 있다. 이것은 당시의 현실적 상황을 단지 제시한 것으로 이 표현으로 최행귀가 향가나 향찰을 무시했다고 보기는 어렵다. 현실적 언어 환경, 혹은 문자 사용의 양상이 이러하기 때문에 최행귀는 스스로 향찰로 된 향가를 당시 국제 공용 문자인 한문으로 한시로 번역하려 했던 것이다.

또한 ⓔ에서도 우리는 중국의 한문을 쉽게 이해하는 데(그것이 잘 짜여진 그물 같아서) 중국인들은 우리 향찰을 범서를 어렵게 여기듯이 이해하지 못한다고 했다. 그러나 이 표현을 좀더 생각해 보면 향札이 국내의 표기 수단으로만 기능하고 있는 반면에 당시에 한문은 최소한 동양에서 그만큼 국제적인 언어로서의 위상을 지녔다는 사실을 알 수 있는 대목일 뿐이다. 그리고 ⓔ 끝부분의 '其在局通 亦堪嗟痛'에서 '嗟痛'의 의미는 탄식이 나오는 고통, 혹은 슬픈 고통을 의미하는 바, 이러한 ⓔ의 표현을 가지고 최행귀가 향찰이나 향가를 비판했다고 보기는 어렵다. '其在局通 亦堪嗟痛'의 의미는 향찰의 교착어적인 특성 때문에 중국에서 통용되지 못하고 말았던 점에 대한 최행귀 자신의 단순한 아쉬움이나 안타까움을 토로라고 추측된다.

설총이 경전을 억지로 우리말로 바꾸려 하다가 번거롭게 쥐꼬리만 이루었다는 ⓜ의 표현과 관련하여 金敏洙(1980, 1987)에서 최행귀가 한문의 효과와 권위를 적극적으로 강조한 나머지 향찰을 과소 평가했다고 보고 있다. 그러나 추측컨대 설총이 경전을 우리말, 즉 향찰로 바꾸려 했으나 거의 이루지 못한 것은 향찰 자체의 문제라기보다는 우리말의 교착적 특성과 한문의 표의적 특성 사이에서 기인한 두 언어 사이의 구조적 구문 차이에서 오는 어려움으로 이해하는 것이 좋을 듯 싶다.

그런데 ⓔ의 내용과 관련하여 鄭尙均(1986)에서도[8] '其在局通 亦堪嗟痛'라는 표현에 주목하여 최행귀가 '秦韓'의 문자(향찰식 표기 방법)에 대하

---

8) 鄭尙均(1986), 〔韓國中世詩文學史硏究〕, 翰信文化社, pp19~29.을 참고할 것.

여 최초의 부정적 견해라는 점을 강조하면서 필자와 견해를 달리 하였다. 즉 한문학에 누구보다도 능했던 최행귀가 국어와 그 표기 방법을 위와 같은 표현으로 했다는 것은 '국어와 그 표기 방법에 대한 나르시시즘적인 상태에서 벗어난 객관적인 자아의 비판'이라고 하였다. 아울러 근본적으로 '亦堪嗟痛'의 의미는 너무나 성급한 체념이고 너무나 무비판적 국적의 포기'라고까지 하였다. 그리고 최행귀의 기본 태도를 '其在局通 亦堪嗟痛'과 관련하여 '진한의 시문학은 할 게 못된다, 잘해 보았자 그 통용되는 범위는 한탄스러운 것이다'라는 의미라고 확대해석하고 있다. 곧, 최행귀를 오로지 한문만을 숭상하는 중국 사대주의자로 평가하고 있다.

물론 鄭尙均(1986)의 주장은 중세 시문학사의 관점에서 살펴본 입장이기 때문에 당초의 목적에서 볼 때 이 글과 차원을 달리하는 논의일 수는 있다. 이 글은 엄연히 국어학사적 접근을 그 목적으로 최행귀의 언어 의식을 고찰하고 있기 때문이다. 그러나 최행귀가 향가를 한시로 번역한 것을 중국 시문학에 종사하기를 권유하고 그것을 당연하고 영광스러운 것으로 알고 있었던 사람이고 진한의 어문을 근본에서부터 부정하고 진한의 문학을 중국의 예속시키는 입장을 취했다고 주장하는 것은 객관적인 자아 비판이 아닌 자짓 지나친 자기비하가 될 수 있다. 그 시대가 한문이 중시되고[9] 우리 차자 표기가 점차 줄어들었던 시기라고 할지라도 분명히 최행귀는 그의 서문 말미에서 언급한 바와 같이 그의 입장은 '眞草並行'이라는 표현을 통해서 충분히 가늠할 수 있다. 이 표현과 관련된 부분이 바로 ④의 내용이다.

그렇다면 결국 우리의 향찰이라는 차자 문자에 대한 최행귀의 의식은 한자와 비교할 때 객관적인 입장, 곧 그 표기 수단 존재 자체를 부정하지 않은 태도를 취했다고 볼 수 있다. 그러한 근거는 다음에 제시되는 ③과

---

9) 崔行歸가 살았던 그 시대(光宗 年間)에는 중국 語文을 중시하는 풍조가 극히 高潮되어 있었음을 볼 수 있으니 高麗 光宗 九年(958)에 "中國式 科擧制"를 실시하였다. 정상균(1986)에서 재인용.

④에서 잘 나타나고 있다. 편의상 ③과 ④를 함께 보도록 하자.

③ … 十一首之鄕歌 詞淸句麗 其爲作也 號稱詞腦 可欺貞觀之詞 精若
賦頭 堪比惠明之賦 而唐人見處 於序外以難詳 鄕士聞時 就歌中而易
誦 皆沾半利 各漏全功 由是 約吟於遼浿之間 飜如惜法 減詠於吳秦之
際 孰謂同文 況屬師心 本齊佛境 雖要期近俗 沿淺入深 而寧阻遠人
捨邪歸正(ⓑ**11수의 향가는 문장이 맑고 글귀가 아름다워 그 작
품의 명칭을 사뇌라고 하지만 정관의 사를 업신여길만 하고 정교
하기 부의 가장 으뜸인 것과 같으니, 혜명의 부에 비교할 만하
다. 그러나 중국인이 보려고 할 때는 그 서문 이외에는 잘 알기
어렵고 우리 나라 인사가 들을 때는 노래에 빠져 쉽게 외우기만
한다. 모두 절반의 이익 뿐이고 각기 완전한 효과를 못 거두었
다.** 이 때문에 요와 패의 중간 동국에서는 음송이 줄어들어 불법을
아끼는 것처럼 번역하고 중국에서는 영가가 줄어들었으니 누가 같
은 글을 쓴다고 하겠는가? ⓢ**하물며 대사의 마음은 본디 부처의
경지와 같으니 비록 세속과 가깝게 하기 위하여 얕은 곳을 따라
서 깊은 곳으로 들어감을 기약하였지만 어찌 중국인이 사를 버리
고 정으로 돌아감을 막을 수 있겠는가?**)

④ … 憑托之一源兩派 詩歌之同體異名 逐首各飜 間牋連寫 所冀遍東西
而無导 眞草並行 向僧俗以有緣 見聞不絶 心心續念 先瞻象駕於普賢
口口連吟 後値龍華於慈氏 今則聯將鄙序 輒冠休譚 希蒙點鐵以成金
不避抛博而引玉 儻逢博識 須整庸音 宋曆八年周正月日謹序(빙탁이
근원은 하나이나 파는 둘이고 한시와 향가가 체재는 같으나 그 소
리나는 명칭이 다르므로 한 수 한 수를 각각 번역하여 종이 사이에
연이어 썼다. ◎**바라는 바는 동방과 서방에 두루 막힘이 없이 해
서와 초서가 (鄕札과) 함께 행해지고** 승려와 속인에게 인연이 있
어 견문이 끊기지 않으며 마음과 마음이 생각을 계속하여 먼저 보
현보살의 상마를 보고 입과 입에서 그침이 없이 읊어져 나중에 미
륵보살의 용화회를 만나는 것이다. 이제 변변치 못한 서문으로 문
득 아름다운 말의 처음에 쓰게 되니 쇠를 녹여 금을 이루기를 바라

며 벽돌을 던져 옥을 끌어옴을 피하지 말기를 바란다. 혹시 학식이 넓은 이를 만나면 마땅히 하찮은 글이 바로잡히게 될 것이다. 송력 팔년 11월에 삼가 서문을 쓰다.)

정광 외(1997)에서는 ③과 관련하여 최행귀가 표음 문자로서의 향찰의 특징을 말한 것으로 파악하고 특히 ③의 ㉃과 관련하여 '雖要期近俗 沿淺入深(비록 세속과 가깝게 하기 위하여 얕은 곳을 따라서 깊은 곳을 들어감을 기약하다)'의 표현에 주목, 그 표현은 표음적 표기로부터 표의적 표기로의 전환을 의미한다고 보아야한다고 주장하였다.

그런데 이 표현과 관련하여 약간 다른 해석을 할 수 있다. ㉃에서 스님은 균여를 가리킨다고 보았을 때, '얕은 곳을 따른다'는 것은 대중들이 주로 쓰는 향찰로 표기한다는 의미로 해석될 수 있으나, '깊은 곳으로 들어감'의 의미를 표의적 표기로의 전환이라기보다는 균여의 궁극적 의도, 즉 심오한 찬불의 의지로 해석할 수 있지 않을까 한다. 그래야 뒤에 나오는 중국인이 '正'으로 돌아가는 일(곧 한문으로 시를 쓰거나 읽는 일)과 자연스레 연결이 되기 때문이다. 다시 말하면 균여는 향찰로 표기하여 자기의 심오한 찬불의 의지를 기약하였으나 중국인들은 그들의 입장에서 '邪(鄕札로 표기된 것, 중국인의 입장에서는 잘못된 것)'을 버리고 '正'으로 돌아가려고 하니 중국인들이 이 향가를 이해할 수 없게 되었다는 맥락으로 ㉃ 부분을 해석할 수도 있다는 생각을 배제하지 않는다.

또한 ③과 ④와 관련하여 金敏洙(1980, 1987)에서는 최행귀가 바라본 '향찰의 비국제성'을 밝히고 향찰의 제한성을 벗어나기 위하여 번역이 필요하므로 최행귀가 동서에 막힘이 향찰과 한문의 병행을 주장하였다고 언급하고 있다. 즉 문장어로서의 한문과 구두어로서의 우리말이 공존되던 이원체제 아래서 한문은 상류층이나 대외적 문장이었고, 향찰은 중류층이나 대내적인 문장이었다는 점을 강조하고 있다.

이 점과 관련하여 명백히 밝혀지는 것은 최행귀가 결코 향찰을 폐지하고자 하지 않았음 알 수 있다. '所冀遍東西而無톡 眞草並行'가10) 그 부분으로 이것은 원문 ②의 해석과 관련하여 그가 결코 향찰을 비판하거나 과소 평가하지 않았음을 알 수 있는 대목이다. 곧, 최행귀는 향가, 혹은 향어의 문자내지는 표기로서 향찰을 대외적으로는 인정하지 않았으나 최소한 그가 살았던 당대의 대내적 공용 문자로 인식했다는 점을 읽을 수 있다.

따라서 이 중세 전기에 최행귀의 문자 의식은 언어권위관의 입장에서 한문의 위치를 국제적인 공용 문자로 의식한 점 하나와, 아울러 향어의 표기 수단으로서의 鄕札을 한문과 더불어 국내의 공용 문자로 당당하게 의식한 점을 추론해 낼 수 있다. 그의 이러한 문자 의식은 대외적 한문주의와 대내적 이중 문자론의 오묘한 조화라고 할 수 있을 것이다. 그렇다면 전기 중세 국어학사에서 그의 문자 의식은 후기 중세 국어학사의 시기에서는 어떻게 전개될 것인가?

7.2 조선 전기 정인지와 최만리의 문자 통용 의식

훈민정음은 '御製訓民正音'이라는 표현에서 보듯이 세종이 만든 문자이다. 따라서 훈민정음의 창제와 관련하여 신문자에 대한 의식, 그리고 기존 문자, 즉 한자와 借字 表記에 대한 의식을 세종의 견해를 바탕으로 살펴보아야 하는 것은 당연하다. 그러나 이 글에서는 『訓民正音』해례에 후서를 남긴 정인지의 문자 의식과 최만리의 문자 의식을 이 시대의 대표적인 문자 의식으로 고찰해 보고자 한다.

---

10) '眞草並行'의 표현 중 '眞草'의 의미를 金敏洙(1980, 1987)에서는 '眞'을 향가로, '草'를 한시로 번역하였는데, 필자는 이 글에서 '眞草' 자체를 '眞書와 草書', 혹은 '楷書'로 번역하여 '漢文' 자체를 의미하는 것으로 보고자 한다. 따라서 원문에서는 '鄕札, 鄕語, 鄕歌'라는 표현은 없지만, "並行'이라는 표현에 주목하여 문맥상에서는 유추될 수 있겠다.

그 이유는 크게 두 가지 때문이다. 우선 세종의 문자 의식과 정인지의 문자 의식은 동일하다는 전제가11) 그 하나이다. 그리고 훈민정음 후서에 나타난 정인지의 견해를 최만리가 〈諺文創製反對上疏文〉을 올리며 조목 조목 반박하고 있다는 점이 두 번째 이유이다. 따라서 이 시대의 대표적인 두 견해를 대조함으로써 중세 후기에 나타나는 문자 의식의 양상을 보다 극명하게 파악할 수 있을 것이다.

다음의 『훈민정음』 해례 후서의 원문(원문자-1)과 〈諺文創製反對上疏文〉의 원문(원문자-2)와 각각의 번역된 부분을 살펴보도록 하자.

⑤-1 盖外國之語有其聲而無其字假中國之字以通其用是猶柄鑿之鉏鋙也豈能達而無礙乎(대개 중국 이외의 외국어는 중국어와 다른 그 외국어의 음이 있으나 그 음을 기록할 글자가 없어서 중국의 글자를 빌어서 쓰고 있는데 이것은 마치 둥근 구멍에 모난 자루를 긴 것과 같이 서로 어긋나는 일이어서 어찌 능히 통달해서 막힘이 없겠는가?)

⑤-2 自古九州之內風土雖異未有因方言而別爲文字者唯蒙古西夏女眞日本西蕃之類各有其字是皆夷 狄事耳無足道者(예부터 9개 지역으로 나뉜 중국 안에서 기후나 지리가 비록 다르더라도 아직 방언으로 인해서 따로 글자를 만드는 일이 없고 오직 몽고, 서하, 여진, 일본, 서번과 같은 무리들만이 각각 제 글자를 가지고 있는데 이는 모두 오랑캐들만의 일이라 말할 가치가 없다.)

⑤-1에서 정인지는 크게 세 가지를 지적하고 있다. 첫째는 우리 나라가 우리말을 제대로 기록할 문자를 가지지 못한 점이다. 둘째는 중국의

---

11) 정치적으로 정인趾는 세종의 부탁을 저버리고 癸酉靖亂 때는 首陽의 편에 섰던 사실로 유명하다. 사상적으로는 抑佛崇儒에 철저하여 세종 24년(1441)에 왕이 好佛함을 비판하는 상소문을 올린 적이 있다. 鄭尙均(1986)에서 재인용. 그러나, 최소한 훈민정음 관계 문헌에서 드러나는 정인지의 문자 의식은 명목상 세종의 의지를 따르는 태도 내지는 세종을 대변하는 인식으로 볼 수밖에 없다.

글자를 빌어 쓰고 있는 현실 문자 생활에 대한 불만이다. 마지막으로는 우리말에는 표의문자인 중국의 한자가 어울리기 어렵다는 견해가 그것이다. 이러한 그의 생각은 당연히 新文字 창제와 연결되는 것으로 여기서 우리는 그의 문자 의식의 한 면을 읽을 수 있다. 물론 新文字 창제의 목적이 진정으로 무엇인가 하는 문제와 관련하여 많은 논란이 있는 것도 사실이다. 그러나 그가 직접 쓴『훈민정음』해례 후서의 내용은 최소한 당시의 이중 문자 생활(한문, 이두)에 다시 신문자를 쓰자는 삼중 문자 생활의 상황을 받아들이겠다는 의식이 기저에 깔려 있다. 곧 정인지는 한자와 이두를 문자 생활에서 사용하지 말자는 주장을 하지 않았다.

그러나 최만리의 견해는 다르다. 거대한 대륙 중국에서도 비록 방언이 다르더라도 따로 글자를 만드는 일이 없는데 굳이 다른 오랑캐들이 문자를 가지고 우리가 있듯이 문자를 만들 필요가 없다는 것이다. 곧 신문자 창제에 대한 반대 의견이다. 당연히 그의 생각은 중국에 대한 사대주의 혹은 한문지상주의의 입장으로 이해될 수 있다. 그러나 중국에 대한 사대주의나 한문지상주의의 입장에서 최만리의 문자 의식을 이해하려 한다면 굳이 이 글에서 최만리라는 존재를 부각시킬 필요가 없다. 중국에 대한 당시의 모화사상이나 한문을 숭상하는 분위기는 대다수의 학자 및 왕들에게도 존재했기 때문이다. 정인지 또한 신문자 창제에 적극적이었으나 그도 중국에 대한 사대적 입장을 취했을 뿐더러 한문(한자)에 대한 어떤 부정도 없었기 때문이다. 이러한 정인지의 인식은 그의 후서 처음에 나타난다12).

따라서 정인지와 최만리의 한문 숭상의 태도는 기본적으로 동일하다. 그러나 정인지는 한문을 그대로 유지하면서 신문자를 만들자는 취지였던

---

12) 有天地自然之聲 則必天地自然之文 所以古人因聲制字 以通萬物之情 以載三才之道 以後世不能易也(천지 자연의 소리가 있으면 반드시 천지 자연의 글이 있다. 그래서 옛사람들이 소리를 바탕으로 글자를 만들었으니 그것을 가지고 만물의 정을 통하게 하고 삼재지도를 책에 실으니, 후세 사람들이 능히 그것을 바꿀 수 없다.)

데 반하여 崔萬理는 삼중의 문자 생활에 대한 불편함과 번거로움에 대한 우려 때문에 新文字 창제를 반대한 것으로 볼 수 있다. 그러한 증거는 ⑥-2에서 차자 표기인 이두에 의한 문자 생활을 대하여 최만리가 의식하고 있는 내용을 보면 더욱 명백하다.

⑥-1 我東方禮樂文章侔擬華夏但方言俚語不與之同學書者患其有旨趣之難曉治獄者病其曲折之難通(우리 동방은 예악 문장 등 문물제도가 중국과 견줄 만하나 방언 이어가 중국과 같지 않다. 그래서 글의 뜻을 일반 백성은 깨우치기 어려움을 걱정으로 여기고 옥사를 다스리는 이는 그 곡절을 통하기 어려움을 괴롭게 여기고 있다.)

⑥-2 若曰形殺獄辭以吏讀文字書之則不知文理之愚民一字之差容或致寃今以諺文 直書其言讀使聽之則雖至愚之人悉皆易曉而無抱屈者然自古中國言與文同獄訟之間寃枉甚多借以我國言之獄囚之解吏讀者親讀招辭知其誣而不勝捶礎多有枉服者是非不知招辭之文意而被寃也明矣若然則雖用諺文何異於此是知形獄之平不平在於獄吏之如何而不在於言與文之同不同也(만일에 형을 집행하고 죄인을 다스리는 말을 이두 문자로 쓴다면, 글의 내용을 알지 못하는 어리석은 백성이, 한 글자의 차이로 혹시 억울함을 당하는 일이 생길 수 있으나, 이제 언문으로 죄인의 말을 바로 써서 읽어 주고 듣게 한다면 비록 매우 어리석은 사람일지라도 다 쉽게 알아 들어서 억울함을 품을 사람이 없을 것이라고 한다면, 중국은 예부터 언어와 글자가 일치하는데도 죄인을 다스리고 소송하는 사건에 원통한 일이 매우 많고, 만일에 우리 나라로 말할 것 같으면, 옥에 갇힌 죄인 가운데 이두를 아는 사람이 있어서, 자기가 공술한 내용을 직접 읽어 보고, 그 내용에 사실과 다른 점을 발견하더라도 매를 이기지 못하여 억울하게 승복하는 일이 많으니, 이로 보아 공술한 글의 뜻을 몰라서 억울함을 당하는 것이 아님이 분명하다. 만일에 그러하다면 비록 언문을 쓴다고 하더라도 이와 무엇이 다르겠는가? 이로써 죄인을 공정하게, 또는 공정하지 않게 다스리는 일이 옥리의 자질 여하에 달린 것이지, 말과 글이 일치하거나 일치하지 않거나 하는 데 달려 있지 않음을

알 수 있다.)

⑥-1에서 정인지는 백성들이 한문을 배우기 어렵고, 옥사를 다스리는 문제에서 그 곡절을 헤아리는 데 어려움이 있어 신문자를 만드는 당위성을 언급하고 있다. 곧 현재의 이중 문자 생활에서는 이두만을 가지고 백성들의 불편을 해소해 줄 수 없다는 것이다. 이러한 견해 역시 신문자 창제 동기와 관련하여 훈민정음 서문과 일치하는 대목이자 ⑦-1에서 더욱 자세히 드러나 있다. 그러나 ⑥-2에서 백성이 언어 생활에서 불편을 느끼고 , 옥사를 다스리는 데 어려움 때문에 문자를 만들어야 한다는 정인지의 주장에 대해 그러한 문제들은 모두 당사자나 獄吏의 자질에 관한 문제이지 결코 문자 때문에 일어나는 불편과 어려움이 아니라고 최만리는 반박하고 있다.

여기서 우리는 최만리가 이두라는 차자 표기를 전적으로 부정하고 있지 않음을 알 수 있다. 즉 이두라는 차자 표기 문자는 곧 백성들의 문자라는 인식이 그에게는 있었다. 따라서 굳이 백성을 위해서 新文字를 창제하는 것은 불필요한 것임을 인식한 최만리는 신문자 창제에 대하여 반대 입장을 취했던 것이다. 물론 정인지가 신문자의 창제를 지지하면서 아울러 이두라는 차자 표기 폐지를 주장한 의도는 보이지 않는다. 그러나 최만리의 입장에서 보면 신문자의 등장이 곧 한문의 위축 뿐만이 아니라 차자 표기의 위축으로 인식될 수밖에 없다. 차자 표기 역시 최만리의 입장에서는 한자이기 때문에 그것은 곧 崇儒의 의지를 지닌 그에게 한문을 진흥시키는데 장애가 될 수밖에 없는 것이다.

⑦-1 昔新羅薛聰始作吏讀官府民間至今行之然皆假字而用或澁或窒非但鄙陋無稽而己至於言語之間則不能達其萬一焉(신라때 설총이 처음으로 이두를 만들어서 오늘에 이르기까지 관청이나 민간에서 이를 사용하고 있으나 이것이 모두 한자를 빌어 쓰는 것이어서 혹 어렵고 혹 막히어 몹시 궁색할 뿐만 아니라 일상 언어를 적는데 이르러서

는 그 만분의 일도 통달하지 못하는 것이다.)

⑦-2 新羅薛聰吏讀雖爲鄙俚然皆借中國通行文字施於語助與文字元不相
離故雖至胥吏僕隸之徒必欲習之先讀數書粗知文字然後乃用吏讀用吏
讀者須憑文字乃能達意故因吏讀而知文字者頗多亦興學之一助也(신
라 때 설총이 만든 이두가 비록 거칠고 촌스러우나, 모두 중국에서
통행하는 글자를 빌어서 어조사로 쓰기 때문에 한자와 애당초 떨어
져 있지 않아, 비록 서리나 하인들의 무리까지도 꼭 이를 익히려 한
다면 먼저 한문책 몇 권을 읽어서 약간 한자를 안 다음에 곧 이두를
쓰니, 이두를 쓰는 자는 모름지기 한자에 의지해야만 뜻에 도달할
수 있으니 이두로 인해서 한자를 아는 사람이 자못 많아, 역시 한문
을 진흥시키는 데 도움이 된다.)

⑦-1에서 정인지는 이두가 일상 언어를 적는데 불편한 표기 수단임을
부각시키고 新文字 창제의 불가피론을 역설하고 있으나, ⑦-2에서 최만
리는 한문 진흥의 일환으로 이두라는 차자 표기를 유지해야 한다는 입장
을 고수하고 있음을 알 수 있다. 또한 특이한 것은 그가 이두라는 차자 표
기의 향유층을 서리라는 중인 계층 뿐만이 아니라 '僕隸之徒'의 표현을 보
면 알 수 있듯이 하층민들에게까지 확대하는 태도를 가지고 있다는 사실
이다.

⑦-2에서 최만리의 의도는 우선 중인 이하의 계층에서는 모두 이두를
사용하자는 것이 첫째요, 한편으로는 한문이라는 문자의 권위를 지키면서
양반이 아닌 계층 모두에게 차자 문자가 한자의 차용으로 된 것을 의식하
고 한자 교육의 목적을 달성하고자 했던 것이 둘째이다. 이러한 의도는
한자라는 문자를 바탕으로 한 문자 체제 아래서 두 개의 표기 수단(한문,
이두)을 지향하는 이중의 문자 생활로 이해될 수 있다.

⑧-1 癸亥冬我殿下創製正音二十八字略揭例義以示之名曰訓民正音象形
而字倣古篆(계해년 겨울에 우리 전하께서 직접 정음 스물여덟 자를

창제하시고 간략하게 예의를 들어 보이시고 이름을 훈민정음이라고
지으셨다. 이 글자는 상형였으되 그 글자 모양은 중국의 고전을 본
땄다.)

⑧-2 儻曰諺文皆本古字非新字則字形雖倣古之篆文用音合字盡反於古實
無所據(혹시 말하기를 언문은 모두 옛글자를 바탕으로 한 것이지
새 글자가 아니라고 한다면, 곧 자형은 비록 옛날의 고전 글자와 비
슷하나 소리로써 글자를 합하는 것은 모두 모두 옛것에서 어긋나는
일이며, 실로 근거가 없는 일이다.)

⑧-1과 ⑧-2를 비교하면서 우리는 ⑧-2에서 최만리의 반박이 ⑧-1에
서 주장한 정인지의 내용에 대한 것임을 알 수 있다. 그런데 ⑧-1에서 정
인지는 신문자의 모양이 중국의 고전을 본땄다는 점을 강조하였는데, 이
'字倣古篆'의 표현에 대해서만은 최만리가 아무런 비판을 하지 않고 다만
그것이 소리로써 글자를 합하는 것이 옛것에 어긋난다는 점만을 비판하고
있다.

여기서 우리는 정인지와 최만리라는 두 인물의 공통점을 다시 확인할
수 있다. 위에서 두 인물 모두 한문을 숭상하는 태도를 이미 서술한 바 있
으나, 이 대목에서 그러한 두 인물의 의식이 또다시 엿보인다. 즉 정인지
역시 신문자 창제의 명목상 지지자이기는 하나 그가 한자와 신문자를 대
립적인 관점에서 보지 않고 신문자의 기원을 중국의 한자와의 연속선상에
서 바라보고자 했던 것은 그가 한문으로부터 자유로울 수 없는, 혹은 그
가 한문보다 신문자가 우월하다고 주장할 수 없는 그의 한문 숭상의 태도
에서 기인한다. 그러한 태도는 그가 한자음에 표기에 관심을 가지고 있었
다고 추측되는 ⑨-1의 언급에서도 드러난다.

최만리 역시 '字倣古篆' 자체에 대해서 그 쓰임에 대한 반대 의사만을
밝힌 것이 사실이지만 신문자가 중국 古篆을 본땄다는 그 자체에 대해서
는 아무런 비판이 없다. 이 점을 주목한다면 그가 신문자 사용 자체는 반

대했지만 한문이라는 언어(문자)를 누구보다도 숭상했던 인물이라는 점에서 자형을 古篆에서 모방한 것 자체에 대해서는 가치 판단을 유보하고 있음을 간접적으로 알 수 있다. 곧 최만리는 신문자가 '字倣古篆'의 관점에서 만들어진 것에 대해서만은 긍정한 면이 있었다고 생각한다. 다만 그 쓰임이 글자를 합하여 소리로서 나타내고자 하는 면은 근거가 없는 일이라고 비판의 입장을 취했던 것이다.

또한 그가 한문을 숭상하는 태도는 운서의 한자음을 언문으로 고친 것에 대한 비판(⑨-2)에서 더욱 두드러진다. 이것은 운서라는 책의 권위를 강조한 그의 중세적 언어 권위관의 소산이기도 하다.

⑨-1 字韻則淸濁之能辨樂歌則律呂之克諧無所用而不備無所往而不達雖風聲鶴唳雞鳴狗吠皆可得而書矣(한자음은 청탁을 능히 구별할 수 있고 악가는 울려를 고르게 되며 쓰는 데 갖추어지지 않은 바가 없고, 가서 통달되지 않은 바가 없으며, 바람 소리, 학의 울음, 닭이 홰 치며 우는 소리, 개 짖는 소리일지라도 모두 이 글자를 가지고 적을 수가 있다.)

⑨-2 輕改古人已成之韻書附會無稽之諺文(가벼이 옛사람이 이미 이루어 놓은 운서를 고쳐서 황당한 언문을 붙이고...)

우리는 이상으로 정인지와 최만리의 문자 의식을 그들이 남긴 문헌의 기록을 바탕으로 유추해 보았다. 여기서 우리는 두 인물의 문자 의식에 대한 해석을 정리할 필요가 있다.

우선 정인지의 문자 의식을 평가함에 있어 단순히 그의 의식을 신문자 우월주의적 발상이라고 판단하기는 무리가 따른다. 그의 문자 의식 기저에 깔린 태도는 분명 한문(한자)을 숭상하고자 했기 때문이다. 그럼에도 불구하고 그가 新文字의 창제에 주도적 역할을 하고 신문자를 옹호하는 적극적인 의식을 가졌던 것은 한편으로 이 때가 현실적 한문주의가 철저하게 통하기 어려운 시대였음을13) 스스로 자각하고 있었던 것이다. 그래서 그는 당시의 이중적 문자 생활이 존재하는 상황에서 신문자를 만들어 삼중적 문자 생활의 번거로움을 기꺼이 받아들이고자 했던 것으로 이해된다. 현대의 입장에서 보면 그의 문자 의식은 상당히 앞섰다고 볼 수 있으나, 그 역시 한문이라는 중세 권위의 상징을 극복하지 못한 한계를 지닌다.

또한 정인지의 경우와 같은 논리로 최만리의 문자 의식을 평가함에 있어 단순히 그의 의식을 사대주의적 발상이라고 치부하기 보다는 그의 그러한 문자 의식이 단순히 그의 개인적인 아집에서 비롯된 것이 아님을 인식할 필요가 있다. 즉, 당시의 시대적 상황이 이중적인 문자 생활의 처지에서 신문자의 창제는 곧 삼중의 문자 생활이라는 혼란을 야기하는 일이라고 그는 문자 사용의 난맥상을 우려한 것이다. 그러한 우려가 한편으로 한문이라는 문자를 고수하고 그 안에서 이중의 문자 생활을 지켜가고자 했던 현실적 대안으로 기울 수밖에 없었던 것이다. 현대의 입장에서 보면 그의 문자 의식은 중세적 한계를 드러내는 약점을 가지고 있다고 볼 수도 있으나 더 중요한 사실은 철저하게 중세라는 시대에 기존 문자에 대한 권위를 지키고자 했던 그의 문자 의식의 일단을 볼 수 있다.

이렇게 볼 때 최만리라는 인물은 중세 전기에 전개되었던 최행귀의 문자 의식을 사실상 그대로 계승한 사람이라고 할 수 있다. 그 이유로는 그 또한 최행귀가 향찰의 사용을 부정하지 않은 것처럼 이두의 사용을 인정하고 이중적 문자 생활을 현실적으로 받아들였다는데 있는 것이다. 물론 두 인물 사이에 학적, 혹은 친족의 관계에 있어 그 친연성이 있는 것은 아니지만 현재 우리가 취할 수 있는 자료가 한정되어 있다는 점을 고려한다면 그러한 해석은 능히 가능하다.

---

13) 훈민정음 창제 동기와 관련된 논의 중에서 정치, 사회적 배경을 중시하여 창제 동기-遠因의 하나를 백성의 새로운 의식과 욕구 분출 및 그에 대한 훈민 정책, 지배 수단의 일환으로 훈민정음이 창제되었다고 파악하는 경향이 이우성(1976), 강만길(1977) 등에서 주로 제기되었다.

또한 정인지라는 인물은 신문자 창제에 가담한 대표적인 사람으로 삼 중의 문자 생활을 실현하고자 했다. 그러나 그 역시 이두라는 차자 표기 문자가 가지고 있었던 단점만을 언급했을 뿐 한문, 한자의 권위는 극복하지 못했다는 점에서 최행귀의 문자 의식에서 그리 많이 진전하지 못한 인물이었다. 따라서 그 또한 중세의 언어 권위관에서 크게 벗어나지 않는다.

다만 중세의 언어 권위관-최만리의 문자 의식의 계승자로서 최만리와 정인지 중에서 조선 후기의 문자 의식과의 관련성을 맺을 수 있는 존재는 신문字 창제의 주도자였던 정인지일 수밖에 없을 것이다. 그는 최소한 신문자 창제의 지지자였기 때문이다. 그렇다면 조선 후기, 실학 시대에 문자 의식은 어떻게 드러나고 있으며 그 의미는 중세와 어떠한 차별성을 띠고 있을까?

7.3 조선 후기 이규상의 문자 통용 의식

조선 후기, 즉 실학 시대는 한 동안 우리말과 글이 침체되었던 16세기를 지나 다양한 국어학 연구의[14] 성과가 가시적으로 드러난 시기라고 할 수 있다. 이 시기에 우리말과 글을 바라보는 관점은 실상 조선 전기(중세 후기)의 관점과 달랐다. 즉 우리말과 글을 眞書(한문)과 거의 대등한 위치에서 평가하는 기술 및 한문보다 우월하다고 하는 언급이 여기저기서 등장하고 있다[15].

---

14) 이 시대의 국어학 연구를 진정한 국어학 연구라고 볼 수 있는가 하는 의문을 제기할 수도 있다. 그래서 이 시기의 국어학 연구를 과학적 국어학 업적으로 바라보기 보다는 '국어학적 업적'으로 평가하는 입장도 있다. 高永根(1985) 참조. 그러나 이 글에서는 '의식'이라는 점에 그 초점을 맞추기 때문에 국어와 관련된 다양한 언술을 이 시대의 국어학 업적이라고 바라보고 국어학사의 대상으로 삼고자 한다. 자세한 논의는 이상혁(1996)을 참조할 것.

그런데 당대의 수많은 학자들을 제쳐두고 이규상이라는16) 인물을 문자 의식의 문제와 관련하여 선택한 이유는 그가 문자 사용과 관련하여 그 누구에게서도 볼 수 없는 근대 지향적 의식을 가지고 있기 때문이다. 그리고 그의 문자 의식은 그 이전 시대의 연구자들의 문자 의식과는 구별되는 전형적인 예가 될 수 있다는 점에서 더욱 이 시대를 대표한다. 특히 그는『訓音宗編』을 지어『訓民正音』에 대한 새로운 해석을 하고자 했던 李思質의 장남이라는 점이 주목을 끈다. 바꿔 말하면 李奎象 역시 그의 아버지의 언어관을 계승한 사람이라고 볼 수 있으며 그런 점에서 소위 '언문'에 대한 그의 의식은 국어학사 상의 의의를 띠고 있다.

"과거 선조들의 업적을 제대로 연구하기 위해서는 연구자들이 총체적인 시각을 가질 필요가 있다. 이는 어떤 문헌에 달랑 한 줄 나오는 언급을 국어학사상 대단히 중요한 것으로 대서특필되어 과대포장되어서는 안된다"는 李賢熙(1996)의 주장을 부정하는 것은 아니다. 그러나 이규상의 견해가 지닌 역사적 가치(문자 사용과 관련된 근대지향적 의식)가 대단히 주목되는 바, 비록 문자 사용과 관련된 그의 의식에 대한 내용이 텍스트(문헌) 자체의 전체적 내용과 거리가 있다고 할지라도 그의 견해는 국어학사상의 중요한 사료가 된다고 생각한다.

다른 학자들의 견해는 대부분 신문자 그 자체에 대한 기술 내지는 신문자의 우월성에 대한 언급뿐이다. 그러나 이규상의 문자 의식은 언어 정책적 차원의 실천적 의식의 맹아를 보이고 있을 뿐만이 아니라 미래의 문자 사용의 양상까지도 예측하고 있다. 따라서 이 글에서는 국어학사의 입장에서 이규상이라는 인물을 중세와 근대 사이에 존재했던 근대 지향적

---

15) 자세한 논의는 이상혁(1998), "언문과 국어 의식", 「국어국문학」121을 참고해 보면 알 수 있다.

16) 李奎象(1727~1799), 자는 像之, 호는 一夢·悠悠齋이며, 영조 3년부터 정조 23년까지 살았던 李思質의 아들이다. 그의 집안(漢山 李氏)은 牧隱 李穡 이래로 문장과 학식으로 명망이 높았다. 평생을 벼슬에 관심을 두지 않고 학문과 시문 창작에 몰두한 그는 한산 이씨 가계의 문집인 漢山世稿 가운데 一夢稿를 남겼다. 윗글도 또한 그의 一夢稿에서 전하는 내용이다.

문자 의식을 지닌 역사적 인물로 설정하고자 한다. 아래의 원문과17) 그 번역된 부분을 보도록 하자.

> … 各國諺書可屬於陰古來蒼頡製字可屬於陽也 各國科式文可屬於陰古人義理文可屬於陽也 故諺文科文到處倍筵 古字古文到處漸縮 如持東方一域而日觀於其消長之勢則不久似以諺文爲其域內公行文字 卽今域有諺文疏本者云若公移文字難書倉卒者不無副急間間用諺文者 此其兆矣 物物事事無一物一事之不陰勝者則一治一亂亦在其中間雖有小康之治亦類於明之間諸凶奴間矣 然則大世界卒同歸於亂歟曰此十二會當然之理也 然則堯天舜日夏侯後開闢甲子而已(世界說, 漢山世稿 卷 二十三 一夢稿 雜著)(각국의 언서는 음에 속하는 반면에 예부터 만들어져 전해오는 한문은 양에 속한다고 할 수 있다. 각국의 과문 또한 음에 속하지만 옛사람들의 의리문은 양에 속한다. 그런 이유로 최근에 언문과 과문은 도처에서 신장하는 데 반해 고자, 고문은 도처에서 점차 위축되고 있다. 동방의 한 지역을 두고 매일 그 소장의 형세를 관찰 해 보건대 오래지 않아 언문이 이 지역 내에서 공행문자가 될 것 같다. 지금 더러 언문 소본이라는 것이 있는데 졸지에 쓰기 어려운 공리문자의 겨우 간간이 언문으로써 급한 형편에 대처하는 수가 없지 않다고 한다, 이것이 그 조짐이다. 물물사사 각각의 물과 일 어느 하나도 음이 이기지 않는 것이 없다. 치세와 난세의 뒤바뀜이 그 중간에 있다. 비록..)

전장에서 언급한 바와 같이 중세 시대까지 문자 의식의 양상은 현실적 한문주의 내지는 한문이라는 언어 권위관이 대체로 통하는 시기였다고 볼

---

17) 이 원문은 이규상의 문집 「一夢稿」 안에 들어있는 〈世界說〉이라는 제목의 글의 뒷부분이다. 이 내용이 학계에 처음 보고된 것은 민족문학사연구소 한문학분과 옮김(1997)의 「18세기 조선 인물지-幷世才彦錄」(창작과 비평사)에서 이규상의 저술 「병세재언록」에 대한 서평(林熒澤 씀) 가운데 한문학의 시각에서 이규상이라는 인물이 지녔던 사상을 언급하는 과정에서였다. 필자는 그 부분을 국어학사적 가치가 있다고 판단하고 고려대학교 도서관에 소장되어 있는 「一夢先生文集」에서 그 해당 원문을 뽑아 여기에 제시하게 되었다.

수 있다. 그러나 이 시기는 문자 사용에 있어서 현실적 한문주의가 서서히 몰락해 가는 징조를 보인다는 점이 주목된다.

林熒澤(1997)에서는 이규상의 사고 방식의 특징에서 그 부친의 주기론에 기맥이 통하는 면을 엿볼 수 있다고 하였다. 즉 이규상에 의하면 음과 양으로 바뀌는 그 자체가 천지자연의 조화인데 인류 사회 또한 治世와 난세의 뒤바뀜 또한 그런 조화 속에 들어 있다. 그런데 상고 시대는 陽이 주도하는 세계였으며 후대에 오면서 陰이 주도하는 세계로 바뀌고 있다는 것이다. 이와 같이 陰이 성장하고 제압하는 논리를 이규상은 문자에 적용하고 있는 점이 지적되었다. 즉 중국 중심의 同文主義로부터 여러 민족 국가 본위의 어문으로 전환을 그는 분명히 점치고 있다고 하였다.

위의 원문과 그 번역에서 보다시피 이규상은 고래의 한자를 陽에 속하는 것으로, 각국의 언서를 陰에 해당하는 것으로 파악하고 있음을 알 수 있다. 또한 '언문'의 쓰임이 우리 나라에서 활발함을 지적하며, 조만간 그 언문이 이 지역의 公行 文字가 될 것같다는 언급을 하고 있다.

여기서 우리는 이규상의 문자 의식과 관련해서 두 가지를 짐작할 수 있다. 우선 이규상이 당시의 문자 생활의 상황을 경험적으로 정확히 알고 있다는 사실이다. 곧 한문 본위의 동문주의나 현실적 한문주의의 경향이 점차 세력을 잃고 있으며 반면에 우리 나라에서는 언문이 이제 빈번하게 쓰이고 있음을 그가 의식하고 있다는 것이다. 둘째로 그러한 현실적 의식을 떠나 우리 나라의 공용 문자가 한문이 아닌 언문이 될 것이라는 근대 지향적 문자 사용의 양상을 예견하고 있다는 사실이다. 이러한 의식의 양상은 결코 중세 전후기를 통해서는 전개될 수 없었던 변화이다. 곧 이러한 의식은 탈중세적 문자 의식의 단면을 보여주고 있는 것이다.

물론 이규상은 이러한 의식을 체계를 갖춘 저술로 발전시키거나, 그만의 독특한 사상으로 완성하지는 않은 듯하다고 한다. 그러나 우리는 국어학사 중 문자 의식사의 차원에서 문자 사용과 관련된 이전의 양상과 이규상을 비교 대조하면 그의 의식이 얼마나 근대지향적이었는가를 가늠할 수 있다. 바꿔 말하면 서서히 우리의 문자 사용과 그 의식을 지배해 온 현실적 한문주의의 몰락을 시사하는 징조라고 아니할 수 없다. 물론 그 이후 식자층에서는 여전히 한문이라는 문자를 가지고 그들의 저술 활동을 계속 이어갔으나 이제 함부로 당대의 公用 文字를 자신있게 한자이라고 부르기에는 시대가 너무 변한 것이었다. 요컨대 중세 후기의 삼중 문자 생활에서 신문자가 차지하는 비중이 다른 문자와 비교할 수 없이 낮았다면 이 시대에서 언문의 위치는 최소한 한문과 대등하였으며18), 이두 따위의 차자 표기보다는 우월했다는 점은 분명하다고 하겠다.

그가 또한 이러한 생각을 하게 된 연유가 당대의 실학 분위기-국학에 대한 관심, 민족의 자아 의식의 태동-와 관련이 당연히 있으며, 그가 죽은 후 1세기가 채 되지 않은 20세기 후반에 우리는 공식적으로 우리 한글을 국가의 공용 문자로 인정하게 된다는 사실에서 그의 근대지향적 의식을 주목할 필요가 있는 것이다. 실상 이규상의 문자 의식은 조선 후기의 실학 시대에 당연한 귀납될 수 있는 의식이다. 그러나 이 글에서 굳이 이규상의 문자 의식을 강조한 것은 그 이전 시대와 통시적으로 다른 변화의 모습을 보이는 역사적 가치가 있기 때문이다.

지금까지 우리는 문자 사용과 관련된 문자 의식의 변화 양상을 통시적으로 비교해 보았다. 간단히 각 시대의 변화 양상을 정리한다면 아래와 같다고 할 수 있겠다.

중세 전기의 문자 의식은 최행귀로 대표되는 현실적 한문주의와 대내적 이중 문자 의식으로 요약된다. 즉 한문과 향찰의 두 표기 수단이 공존하면서 상대적으로 한문의 위상이 높았던 시기이다. 그러나 이 시대에 향찰과 같은 문자(표기)가 폐기되지는 않았지만 그 이후 시대에 신문자 창제

---

18) 실제로 이 시대에 소위 '언문'을 바라보는 의식을 살펴보면 언문에 대한 부정적 언급들은 거의 찾아보기 어렵다. 이상혁(1998), "언문과 국어의식." 〔국어국문학〕121 참조.

와 더불어 문자 생활에서 그 역할을 다하게 된다.

중세 후기의 문자 의식은 신문자의 창제와 맞물리며 다른 양상을 띤다. 우선 대내적 이중 문자 의식과 삼중 문자 의식의 대립이 그것이다. 정인지와 최만리가 모두 한문주의자였다는 점에서는 동일하나 당대의 현실을 바라보는 의식의 차이는 존재했다. 그 와중에 신문자의 창제가 이루어지며 삼중의 문자 생활의 양상이 전개되었다. 그러나 이 시기에서 주목해야 할 것은 신문자가 결코 한자라는 기존 문자의 권위를 극복하는 양상으로 전개되지 못하고 중세의 언어 권위관에 사로잡히게 되었다는 점이다. 즉, 신문자가 아직도 공용 문자로서의 제 역할을 수행하지 못한 시기였다. 다만 신문자가 그 후대에 올바른 평가를 받을 수 있는 맹아가 싹튼 시기라고 하겠다.

조선 후기, 실학 시대의 문자 의식은 중세의 극복이자 근대지향적 성격을 지닌다. 현실적 한문주의가 위축되고 문자 사용에서 언문의 위치가 최소한 한문의 위치와 맞서는 양상으로 문자 의식이 전개됨을 이규상의 언급으로 확인할 수 있다. 더욱이 언문이 규범적 公行 文字로 그 위상이 높아질 것이라는 이규상의 예견을 통해 우리는 근대적 문자 의식의 단초를 발견하게 되었다.

제8장

훈민정음과 역대 연구자들의 정음관

　조선 전기의 정음관은 대체로 훈민정음에 대한 당위성과 그 효용성을 역설하는 세종 및 정인지 등의 정음관과 훈민정음의 불필요성을 역설한 최만리의 정음관으로 나눌 수 있는 바, 이와 관련된 논의는 전장에서 문자 통용 의식과 관련을 지어 그들의 정음관을 이미 다루었다.

　이 장에서 다루고자 하는 정음 일반에 대한 의식은 조선 후기와 근대 계몽기에 훈민정음이라는 문자를 바라보는 태도와 관련된 양상으로 논의가 될 것이다. 주로 당대 연구자들이 훈민정음이라는 문자 체계의 전체적인 부분을 포괄적으로 이해하려고 했던 점에 주목하여 그러한 의식은 그들의 정음관을 대변하는 일반적인 국어 의식이라고 볼 수 있다. 근대 계몽기에는 조선 후기와 같이 '훈민정음'이라는 고전적 명칭을 사용하지 않고 대신에 '국문'이라는 표현을 자주 사용하는 양상을 보인다. 그것은 물론 '훈민정음'으로 이해되며, 당대 연구자들은 '국문'이라는 표현으로 한자에 대응하여 정음 일반에 대한 의식을 드러내고 있다. 이 장에서는 그러한 정음 일반에 대한 의식이 조선 후기와 근대 계몽기의 개별 연구자들에 의해 어떻게 구체적으로 전개되고 있는지 살펴보기로 한다.

8.1 조선 후기 연구자들의 정음관

조선 후기에는 여러 연구자들의 자신의 저술을 통해 정음관을 드러내고 있는데, 아래의 여러 사료들은 姜信沆(1995)에서 제시된 것을 바탕으로 하였으며, 일부는 필자가 추가한 것도 있음을 밝혀둔다.

① 洪良浩의 정음 일반 의식

洪良浩의 정음 일반에 대한 의식은 그의 저서인 〈經世正韻圖說序〉(耳谿集 卷十二21-24)에서 드러나는 다음의 언급을 통해서 확인할 수 있다.

> 明白簡易　使童子婦人可以與知　引而伸之　足以盡天下之文　通四方之音
> 猗歟盛哉　大聖人作爲　可與太皥畫卦史皇制字　同其功矣(글자가 명백하고
> 간단하면서 쉬워 아이들이나 부인들로 하여금 알 수 있게 하였고, 그것
> 을 확대시키면 천하의 글을 다 표현할 수 있고 사방의 음을 통하는데 충
> 분하게 하였다. 아 성대하구나 대성인의 업적은 복희가 괘를 긋고 창힐
> 이 글지를 만든 일과 그 공이 같구나)

위에서 파악할 수 있는 홍양호의 정음 일반에 대한 의식은 크게 세 가지 정도로 요약될 수 있다. 우선 자형의 문제와 관련하여 그는 글자가 보기에 명백하고 간단하다고 인식하고 있다. 그리고 언어 습득론의 차원에서 훈민정음이라는 글자는 누구라도 배우기가 용이하다고 밝히고 있다. 또한 그는 훈민정음이라는 문자가 지닌 표음적 특성 및 주음적 특성을[1]

---

1) 이 글에서는 훈민정음의 표음성과 주음성을 구분하여 설명하고자 한다. 전자는 문자로서 훈민정음이 고유어나 '東音'을 표기하는 특성으로 이해하고자 하며, 후자는 문자로서의 훈민정음이 '華音'을 비롯한 다른 언어의 음을 표기하는 특성으로 이해하고자 한다. 후자의 경우는 한 언어의 표기 수단으로 다른 언어의 음을 전사하는 경우이므로 메타표기적(meta-transcription) 특성이라고 할 수 있을 것이다. 주음성이라는 표현을 일반언어학의 그것으로 확대할 수 있는가하는 의문을 제기할 수 있겠으나, 위의 본문에서 '주음성'의 개념을 제시한 것은 그것을 표음성의 개념과 대립적으로 파악하고자 하는 의도에서가 아니다. 넓은 의미에

찬양하고 있다.

이러한 정음 일반에 대한 홍양호의 의식은 조선 전기에 훈민정음이라는 문자를 인식하는 태도와 사뭇 다르다. 그는 훈민정음의 간결성, 문자로서 훈민정음 습득의 용이성, 그리고 훈민정음의 표음성과 주음성에 대한 장점을 어느 정도 인식하고 있었던 것이다. 조선 전기에는 비록 훈민정음이라는 문자가 창제되기는 하였으나, 그 문자 자체에 대한 주체적인 의식은 조선 후기보다 덜 했었다. 예컨대, 최만리와 같은 보수적인 한문주의를 고수하려는 세력의 득세와 연산군의 언문 금압의 失政 따위는 당시에 훈민정음을 주체적인 우리 문자로 인식하는 데 방해가 된 것이 사실이다. 그러나, 이 시대는 민족이라는 자기 정체성을 의식하고 그것을 구체화하려는 시도를 가졌던 시대인 만큼 이러한 홍양호의 의식은 그 시대에 당연한 결과였을 것이다.

조선 전기는 『훈민정음』 서문에 드러나는 여러 의식-소위 자주·애민·실용 정신이라고 일컬어지는 의식에도 불구하고 훈민정음 문자에 대한 적극적 의식이 상대적으로 부족했지만 조선 후기로 접어들수록 우리 것에 대한 능동적이고 적극적인 의식이 위의 글에서 드러난 것이다. 이러한 정음 일반에 대한 의식은 이후의 일련의 연구자들에게도 발견되고 있다.

② 申景濬의 정음 일반 의식

신경준 또한 그의 저서 『訓民正音韻解』의 〈訓民正音圖解叙〉 부분에서 정음에 대한 자기 나름의 의식을 전개하고 있다.

其文 點畫甚簡 而淸濁闢翕初中終音聲 燦然具著 如一影子(한글은 점과 획이 대단히 간략하고 청탁과 벽흡의 기준으로 각각 나뉘어지는 초중종

서 보면 注音性도 表音性 속에 포함된다. 그러나 이 글에서는 훈민정음의 표음적 특성을 대내적 표기 특성으로, 주음적 특성을 대외적 특성으로 파악해 보고자 구분한 것이다.

성을 한 그림자처럼 완전히 갖추고 있다.)

其爲字不多 而其爲用至周(그것은 글자로 삼은 것은 많지 않으나 그 쓰임으로 삼은 것은 두루 미친다.)

書之甚便 而學之甚易 千言萬語 纖悉形容(한글은 쓰기가 매우 편하고 배우기도 매우 쉽고, 수많은 말도 자세히 표현할 수가 있다.)

雖婦孺童騃 皆得以用之 以達其辭 以通其情(비록 부녀자나 아이들이 어리석다고는 하나, 모두 한글로 써서 자기의 말을 전달하고 감정을 통하게 할 수 있다)

世宗大王製訓民正音 此古聖人之未及究得 而通天下所無字也(세종대왕께서 훈민정음을 창제하셨는데, 이것은 옛 성인도 궁리하지 못했던 일이며 세상을 두루 살피어 보아도 다시 없는 일이다)

正音不止惠我一方 而可以爲天下聲音大典也(훈민정음은 우리 나라에만 혜택이 그치는 것이 아니라 세상의 모든 소리를 기록할 수 있는 큰 법이다)

正音之理 有能推例善用 則不止三十六字母 而變通無窮矣(훈민정음의 이치는 예를 미루어 잘 쓸 수만 있다면 36자모에만 그치는 것이 아니라, 그 변통(쓰임)이 끝이 없는 문자 체계이다)

위의 원문은 신경준이 정음 일반에 대하여 의식한 내용을 열거한 것이다. 위의 내용은 크게 다섯 가지로 정리될 수 있다. 우선 그는 홍양호와 마찬가지로 자형의 간결성을 훈민정음의 장점으로 들고 있다. 그리고 그는 초성, 중성, 종성에 대한 삼분법적 의식을 드러내고 있다. 조선 전기에 훈민정음을 제정할 때도 중국 성운학의 이분법적 의식을 극복하고 삼분법적 의식을 바탕으로 문자를 만들었으나, 그러한 의식이 신경준에게는 淸

濁과 闢翕이라는 기준을 중심으로 계승되고 있는 것이다. 청탁은 자음에 대한 분류 기준일 터이고, 벽흡은 모음에 대한 분류 기준에 해당하는 것이다. 종성은 만들지 않고 초성을 다시 쓰므로 종성에 대한 의식은 초성에 준한다고 볼 수 있다.

또한 그는 훈민정음 사용의 편리성과 표현의 용이성에 대하여 언급하고 있다. 그래서 아이들이나 부녀자들도 훈민정음으로 그들의 의사 표현을 쉽게 할 수 있음을 강조하고 있다. 아울러 신경준은 한글이 천하의 聲音을 기록할 수 있는 체계라고 의식하고 있다. 이것은 한글의 표음성에 대한 강조일 뿐만 아니라 한글이 그 특성 상 주음 기호로서 그 역할을 충분히 다 할 수 있는 체계임을 강조하고 있는 대목이다. 애초에 훈민정음의 창제 목적이 한자음을 표기할 수 있는 언어 기호로서 기능한 점을 인정한다면, 그는 그러한 차원에서 한글을 파악하고 있다고 봐도 무방할 것이다. 즉 훈민정음은 대내적으로는 고유어와 조선 한자음을 기록하는 우리 고유의 문자 체계인 동시에 보편적으로는(대외적으로는) 중국 한자음인 華音을 완전히 전사할 수 있는 기호 체계라는 점을 신경준은 의식하고 있었던 것이다.

③ 黃胤錫의 정음 일반에 대한 의식

황윤석은 그의 저서인 『理藪新編』 卷二十 〈韻學本源〉에서 다음과 같은 그의 정음 일반에 대한 의식을 드러내고 있다.

> 惟本國正音雖曰後出而字樣簡潔便於日用東方之有國字自此始焉(훈민정음은 나중에 나온 글자이지만, 그 글자의 모양이 간결하여 날마다 쓰기에 편하다. 우리 나라에서 나라의 글자를 갖게 된 것은 이로부터 비롯되었다)

황윤석은 위의 언급에서 알 수 있듯이 세 가지 정도로 정음 일반에 대한 의식을 드러내고 있다. 그는 첫째로 자형의 간결성을, 둘째로 쓰임의

용이성을 이전의 다른 연구자들과 똑같이 의식하고 있다. 그리고 셋째로 조선 전기에 창제된 훈민정음을 우리 國字라고 인식하고 있다. 즉 국자의 출발을 이전의 이두나 한문이 아니라 훈민정음에서 찾고 있다. 이것은 조선 전기의 한문주의 중심의 시각에서 벗어나는 의식이다. 이 시대에 식자층에서 진정한 우리의 글자를 한문이 아니라 훈민정음이라고 인식한 점은 조선 후기라는 시대적 상황을 반영하는 것이기도 하겠지만, 그것은 곧 우리 문자의 위상이 이 시대에 그 만큼 격상되었다는 점을 대변하고 있다고 볼 수 있다2).

④ 鄭東愈의 정음 일반에 대한 의식

정동유는 그의 漫筆集인 〈晝永編〉 二에서 다음과 같은 정음 일반에 대한 의식을 보여 주고 있다.

> 訓民正音 卽天下之大文獻 豈直爲朝鮮一區言語傳寫之資而已哉 音韻之學盛於沈約周顒(훈민정음은 천하의 위대한 문헌으로서 우리 나라 한 구역 안의 언어만을 기록하기 위한 책이겠는가? 음운학으로서 훌륭하기가 심약과 주옹보다 훌륭하다)

> 若使倉頡造書之時 有正音 而並傳 則其時字音千萬世無差誤之理…중략…未知字內更有此等文獻乎 嗚呼 唯我世宗大王易所謂聰明睿知神武不殺之聖也(고대 창힐이 문자를 만들었을 때부터 훈민정음이 있었다면 그 당시부터 전혀 오차가 없이 글자의 소리를 함께 전해왔을 것이다. 이러한 일은 오직 세종대왕 같은 총명하고 지혜로운 성인만이 할 수 있는 일이다)

---

2) 우리 문자에 대한 긍정적이고 적극적인 의식은 우리 문자를 더 이상 한자보다 낮은 위상을 띠는 체계로 인식하지 않았던 당시 연구자들의 의식에서 나타난다. 이와 관련된 문제는 우리 문자의 명칭에 대한 의식을 다룬 다음 장에서 자세히 다루기로 한다.

訓民正音 俗稱諺文 多爲婦人及下賤所用 以致轉輾訛誤 雖世稱博雅之士
鮮有知正音字母之義者…중략…凡有意於此 學者 必先明四聲通攷之非 世
宗朝舊本然後可免其差誤也(훈민정음을 속칭 언문이라고 하여 부인들이
나, 아랫사람들이 많이 사용하기 때문에 뒤틀리고 잘못되고 오차가 생기
어, 박식한 인사라는 사람들도 훈민정음 자모의 이치를 아는 자가 드물
다. 훈민정음에 뜻이 있는 학자들은 먼저 반드시 사성통해의 잘못됨을
밝히고 세종 당시의 훈민정음 구본을 살펴보고 그 다음에 착오가 없도록
해야 할 것이다)

鄭丈東愈工格物 嘗語不佞 子知諺文妙乎 …중략… 若註以諺文 傳之久
遠 寧失眞爲慮(정동유 선생은 격물에 정통한 분인데, 일찍이 나에게 다
음과 같이 언급하셨다. 그대는 언문의 지묘함을 아는가? …중략… 만일
언문으로 기록하여 전한다면 아무리 오래 간들 어찌 본음이 변할 것을
근심할 것이랴?)3)

위의 원문에서 정동유는 세 가지 정도로 훈민정음의 우수성을 찬양하
고 있다. 그 첫째로 그는 훈민정음이라는 문자는 한 지역의 언어만을 표
기할 수 있는 문자 체계가 아니라 보편적인 주음 기호로서 온 세상의 모
든 음을 전사할 수 있는 체계라고 언급하고 있다. 이러한 의식은 신경준
의 정음 의식과 유사한 견해로 중국 한자음과 조선 한자음을 훈민정음으
로 충분히 기록할 수 있다는 생각이다. 즉 훈민정음이라는 문자의 표음적
성격과 중국 한자음의 전사 수단으로서의 주음적 성격을 함께 인식하고
있는 대목이다.

정동유는 또 반절법의 불편함을 인지하고 그 대체 수단으로서의 훈민
정음 문자의 우수성을 언급하고 있다. 한자음을 전사하기 위하여 기존에
사용해 왔던 반절법은 한자음의 정확한 표기를 위해서는 불충분한 표음법
이라고 가정하고, 훈민정음이 고대로부터 있었더라면 그 단점을 보완할

---

3) 이 내용은 유희의 언문지에서 유희가 그의 스승인 정동유의 정음 의식을 언급한
   것이다.

수 있었을 것이라고 단언하고 있다. 여기서도 이러한 그의 의식은 훈민정음의 표음성을 높이 평가한 의미이기도 하려니와 한자음의 표기를 위한 주음 기호로서 훈민정음의 역할을 강조한 것이기도 하다.

　일반 언중들이 훈민정음이라는 문자를 익혀 사용하는 것은 그들의 불편한 언어 생활에 대한 해결책이겠으나, 식자층이 훈민정음이라는 문자를 익혀 사용한다는 의미는 한자음의 정확한 전사를 위한 것일 것이다. 따라서 그의 정음 의식은 식자층에게도 훈민정음이라는 문자가 유용한 표기 체계임을 강조한 태도이다. 따라서 조선 후기의 문자 생활에서 훈민정음은 일반 언어 생활의 편리함과 유용함뿐만이 아니라, 식자층의 학문 진작의 필요성을 위해서도 충분히 기능할 수 있음을 정동유는 의식했던 것이다.

　그러한 그의 의식은 훈민정음에 대한 연구 필요성으로 귀착된다. 즉 박식한 사람들도 정음 자모 이치를 모른다고 지적하고, 정음학에 뜻을 둔 학자들은『훈민정음』부터 찬찬히 살펴보고 연구해야 함을 언급하고 있다. 그러한 문제 제기 때문인지는 모르나, 그의 제자인 柳僖는 훈민정음에 대한 본격적인 저술로 평가받는『諺文志』를 저술했을 뿐만 아니라, 정동유가 자신에게 강조한 정음 의식을 그의『諺文志』본문에서 밝히고 있다.

　요컨대 鄭東愈의 정음 일반에 대한 의식은 反切法이라는 表音法보다 훈민정음 문자의 표음성과 주음적 성격을 더 강조한 것이다. 그리고 그는 그것을 보다 발전시키기 위해서는 후대의 연구자들이『훈민정음』에 대하여 좀더 심층적 연구를 해야한다는, 정음에 대한 적극적인 의식을 드러낸 연구자라고 할 수 있겠다. 정동유의 〈晝永編〉이 漫筆集에 해당하기 때문에 그 속에 드러난 그의 정음 일반의 의식이 일천한 것으로 파악할 수도 있겠으나, 그가 그의 제자인 유희에게 깊은 영향을 주었다는 점에서 그의 정음 일반에 대한 의식도 높게 평가할 만하다.

⑤ 李思質의 정음 일반에 대한 의식

이사질은 그의 저서 『訓音宗編』〈第十二聲音總論問答〉에서 정음 일반
에 대한 의식을 다음과 같이 드러내고 있다.

> 訓音作字 不取會意之法 而惟取音通意之妙(훈민정음은 회의와 같은 육
> 서로 문자를 만든 것이 아니어서, 오직 음만 취해도 뜻이 통하도록 되어
> 있는 지묘함이 있다)

> 訓音則不祖六法何也 曰訓文之作 本爲聲音也 是故 其主意也在聲 其致
> 力也在聲音 聲音若通 則不但通人之言 盡人之情而已 律呂歌謠高下節奏之
> 推而通曉者 不待師曠之聰 而人皆能之矣 其功豈少哉(훈민정음은 한자와
> 같이 육체법을 안 따르고 그 창제가 근본적으로 소리를 바탕으로 이루어
> 졌다. 이런 이유로 그 주된 뜻이 소리에 있으며 소리를 통한다면 단지
> 사람의 말만 통하는 것이 아니라, 사람의 정을 다 표현할 수 있다. 그 뿐
> 만 아니라, 음악, 가요의 고저도 밝게 연주할 수 있으며, 사광에게 배울
> 것 없이 누구나 다 할 수 있으니 훈민정음의 공이 어찌 적다고 할 수 있
> 겠는가?)

이사질은 또한 『訓音宗編』〈第九訓音全文聲音起例〉에서 다음과 같은
정음 일반에 대한 의식을 전개하고 있다.

> 按一初聲合十一中聲 以生十一音 十七初聲各各合十一中聲 以成全音一
> 百八十七 又按一中聲八變音 則十七中聲所變者 凡一千四百九十六聲 於是
> 乎 人之言語禽獸昆蟲之聲 無不畢形之(즉 하나의 初聲이 11중성과 합하
> 여 11음절이 생기고, 17초성이 11중성과 각각 합하여 187음절이 생기
> 며, 한 中聲과 8변음으로 1496성이 생기어, 이로써 사람의 말과 짐승,
> 곤충의 소리까지 다 표기할 수 있다)

위의 원문으로부터 유추할 수 있는 이사질의 정음 일반에 대한 의식은
세 가지 정도로 요약된다. 우선 그 첫째가 표의 문자 체계인 한자와 훈민
정음을 구분하고자 했던 의식이다. 즉 '會意之法'으로 대표되는 한자의 문

자 체계는 표의적 성격이 강한 글자이므로 소리를 바탕으로 하는 훈민정음과는 성격을 달리하는 체계임을 인식하고 있다. 그와 함께 이사질은 표음성을 띠고 있는 훈민정음이 지묘함이 있다 했으니 이러한 표현은 그가 훈민정음이라는 문자를 최소한 한자와 동등한 존재로, 아니 그 이상의 존재로 인식하고 있다는 방증이다.

표의 문자인 한자와 표음 문자인 훈민정음을 구분하는 의식을 바탕으로 이사질은 훈민정음이라는 문자 체계가 우리의 의사 소통을 위해-비록 글이라고 할지라도- 더 유용하며, 심지어 언어의 정서적 기능에 주목하여 감정 따위를 표현하는 데도 상대적으로 한자보다 낫다고 의식하고 있다. 이 말이 함의하고 있는 것은 한자로 의사 소통이나 감정 표현을 하는 것이 불충분했다는 점이다. 따라서 이러한 의식은 우리의 언어 생활에서 훈민정음이 갖는 유용성을 적극 강조한 태도라고 할 수 있을 것이다.

그리고 이사질은 '人之言語禽獸昆蟲之聲'이라는 표현을 통해 '言語'와 '聲'에 대한 구별 의식을 드러내고 있다. 즉 그가 표현한 '人之言語'는 문맥으로 비추어 볼 때 인간의 구강에서 나오는 구체적이고 분절적인 음성에 해당한다고 볼 수 있다. 반면에 '禽獸昆蟲之聲'은 동물의 입에서 나오는 비분절적 음향에 해당한다고 볼 수 있다. 모든 소리를 훈민정음으로 표현할 수 있다면 굳이 인간과 동물로 나누어 그 소리의 차이를 각각 '言語'와 '聲'으로 표현할 이유가 없다. 그러나 추측컨대 이사질은 두 소리 사이의 구별 의식을 가지고 있었기 때문에 위와 같은 표현으로 제시했다고 볼 수 있다. 따라서 그는 음성과 음향에 대한 변별력을 내재적으로 의식한 것인데 이러한 소리들을 모두 훈민정음이라는 문자 체계로 표현할 수 있다고 했으니, 그는 훈민정음의 표음적 성격을 통해 표음 문자의 우수성을 의식하고 있었던 것이다. 따라서 그는 음성과 음향을 구분 의식을 통해 이러한 소리 모두를 전사할 수 있는 훈민정음 문자 체계에 대한 장점을 알고 있었던 연구자라고 할 수 있을 것이다.

⑥ 柳僖의 정음 일반에 대한 의식

유희는 그의 저서 『諺文志』에서 다음과 같은 정음 일반에 대한 의식을
전개하고 있다.

況文章必常簡奧 以簡奧通情 莫禁誤看 諺文往復 萬無一疑 子無以婦女
學忽之(한문은 간결하면서도 오묘한 것을 존중하여 내용을 잘못 알아보
기 쉬우나, 한글로 쓰면 조금도 의심한 점이 없으니, 부녀자나 할 학문이
라고 소홀히 해서는 안 된다)

諺文雖刱於蒙古 成於我東 實世間至妙之物 比之文字 其精有二 文字則
制以六儀 爲物散亂 不可以一例推萬狀 諺文則以中係初 以終係中 各有條
脈 縱橫整齊 婦人孺子咸能頓悟 其變化殆 如大易之爻 錯綜往來 無不各從
其次序 體之精也 文字則古人諧聲之外 偏方之加 漸久漸多 古人轉注外 後
來詞客 任意變讀…중략…恒起訟辨 諺文則若移動全部則已 欲誤一字之形
得乎欲改一字之晉 得乎 此用之精也(한글은 비록 蒙古字에 의거하여 만들
어졌으나, 우리 나라에서 만들어졌으며 실로 대단히 묘한 것으로 한자보
다 뛰어난 두 가지 점이 있다. 한자는 육서법에 의해 만들어진 것이기 때
문에 그 모양이 산란하여 한 예로써 만 가지를 미루어 살핀다는 것은 불
가능한 일이다. 그러나 한글은 중성으로 초성을 이어받고, 종성으로 중
성을 이어받아서, 각각 차례가 있고 가로 세로가 가지런하여, 여자들이
나 아이들이라고 하더라도 모두 쉽게 깨칠 수 있다. 그리고 그 변화는 거
의 주역의 爻數와 같아서 아무리 뒤섞여도 각기 그 순서를 따르지 않은
것이 없으니 이는 그 자체의 정교함이다. 한자는 諧聲[4] 외에 또 획수를
더하는 것도 있어서, 세월이 흐를수록 글자수가 더 늘어나서 옛사람들이
전주한 것 외에 후세의 문인들이 제멋대로 바꾸어 읽어서 …중략… 항상
그 시비가 일지만, 한글은 전부를 옮기면 그만이며, 단 한 글자도 잘못
쓸 수 없고, 다 한 글자의 음을 다르게 읽을 수 없으니, 이것이 한글의
쓰임이 정교한 점이다)

---

4) 六書의 하나로 두 글자를 합쳐 새로운 글자를 만드는 방법이다. 한 글자는 뜻을
   나타내고 다른 글자는 음을 나타내어 글자를 만드는 것으로 形聲과 같은 의미이
   다.

以釋文無反切互爲之弊 通情無言語誤看之慮 …중략… 律呂音調可聽而
不可見 今以筆墨形容之 亦奇哉(한글은 한문 문장을 해석할 때처럼 반절
을 잘못 이해하는 폐단도 없고, 뜻을 전달할 때 말을 잘못 알아보는 두려
움도 없으며…중략…율려와 음조는 귀로 들을 수 있어도 눈으로 볼 수
없는 것인데, 그것을 지금은 한글을 가지고 필묵으로 형용하게 되었으니
역시 기이한 일이다)

유희는 본인 스스로가 언문이5) 한자보다 뛰어난 두 가지가 있음을 밝
히고 있다. 그 하나는 '此體之精也'로 표현된 뛰어난 점이고, 다른 하나는
'此用之精也'로 표현된 뛰어난 점이다. 전자와 관련된 구체적인 것은 자형
의 정교함과 초중종성의 결합으로 음절이 구성될 때의 정교함을 언급한
내용이다. 그는 한자는 그 모양이 산란하여 일례로 萬狀을 살피기 어려움
을 지적하고 있다. 그 반면에 諺文은 부녀자나 아이들이 배울 수 있을 만
큼 자형과 그 자형의 결합이 가지런하다는 점을 강조하고 있다. 이러한
그의 의식은 우리 문자에 대한 긍정적 태도인 동시에 문자 습득의 용이성
을 강조한 것으로 그의 선진적인 정음 일반에 대한 의식을 엿볼 수 있다.
  또한 유희는 언문을 사용함에 있어서도 언문이 한자보다 쓸모가 있음
을 밝히고 있다. 이 '此用之精也'와 관련된 것은 한자의 폐단과 한글의 표
음성에 대한 대조가 그 내용이다. 즉 한자는 그 수가 늘어 후세인들이 임
의로 잘못 읽는 폐단이 있고 다툼이 있는 데 반해 한글은 잘못 쓸 수 없
고, 한 글자를 다르게 읽을 수 없다는 장점이 있다는 것을 강조하고 있다.
그것이 언문이 한자보다 쓸모에 있어서 정교한 점이라는 것이다. 즉 표의
문자가 근본적으로 안고 있는 문제를 표음 문자의 정교함으로 해결할 수
있다는 의식을 보여주고 있는 대목이다. 이는 유희 스스로가 표음 문자의
우수성을 인정하고 있다는 것이다.

---

5) 유희가 비록 '諺文'이라는 표현으로 훈민정음을 대신하고 있으나, 그는 이 '언문'
  에 대한 부정적인 의식을 드러내지 않고 있기 때문에 그의 '언문'은 훈민정음과
  지시적 의미가 같은 것으로 본다.

그리고 유희는 이러한 표음 문자의 우수성과 관련해서 반절을 잘못 이해하는 폐단과 뜻을 글로 전할 때 오해의 소지가 생기는 점이 언문으로 표현되면 해소될 것을 인식하고 음악(가락)과 음조 따위조차도 언문으로 표현할 수 있다는 점에 놀라고 있다. 반절법의 폐단을 줄일 수 있다는 점을 의식하고 있다는 점은 그의 스승인 정동유의 의식을 이어받은 소산이며, 음악과 음조 따위를 언문으로 형용할 수 있다는 의식을 인식하고 있는 점은 이사질과 동일하다.

요컨대 유희의 정음 일반에 대한 의식은 자형 및 자형 결합의 정교함, 쓰임의 정교함, 그리고 反切의 대체 수단으로서의 편리함 등을 강조한 의식으로 훈민정음 전반에 걸쳐 있다고 해도 과언이 아니다.

⑦ 李圭景의 정음 일반에 대한 의식

이규경은 그의 저서 『五洲衍文長箋散稿』에서 언어와 문자에 대하여 연구하고 논증한 결과를 40여개의 항목의 〈辨證說〉로 나누어 설명하였다. 아래의 원문은 그 중에서 '諺文辨證說'과 '反切翻紐辨證說'에서 언급한 내용이다.

諺文卽我世宗朝出自聖意 …중략…以翻萬物難狀之音(한글은 세종 때 세종대왕의 뜻으로 만들어졌는데, …중략…오만가지 표현하기 어려운 음도 다 기록할 수 있다)

若隨聲成字則增衍幾何字 生生不窮焉 雖使倉史製字 何以如此 夫天下萬國 各有其國之書 …중략…俱不如(한글은 소리를 따라 글자를 만들면 무진 무궁하게 새 글자를 만들어 낼 수가 있으니, 비록 倉史로 하여금 글자를 만들게 한다고 하더라도 이럴 수는 없으며 천하의 여러 나라가 제각기 그 나라 글자를 가지고 있어도 … 중략…그 갖춤이 한글과 같지 않다)

我王考靑莊公所撰盎葉記 訓民正音初終聲通用八字 皆古篆之形也…중략…翻切 凡十四行 逐字橫讀之若可拿多羅之類 自然如西域梵呪 盖字盍莫

善於中國之篆籀 聲韻莫善於西域之唄呪 故兼此二妙者訓民正音也 匪聖人
烏能與於此乎(나의 조부인 李德懋가 찬한 盎葉記에서 말씀하시기를 "훈
민정음의 初聲과 終聲으로 통용되는 여덟 글자는 다 고전의 모양이고 …
중략…번절 열 네 줄을 글자를 좇아 옆으로 가나다라식으로 읽으면 서역
의 범주와 같아지는데, 대개 이르기를 자획은 중국의 전주보다 나은 것
이 없고 성운은 서역의 패주보다 나은 것이 없다고 하는데 이 두 가지의
묘를 겸하고 있는 것이 훈민정음이니 성인이 아니고서야 어찌 이와 같이
할 수 있겠는가라고 하였다.

翻切之法 莫妙于我之訓民正音也 非徒萬國之語 雖風雨鳥獸忠豸難象之
音 皆可得以翻焉 則中原無窮之字 西域無窮之音 自在其中矣(번절법은 우
리 훈민정음보다 못한데, 훈민정음은 비단 만국의 언어뿐만이 아니라 바
람 소리, 비 소리, 새 소리, 짐승 소리, 벌레 소리 등 표현하기 어려운 소
리까지도 다 표현할 수 있다)

　　정음 일반에 대한 이규경의 의식은 대략 네 가지 정도로 정리될 수 있
다.
　　우선 그는 훈민정음이 '翻6)萬物難狀之音'이라 하여 표현하기 어려운
여러 음을 전사할 수 있다고 했으니, 이 점은 훈민정음의 표음적 성격을
드러내는 구절이다. 따라서 李圭景은 앞선 연구자들과 마찬가지로 훈민정
음이 표음 문자라는 사실을 의식하고 있던 것이다.
　　그리고 이규경은 자획은 중국의 篆籀보다 나은 것이 없고, 성운은7)
서역의 唄呪보다8) 나은 것이 없다고 하지만, 이 두 가지를 겸비한 것은
훈민정음 문자뿐이라고 역설하고 있다. 이러한 이규경의 생각은 자획 내

---

6) 여기서 '翻'이라고 함은 단순히 번역한다는 의미보다는 '전사한다'는 의미로 이해
　　되어야 할 듯하다.
7) 이 본문에서 '聲韻'의 의미는 한자음을 논할 때 제기되는 성운의 의미가 아니라
　　初聲과 中聲과 終聲을 합한 음절의 개념으로 이해되어야 할 듯 싶다. 즉 낱낱의
　　소리 마디 내지는 소리 덩어리에 해당하는 개념이 아닌가 한다.
8) 여기서 唄呪는 梵字를 가리키는 것으로 이해된다.

지는 자형에 있어 훈민정음이 전주에 버금 간다는 의식을 드러내는 것이고, 또한 훈민정음의 성운이 唄呪의 성운에 버금 간다는 의식도 담고 있는 것이다.

전자의 의식은 훈민정음 문자의 간결성과 깊은 관련이 있는 동시에 정음의 초성과 종성으로 통용되는 8자의 기원이 篆籀 모양이라는 그의 조부의[9] 한글 기원 의식과도 관련이 될 수 있을 것이다. 즉 훈민정음이 전주를 본떠 만든 문자라는 점에서 훈민정음도 전주만큼의 훌륭함을 지니고 있다고 판단한 것이다. 이 점은 다른 연구자들이 훈민정음의 자형 혹은 자획이 한자보다 간결하다고 보았던 의식과는 약간의 차이가 있다. 이규경은 위의 문맥으로 볼 때 전주와 훈민정음 두 문자가 공히 자획의 측면에서 간결하다는 보고 있는 것이다.

후자의 의식은 훈민정음 자모의 결합 양상, 즉 음절과 관계되는 내용으로 유추될 수 있다고 생각한다. 그러한 근거는 본문에서도 제기되고 있지만, 翻切[10] 열 네줄의 글자를 따라서 가나다라식으로 읽으면 서역의 梵呪와[11] 같다고 했던 표현에서 읽어낼 수 있다. 그렇다면 여기서 우리는 이규경이 국어를 음절 문자로 의식하고 있다는 점을 확인할 수 있겠다.

이규경은 또한 반절법의 불편함을 지적하며 훈민정음이 반절법을 대체할 수 있는 문자 체계임을 강조하고 있다. 그러한 대체가 가능한 것은 훈민정음이 만국의 언어 곧 음성뿐만이 아니라 음향까지도 기록할 수 있는 보편적 표음성을 띠고 있기 때문이라는 점을 부연하고 있다. 이러한

---

9) 이규경의 조부는 李德懋이다.
10) 宋의 毛晃의 「增修禮部韻略」의 서문에 "反切音韻展轉相協 謂之反亦作書翻 兩字相摩以成聲韻 謂之切 其實一也"라고 하였는데, 이것은 곧 '反'과 '切'은 결국 한 가지이니 '反'은 또 '翻'으로도 쓰인다고 하였다(국어학 사전, 1995 한글학회). 그렇다면 '반절'은 곧 '翻切'과 같은 의미인데 위에서 '번절'은 윗글자의 聲과 아래글자의 韻을 합하여 이루는 '반절'의 개념보다는 음절 문자로서 한글의 별칭의 의미를 띠는 '반절'의 개념으로 이해하는 것이 타당할 것으로 생각된다.
11) 여기서 梵呪는 唄呪와 같은 의미로 역시 梵字를 가리키는 것으로 이해된다.

이규경의 의식은 이사질이 언급한 음성과 음향의 구분 의식, 그리고 정동유와 유희가 지적한 바와 같이 반절법의 대체 수단으로서 훈민정음의 역할을 강조한 의식의 계승이라고 할 수 있을 것이다.

⑧ 盧正燮의 정음 일반에 대한 의식

노정섭은 그의 저서 『廣見雜錄』에서12) 그의 정음 일반에 대한 의식을 드러내고 있다.

> 訓民正音可以通用於天下者也(훈민정음은 온 세상에 두루 쓰일 수 있는 글자다)
>
> 音非不丁寧曉喩 而終是假借他字 又是分合二字 豈如正音之直言동音강音簡易直捷哉(다른 자를 빌려 두 자를 나누고 합하여 음을 표음하는 반절법보다는 정음의 직음법으로 간결하고 빠르게 표현할 수 있다)
>
> 若復有如成公黃公之講究 而中華士大夫知其爲天下之文獻, 則安知不悅繹之者哉 然余有所重爲之歎嗟者 此是天下之文字 而本土之人士 不思所以講明而相傳 只付之婦女之不解楷書者·閭巷之不識文字者 私相常用而已…중략…凡民之日用不知固自如是 而遂至於原本之不可得見 本國聖人之作 而本國之人乃如是 則尙可以講明之 而達之天下乎(만약 다시 성공—성삼문—과 황공—황찬—이 강구한 것처럼 중화 사대부가 천하의 문헌임을 알게 된다면 어찌 기뻐하여 근원을 캘 줄 모르겠는가? 내가 거듭 안타까워하는 까닭은 이렇게 훌륭한 천하의 문자인데 우리 나라 선비들이 이를 연구할 생각은 않고 부녀자 또는 거리의 무식한 사람이나 사사로이 쓸 뿐이니…중략…무릇 백성들이 날마다 쓰는 것을 진실로 이와 같이 알지 못하며, 성인이 지으신 훈민정음원본까지 얻어보지 못하니 우리 나라 사람들이 어떻게 훈민정음을 연구하여 세상에 펼 수 있겠는가?)

노정섭의 정음 일반에 대한 의식은 세 가지 정도로 나뉘어진다. 우선

---

12) 『廣見雜錄』은 蓮谷先生文集의 卷之十三에 雜稿라는 형식으로 수록되어 있다.

그는 정음의 주음적 특성을 강조하고 있다. 즉 훈민정음은 온 세상에 두루 통행될 수 있는 문자라고 하였으니, 이 점은 훈민정음을 가지고 東音뿐만이 아니라 華音까지도 표기할 수 있다는 의식이라고 볼 수 있다.

또한 그는 반절법의 번거로움 대신에 직접 모든 음을 표기할 수 있는 훈민정음의 문자 체계를 보다 간결하고 빠른 것으로 이해하고 있다. 이러한 반절법 대체 수단으로서의 훈민정음의 위상을 높이 평가한 의식은 앞에서 열거한 여러 학자들에게도 드러났듯이 조선 후기 연구자들의 일관된 태도였다.

그리고 마지막으로 그는 훈민정음이라는 천하의 문자를 식자층에서도 연구해야 하는 당위성을 역설하고 있다. 이러한 의식은 정동유가 정음학 연구를 강조한 것과 같은 맥락으로 그 이면에는 훈민정음이 더 이상 아랫사람들이 쓰는 천한 문자가 아니라, 일상적으로 모든 이가 쓰는 문자로 인식하고 식자층에서도 그 이치를 알아야 함을 강조하고 있는 태도라 할 수 있겠다.

⑨ 鄭允容의 정음 일반에 대한 의식

정윤용은 그의 저서인 『字類註釋』의 첫머리에서 그의 정음 일반에 대한 의식을 드러내고 있다.

若訓民正音 則只ㅡㄱ母而凡屬ㄱ音字 周流包括一定不易 而萬變不窮也 (훈민정음은 반절법과는 달리 자음을 간편하게 고정적으로 표음할 수 있다)

歌求子音之別標 訓民正音無以尙矣 書不幾字 字不幾畫 而經緯錯綜離合變化 字體楷正 摸寫簡便 五聲七音還相流通 凡天下萬字萬音 雖轉折精微 形摸艱澁字 反切所不能盡字 惟此爲能盡字(훈민정음은 몇 글자 몇 획 되지도 않지만, 여러 가지로 변화하되 자체가 단정하여 쓰기에 간편하고, 반절법으로는 표음할 수 없는 천하의 온갖 자음이나 소리를, 변했으면

변한 대로, 세세하고 형용하기 어려운 것까지 모두 표음할 수 있다)

　　訓民正音可以通行於天下者也 …중략… 若其時有聖人作 而剏物製字如
訓民正音 則豈復有字音之譌哉(훈민정음은 가히 천하에 통용될 수 있다.
…중략… 만일에 옛날에 성인(세종)이 계셔서 훈민정음을 만들어 표음해
왔더라면 자음이 변하지는 않았을 것이다)

　　字母切音 本非華製 從西而來者也 何西音之製 可行於中華 而東音之製
不可達之天下乎(훈민정음은 동음과 화음뿐만이 아니라 천하의 모든 음을
다 표기할 수 있으며, 자모가 서쪽(인도)으로부터 중국에 들어와 통행되
고 있듯이, 한글도 천하에 통용될 수 있다.

　　여기서 정윤용은 정음 일반에 대한 의식을 여러 모로 드러내고 있다.
그런데 그의 여러 의식은 이전이 연구자들이 강조한 것을 다시 언급하고
있다. 특히 그는 정동유의 정음 의식과 노정섭의 정음 의식을 계승한 점
이 있다. 즉 훈민정음은 그 자형이 간결하다는 점, 훈민정음은 반절법보
다 우수하다는 점, 훈민정음은 온갖 음성을 기록할 수 있는 표음적이고,
주음적 특성을 지닌 문자라는 점 등이 그것이다. 따라서 훈민정음은 천하
에 통용될 수 있는 훌륭한 문자라고 정윤용은 의식하고 있다고 볼 수 있
다.

　　이상으로 우리는 조선 후기의 여러 연구자들의 훈민정음 일반에 대한
의식을 알아보았다. 제학자들 모두 우리 문자의 우수성에 대한 자신의 견
해를 피력함으로써 이 시대의 문자 의식의 한 양상을 파악할 수 있었다.
이들이 품었던 훈민정음 일반에 대한 의식은 다음과 같이 정리될 수 있겠
다.

　　첫째, 조선 후기의 여러 연구자들은 훈민정음이라는 문자의 字形이
간결하면서 정교하다는 견해를 밝혔다. 중국 글자인 한자보다 그 글자의
모양이 간단하면서도 오묘하다는 의식을 드러내고 있다. 홍양호, 신경준,
황윤석, 유희, 이규경, 정윤용 등이 제시한 바 있다.

둘째, 조선 후기의 여러 연구자들은 훈민정음의 표음적 특성과 주음적 특성에 주목한 의식을 드러냈다. 본문에서 언급한 바 있으나, 이 두 특성은 본질적으로는 한 개념의 상하 관계에 있다고 볼 수 있다. 그러나 당시의 제학자들은 훈민정음을 한 국가 안에서 그 나라의 말의 표기 수단으로만 의식한 것이 아니라, 소위 '天下의 聲音'을 다 표기할 수 있는 수단으로 훈민정음이라는 문자를 의식했다. 따라서, 이 글에서는 훈민정음이라는 문자에 대해 당시의 연구자들이 보편적 표기 수단 내지는 발음 기호로까지 의식했다는 점에 주목하여 훈민정음의 주음적 특성을 표음적 特性으로부터 부각시켜 보았다. 이러한 의식을 드러낸 연구자들은 홍양호, 신경준, 정동유, 유희, 이규경, 노정섭, 정윤용 등이다.

셋째, 조선 후기의 여러 연구자들은 훈민정음이 사용하기 편리한 문자라는 점을 언급하면서 그 문자를 통한다면 의사 표현이 용이할 수 있을 것이라는 의식을 전개하였다. 이러한 의식 역시 제 나라 문자에 대한 우수성을 강조한 것으로 그러한 의식은 문자 습득의 용이성이라는 의식과 맞물려 훈민정음 중심의 언어 생활이 그 이전 시대보다 실질적으로 강조된 양상이었다. 따라서 이러한 의식 속에는 제 나라의 문자를 폄하하거나 낮추어 보는 의식이 드러나지 않았다고 볼 수 있다. 이러한 의식을 보여 준 연구자들은 홍양호, 신경준, 황윤석, 이사질 등이다.

넷째, 조선 후기의 여러 연구자들은 그 동안 불편하게 사용해 오던 반절법을 대신할 수 있는 체계로서 훈민정음의 우수성을 의식하고 있었다. 실상 反切法을 이용해 온 계층은 주로 양반층이었다. 그런데 주로 한자를 사용하는 그들에게조차 훈민정음이라는 문자가 유용한 특성이 의식되었다는 것은 곧 훈민정음이 특정한 계층만을—아녀자나 아이들 위한 문자가 아니라 모든 계층이 자기의 처지에 맞게 이용할 수 있는 문자라는 것을 방증한다고 볼 수 있다. 이러한 의식을 강조한 연구자들은 정동유, 이규경, 노정섭, 정윤용 등이다.

다섯째, 조선 후기의 몇몇 연구자들은 훈민정음이 지니고 있는 장점을 인식하도록 식자층에게 훈민정음 연구의 필요성을 역설하는 의식을 전개하기도 하였다. 그러한 의식은 정동유와 노정섭의 언급에서 발견할 수 있었다. 이러한 연구자들의 주장은 이 조선 후기가 바로 훈민정음 연구의 부흥기라고 평가하는 기존의 시각에 대한 근거로서도 그 의미를 띠고 있다고 할 수 있다.

그 밖에 훈민정음을 '國字'로서 적극적으로 의식한 황윤석, 보편언어학적 시각에서 '言語'와 '聲'을 통해 음성과 음향의 구별 의식을 드러낸 것으로 파악되는 이사질, 자형 결합의 정교함을 강조하여 그 나름의 음절 의식을 드러낸 유희의 국어학적 견해들이 주목할 만한 훈민정음 일반에 대한 의식이었다.

이 시대의 훈민정음 일반에 대한 의식은 대개 여러 연구자들마다 공통되는 면이 있었다. 그러나 그들의 훈민정음 일반에 대한 의식은 그 이전 시대, 즉 조선 전기보다 훨씬 적극적이고 긍정적인 일관성이 존재하는 것이었다. 그런 의미에서 각 연구자들의 국어 의식을 천편일률적이라고 치부하기에는 그들이 전개한 의식이 선진적이라고 할 수 있다. 이렇게 훈민정음 일반에 대한 그들의 의식은 훈민정음이 더이상 한자의 그늘에만 머무를 수 없었던 조선 후기라는 시대적 상황과 무관하지 않았다고 볼 수 있을 것이다.

8.2 근대 계몽기 연구자들의 정음관

국어학 전반에 걸친 양상을 보면 근대 계몽기의[13] 국어학은 조선 후기의 전통적 국어학 연구와는 차별되는 성격을 띠고 있다. 서양의 문물의 유입되고 새로운 의식이 싹 트면서 부족하나마 근대적 학문의 모습을 띠

---

13) 이 시기는 일반적으로 개화기 또는 애국 계몽기라고 불리는 시대로 이 글에서는 '근대 계몽기'라는 용어를 사용하기로 한다.

고 우리말에 대한 자각과 그로 인한 우리말 연구가 진행되었다. 그러나 불행하게도 수동적인 근대와 그에 따른 반작용의 결과, 이 시대는 우리말에 대한 인식과 그 실천의 양상도 현실적 자기 딜레마의 모습을 띠고 있었다. 원칙과 현실의 혼란, 그리고 이론적이라기보다는 현실적이고 실천적 국어 의식의 모습 등은 이 시대 언어 의식의 전형이었다.

그런데 필자는 이 근대 계몽기의 국어학에 대한 국어학사적 고찰을 함에 있어 그 동안 간과했다고 보는 점이 있다고 생각한다. 우선 근대 계몽기의 문법서 중심의 국어학 연구에 비해 국어학사의 한 부분으로 국어관에 대한 전반적이고 심도 있는 고찰이 상대적으로 부족했다는 점이다. 둘째 근대 계몽기의 국어관에 대한 고찰에서 주시경의 주장이 그 시대의 중심에 있었던 것은 사실이지만, 그 외의 다른 연구자들을 논의는 상대적으로 소홀히 다루어진 점을 지적하지 않을 수 없다. 셋째, 근대 계몽기의 국어관을 살필 때 그 변화의 양상을 시대적 특성과 연관지어 고려했는가 하는 점이다. 넷째 근대 계몽기의 국어관을 탐색하기 위한 내용을 주로 말 중심만으로 사고하여 문자 중심의 국어관에 대한 고찰이 부족하지 않았는가 하는 점이다. 마지막으로 근대 계몽기의 국어관의 성격을 언어학적 관점에서 근대적 언어관과 관련지어 고려해 보았는가 하는 점이다.

이러한 문제 제기를 바탕으로 이 절에서는 우선, 근대 국어학이 형성되기 시작한 시기라고 볼 수 있는 이 시대의 국어학적 업적에 대한 취사선택을 통해 당대 연구자들의 국어관, 정음관(문자관)은 어떻게 전개되고 있었는가 하는 점을 밝힐 것이다. 예컨대, 당대 지식인층인 서재필, 지석영, 이봉운, 주시경 등이 품고 있었던 국어 의식을 그들의 논설, 문헌의 서문과 발문 등을 통해 당대 국어관으로 귀납해 볼 수 있을 것이다.

둘째, 당대의 각 연구자들의 국어관에 대한 분석을 바탕으로 근대 계몽기의 국어관을 특정한 개인의 국어관으로 국한해서만 살펴보지 않고 당대의 일반론적인 국어관으로 설정하여 국어 의식의 흐름을 통시적으로 규명하고자 한다.

마지막으로 이런 '의식사'를 바탕으로 이 시대의 국어학사 분야의 한 얼개가 형성될 수 있다면 그것을 통해 조선 후기의 국어 의식과[14] 근대 계몽기 시대의 국어 의식과의 역사적 계승의 측면을 살펴볼 것이다. 따라서 근대 계몽기의 국어관을 밝히는 일은 조선 후기와 근대 계몽기의 국어학적 계승의 측면이 있었다면 그것이 어떤 성격이었는가를 제시하는 길이기도 할 것이다.

근대 계몽기의 국어관에 대한 논의는 크게 다음과 같다[15].

김민수(1977)에서는 개화기 국어관으로 대표되는 주시경의 국어관을 국어운동이라는 실천적인 태도를 통해서 가시화되었다고 보았으며 그 원천은 와전, 오용되는 국어와 국문을 바로잡고자 했던 모국어에 대한 이믹(emic)한 애중주의(愛重主義)라 하였다.

신용하(1977)에서는 언어의 공리적 기능을 사회 형성 및 독립자존과 관련시키는 주시경의 언어관이 그의 어문민족주의 사상체계의 산물이라고 하면서 그의 언어와 민족과의 관계는 개화기 당시를 휩쓸었던 고전 사회학의 한 흐름인 사회 진화론에서 영향을 받았다고 해석하였다.

이병근(1978)에서는 주시경의 국어관을 마치 단군신화에 대한 민족주의적 해석에 비유될 수 있는 것으로 19세기 서구의 언어 진화론에서 볼 수 있었던 자연발생적인 민족주의의 언어관이라고 하였다. 또 한편 그가 인식한 국어관은 언어기호의 자의성에 국한시킨, 그래서 사회마다 언어가 다르고 그 사회 안에서 언어가 자연스럽게 통용된다는 언어관은 결국 개별 언어의 특수성을 강조하는 language-specific한 것이라고 할 수 있다고 하였다.

---

14) 이상혁(1999, 2004)에서 조선 후기 훈민정음(문자) 연구의 역사적 변천을 국어 의식 중에서 문자 의식 중심으로 논의한 바 있다.

15) 대체로 근대 계몽기에 대한 기존의 국어관은 말 중심의 언어관이었다. 비록 이 글 전체의 문자 중심 정음관과는 다소 어긋나지만, 제5장에서도 훈민정음과 관련된 우리말글의 명칭을 다루었기 때문에 여기에서도 기존의 말 중심 언어관에 대한 선행 연구를 밝히고자 했다.

고영근(1979)에서는 사회형성에 있어서 언어의 역할을 중시한 주시경의 언어관은 라이프니츠의 소론과 방불하다고 보았다. 그리고 고영근(1990)에서는 개화기의 언어관은 언어가 부국민강과 민심단합의 기초가 됨은 물론 한 국가의 독립을 대외적으로 드러내는 중요한 요소라는 사실을 인식한 점이라고 하면서 이러한 언어관은 주로 주시경에 의해 가장 분명히 그리고 가장 체계적으로 정립되었다고 하였다. 그리고 당시의 언어관 가운데서 훔볼트의 영향은 구체적으로 찾기 어려우며 오히려 사회 진화론이나 훔볼트 이전의 데카르트나 라이프니츠, 하만 등의 언어관과 비슷하다는 입장을 전개하였다.

김석득(1983)에서는 언어를 독립의 性이라고 한 주시경의 언어관이 표현은 다르지만, 언어가 민족의 정신적, 외적 표현이라고 규정한 훔볼트의 언어관과 일치한다고 하였다.

이러한 근대 계몽기 국어관에 대한 선행 연구는 대부분 주시경이라는 한 인물을 중심으로 이루어져 있다는 점과 그리고 서구 근대 언어관과 기댄 접근을 제외하면 그 성격이 크게 어문민족주의적인 범주를 벗어나지 않는다는 점이다. 그리고 그 논의는 주로 문자관, 혹은 정음관이라기보다는 글과 말을 아우르는 언어관이었다. 그런 의미에서 선행 연구에서 파악되는 국어관의 내용은 주시경의 근대 지향적 어문민족주의로 귀착된다고 하겠다.

8.3.1 국어 의식의 근대적 맹아

이미 언급한 대로 근대 계몽기는 근대 국어학이 형성되기 시작한 시기이다. 곧 과학으로서의 국어학이 싹을 틔운 시대라고 할 수 있다. 그러나 근대 계몽기가 띠고 있는 역사적 성격으로 말미암아 당시의 국어학은 온전한 근대적 국어학의 면모를 보이고 있다고 확언할 수 없다. 다만 조선 후기의 국어 의식은 조선 전기와는 달리 근대적 맹아의 양상으로 전개된 것만은 분명한 사실이었다.

이러한 국어 의식의 전개는 근대 계몽기 시대적 특수성과 연관되어 실천 지향적 국어 의식으로 전개되는 바, 그것의 공식적 출발은 갑오경장이후의 언어 정책이었다. 공문식에 대한 칙령은 1894년 11월 21일에 다음과 같이 공포되었다.

法律勅令總之國文爲本漢文附譯或混用國漢文(勅令 第一號 第十四條)

이러한 정책은 1894년 12월 12일 홍범14조를 포함하여 조선이 청국으로부터 자주독립을 선언하고 여러 개혁을 제시한 '大君主 展謁宗廟誓告文'에서 그대로 반영된다. 즉 이 글은 당시 관보에 국문, 한문, 국한문으로 발표되어, 국문을 그 본으로 삼는 순서를 따랐다. 그러나 그 이후 관용 공문들은 이 원칙을 어기고 국한문혼용의 형태를 취하게 되었다. 심지어 위의 칙령조차도 다음해인 1895년 5월 8일에 가서 다음과 같이 다시공포되었는데 그 표현은 국한문혼용이었다.

法律勅令은다國文으로써本을삼고漢譯으로附하며或國漢文을混用홈

이 칙령의 문체는 국문을 본으로 삼는다는 애초의 칙령 원칙에서 벗어난 표현 양상을 보이는 것이다. 이것은 당시의 원칙(국문 사용)과 현실 사이(국한문의 득세)에서 현실을 따른 경우였는데, 당시 관리들의 보수성을 그대로 드러내는 것임과 동시에 언어 정책의 혼란 양상이었다. 즉 전근대의 상징인 순한문과 근대의 상징인 순국문 사이에서 갈등했던 과도기적언어 정책이었던 것이다. 그러나 당시 언중들의 국문에 대한 욕구는 특정한 신문 매체를 통해 국문으로 전개되는 것이었다.

8.3.2 글(문자) 중심의 국어관

위와 같은 언어 정책을 볼 때 우리가 재고해야 하는 문제는 근대 계몽

기라는 시대적 특성을 고려하여 국어관에 대한 개념과 그 범위를 거시적인 문자 의식의 영역까지 확대할 필요가 있다고 생각한다. 즉 근대 계몽기 초기의 국어 의식은 말 중심의 국어관이 아니라 문자 중심의 국문 의식이라고 할 수 있으며 이 의식은 근대 계몽기의 통시적 국어관 탐색에서 초기의 특징으로 이해될 필요가 있다.

그런 면에서 보면 조선 후기뿐만이 아니라 근대 계몽기의 국어 의식은 우리말에 대한 문제도 문제이려니와 우리 문자에 대한 위상과 역할에 대하여 그 관심을 쏟았다는 점이 결코 무시되어서는 안 되는 당시 국어관의 한 모습이라고 할 수 있을 것이다. 다음에 드러나는 당시의 주장들을 살펴보자.

> 우리 신문이 한문은 아니 쓰고 다만 국문토로만 쓰는 거슨 샹하귀쳔이 다 보게 홈이라 쏘 국문을 이러케 귀졀을 쩨여 쓴즉 아모라도 이 신문 보기가 쉽고 신문 속에 잇는 말을 자세히 알어 보게 홈이라 각국에셔는 사롬들이 남녀 무론ᄒ고 본국 국문을 몬저 비화 능통ᄒ후에야 외국 글을 비오는 법인디 죠션셔는 죠션 국문은 아니 비오드리도 한문만 공부ᄒ는 까둙에 국문을 잘 아는 사롬리 드물미라 죠션 국문ᄒ고 한문ᄒ고 비교ᄒ여 보면 죠션국문이 한문보다 얼마가 나흔 거시 무어신고 ᄒ니 쳣지는 비호기가 쉬흔이 됴흔 글이요 둘지는 이 글이 죠션글이니 죠션 인민들이 알어셔 빅스을 한문 더신 국문으로 써야 샹하 귀쳔이 모도 보고 알어 보기가 쉬홀 터이라 한문만 늘 써 버릇ᄒ고 국문은 폐흔 까둙에 국문만 쓴 글을 조선 인민이 도로혀 잘 아러보지 못ᄒ고 한문을 잘 알아보니 그게 엇지 한심치 아니ᄒ리요.(서재필, "논셜"「독닙신문」뎨일호, (1896)).

위의 내용은 독립신문 창간호의 일부분이다. 그런데 위의 신문 사설에서도 밝히고 있듯이 당시에 현실적인 표현 형태인 국한문을 거부하고 국문으로만 쓰겠다는 의지를 천명하고 있다. 특히 독립신문의 창간을 적극적으로 밀어 준 인물이 국한문혼용을 주장한 유길준이었다고 하는데, 그런 상황에서 독립신문의 방향은 국한문혼용이 될 가능성이 많았을 것이다. 그러나 독립신문은 순국문을 택했으며, 그 의미는 기존의 가치관을 근본적으로 뒤흔드는 하나의 커다란 개혁이었다고 할 수 있을 것이다.[16]

독립신문의 이러한 국문전용의 입장은 독립신문을 발행을 주도한 인물들의 국어관을 그대로 반영하는 것이다. 그들은 바로 서재필과[17] 주시경이었다. 곧 당시의 국어관은 문자관이었을 터인데, 그것은 이미 '언문'에서 '국문'으로 그 위상이 격상된 우리글을 온 국민의 문자로 이해하고 받아들이고자 하는 의도를 내포하고 있다. 그러나 이러한 국문전용의 입장은 우리 문자가 한문보다 우수하지만 많은 사람들이 그 문자를 모른다는 데서 우리 문자의 학습 용이성과 중요성을 강조한 계몽적 성격이 강한 국어관이라고 할 수 있다. 따라서 아직 민족주의적이거나 애국적인 사고를 파악하기 힘들다. 그러한 경향은 다음의 주장에서도 엿보인다.

나라에 국문이 잇어셔 힝용 ᄒᆞᆫ는거시 사롬의 입이 잇셔셔 말슘 ᄒᆞᆫ는것과 ᄀᆞᆺᄒᆞ니 말슘울 ᄒᆞ되 어음이 분명치 못 ᄒᆞ면 남이 녈으기를 반 벙어리라 홀쑨더러 졔가 생ᄀᆞᆨ하야도 반 벙어리오 국문이 잇스되 힝 ᄒᆞᆨ기롤 젼일 ᄒᆞ지 못ᄒᆞ면 그나라 인민도 그나라 국문을 귀중 ᄒᆞᆫ줄을 모르리니 엇지 나라에 관계가 적다 하리오 우리 나라 사롬은 말을 ᄒᆞ되 분명이 긔록 홀슈 업고 국문이 잇스되 젼일 ᄒᆞ게 힝 ᄒᆞ지 못 ᄒᆞ야 귀중 ᄒᆞᆫ줄을 모르니 가히 탄식ᄒᆞ리로다.(지석영, "국문론" 大朝鮮獨立協會會報 一, (1986)).

위의 글에서는 우리가 국문을 가지고 있으되, 그것을 귀중하게 여기며, 제대로 쓰지 못하는 문제를 언급하고 있다. 이 주장 역시 아직 제 나라 문자에 대하여 그 가치를 알지 못하는 많은 사람들에게 그것을 일깨워 주고자 하는 계몽적 성격을 띠고 있는 국어관이라고 말할 수 있을 것이다. 그런데 갑오경장 직후인 근대 계몽기 초기에 국어관 중에서는 보다

---

16) 이기문(1989), "독립신문과 한글문화." 주시경학보4, p9.
17) 그런데 독립신문의 한글전용은 주시경에 의해 주도되어 왔다는 것이 정설이었으나, 이기문(1989)에서는 주시경이 아닌 서재필이 독립신문의 한글전용을 결정했다고 주장했다.

면밀한 자기 주장을 제시한 사람이 있었으니 다름 아닌 주시경이었다.

> 사룸들 샤는 짜덩이 우희 다셧 큰 부쥬 안에 잇는 나라들이 졔 각금
> 본토 말들이 잇고 졔 각금 본국 글ᄌ들이 잇서셔 각기 말과 일을 긔록ᄒ
> 고 혹간 말과 글ᄌ가 남의 나ᄅ와 ᄀ흔 나라도 잇는 그중에 말ᄒ는 음ᄃ
> 로 일을 긔록ᄒ야 표ᄒ는 글ᄌ도 잇고 무슴 말은 무슴 표라고 그려 놋는
> 글ᄌ도 잇는지라 글ᄌ라 ᄒ는거슨 단지 말과 일을 표 ᄒᄌ는 거시라 말
> 을 말노 표ᄒ는 것은 다시 말 ᄒ잘 거시 업거니와 일을 표ᄒᄌ면 그 일의
> ᄉ연을 자셰히 말노 이약이를 ᄒ여야 될지라 그 이약이를 긔록 ᄒ면 곳
> 말이나 이런 고로 말 ᄒ는 거슬 표로 모하 긔록ᄒ여 놋는 거시나 표로 모
> 하 긔록 ᄒ여 노흔 것슬 입으로 닑는 거시나 말에 마듸와 토가 분명ᄒ고
> 서로 음이 쏙ᄀᄒ야 이거시 참 글ᄌ요 무슴 말은 무슴 표라고 그려 놋는
> 거슨 그 표에 움작이는 토나 형용 ᄒ는 토나 또 다른 여러 가지 토들이
> 업고 또 음이 말ᄒ는 것과 ᄀ지 못 ᄒ니 이거슨 꼭 그림이라고 일홈 ᄒ여
> 야 올코 글ᄌ라 ᄒ는거슨 아죠 아니 될 말이라(쥬샹호, "국문론" 「독닙신
> 문」2-47, (1897).

그는 독립신문에 자신이 쓴 위와 같은 '국문론'에서 처음으로 자신이
품고 있던 국어관을 피력하고 있다. 그는 위의 논설에서 언어와 문자의
개별성을 언급한 후 '말하는 음대로 일을 기록하여 표하는 글자'와 '무슨
말은 무슨 표라고 그려 놓는 글자'로 구분하며 전자를 '참글자'라고 후자는
'그림'이라고 이름해야 하며 글자라고 할 수 없다고 주장했다. 곧 표음 문
자로서의 국문과 표의 문자로서의 한문을 지칭하고 있는 것인데 전자는
주시경이 이후에 쓴 다른 문헌에서 '記音文字'로 ,후자는 '象形文字'로 표
현되고 있다18).

이러한 주시경의 국어관 또한 문자 중심의 국어관이라고 할 수 있다.
소리글자인 우리 국문가 뜻글자인 한문보다 '말과 일을 표ᄒ는데' 더 유용
하다고 한 점에서 이전의 서재필이나, 지석영보다 우리 문자를 좀더 미시

---

18) 李賢熙(1988), "쥬샹호 '국문론' 譯註." 참조.

적으로 분석한 내용이라고 할 수 있겠다. 위에 제시된 '국문론' 전체가 '문자론'에 해당하는 글이라는 점을 염두해 두면 그의 초창기 국어관은 언어 혹은 말로서의 국어 일반에 대한 국어관이라고 보기는 어려울 것이다.

따라서 근대 계몽기 초기의 국어관은 문자 중심의 국어관으로 요약될 수 있으며, 그 의식은 계몽적 성격을 띠고 있었다고 보아야 할 것이다. 물론 근대 계몽기 후기(20세기 초)로 가더라도 이러한 문자 중심의 국어관은 계속 유지된다는 점에서 이러한 국어관은 '언어와 국어' 에 대한 말 중심의 국어관으로 가는 국어 의식의 초보적 발판이었다고 할 수 있다.

또한 이러한 문자 중심의 국어관은 그 자체가 조선 후기의 연구자들이 인식했던 문자 의식과의 역사적 전통성을 보여준다는 의미에서 전통적 국어관의 계승이라는 의의를 지닐 수도 있을 것이다. 위와 같은 논설에서 아직은 자주 독립과 애국을 강조하는 소위 어문민족주의적 관점을 뚜렷하게 찾기 어렵다.

그런 의미에서 다음에 제시되고 있는 이봉운의 국어관도 앞의 논설들과 그 논점에서 그리 큰 차이를 보이지 않는다.

> 나라위ᄒᆞ기ᄂᆞᆫ 려항의 션비ᄂᆞ 죠졍의 공졍이ᄂᆞ 츙심은 ᄒᆞᆫ가지기로 진졍을 말ᄒᆞᄂᆞ니 대뎌 각국 사름은 본국 글을 슝샹ᄒᆞ야 학교를 셜립ᄒᆞ고 학습ᄒᆞ야 국졍과 민ᄉᆞ를 못홀 일이 업시ᄒᆞ야 국부 민강ᄒᆞᆫ것무ᄂᆞᆫ 죠션 사름은 눔의 나라 글문 슝샹ᄒᆞ고 본국 글은 야죠 리치를 알지못ᄒᆞ니 졀통ᄒᆞᆫ지라(리봉운, 국문졍리(1987) 셔문).

위의 주장 역시 우리 문자, 우리글에 대한 이치를 알고 그것을 숭상해야 한다는 점이 강조되고 있으며 남의 나라 글을 숭상하고 있는 것에 대하여 반성해야 함을 역설하고 있다. 그런데 위의 내용을 고영근(1990)에서는 국어, 국문에 대한 최초의 공리적 견해라고[19] 하였다. 그러나 우리

---

19) 고영근(1990)에서는 "언어관이란 언어에 대한 공리적 태도의 의미로 사용되는 일이 많다. 옛사람들이 언어 자체에 대하여 지니고 있었던 신앙적 태도라든가

는 그러한 공리적 견해라는 표현을 수용한다고 하더라도 과연 위와 같은 이봉운의 견해 이전의 주장들에서 공리적 언어관의 양상을 발견할 수 없다고 말할 수는 없을 것이다. 위에서 제시된 이봉운의 서문은 '부국민강'을 위한 우리 글 숭상이라는 점을 강조했다는 점에서 공리적 언어관이지만 이전의 견해들도 유사한 관점을 띠고 있다. 즉 우리 문자와 관련해 계몽적 국어관을 펼친 앞의 주장들도 공리적 언어관의 유형이라고 볼 수 있을 것이다.

이렇게 볼 때 갑오경장을 전후로 하여 19세기말까지 전개된 국어에 대한 의식은 아직 자주독립과 애국이라는 어문민족주의적 경향을 명백하거나 적극적으로 드러내고 있다고 볼 수는 없을 것이다. 오히려 조선 후기부터 강조되었던 우리 문자를 제자리로 올려놓기 위한 의식으로서의 계몽적인 국어관이 제시되었던 시대인 것이다. 곧 이 시기는 전근대에서 근대로의 이행과 관련하여 문자 중심의 국어관이 지배하고 있던 시대라고 할 수 있겠다.

문자 중심의 국어관이 19세기 말을 지배하면서 우리 문자에 대한 계몽적 성격을 강조했다면 20세기 초에 들어오면서 당대 연구자들의 국어관은 문자 중심에서 벗어나 한층 발전된 양상을 띤다. 이러한 특징은 문답식[20] 국문 강의로 구성되어 있는 주시경의 「國文文法」에서[21] 드러나

근대의 우리 어문학자들이 지니고 있었던 사회형성 및 문화 창조의 기능과 같은 실용적 견해가 그러한 보기가 된다"고 하였다.

[20] 이러한 문답식의 근원은 김민수(1988)에서 The Elementary Catechisms 는, English Grammar(1850)로 추정된다고 하였으며, 그렇다면 당시 배재학당 교과서였던 이 책이 주시경 문법의 기초였음을 뜻한다고 하였다. 그 일부를 보이면 다음과 같다.
    제일과 말과 글
    일문 말이 무엇이뇨
     답 뜻을 표ᄒᆞᆫ 것이니이다
    이문 말이 쓸 더가 무엇이뇨
     답 인류는 셔로 인연되여 사ᄂᆞᆫ 고로 그 뜻도 셔로 통ᄒᆞ여야 홀 것인더 말은 그 뜻을 통ᄒᆞᆫ더 쓰ᄂᆞᆫ 것이니이다
    삼문 말로 뜻을 엇더케 다른 사람에게 통ᄒᆞ나뇨

고 있다.

위의 내용을 살펴보면, 주시경의 국어관이 문자 중심에서 말 중심으로 바뀌고 있음을 알 수 있다. 그리하여 말의 정의, 말의 기능, 말을 통한 의사소통의 방법, 의사소통의 물리적 경로등에 대한 물음에 대답하는 형식으로 자신의 국어관(언어관)을 전개하고 있다. 곧 말 중심의 국어관이 그의 최초의 문법서에서 전개되고 있는 셈이다. 그리고 연이어 글(문자)에 대한 국어관을 엿볼 수 있는 문답식으로 서술되어 있다. 역시 여기서도 글(문자)의 정의, 글을 통한 의사 소통의 방법과 경로를 제시하였다.

물론 위의 서술은 그의 논설, 혹은 그의 문법서 서문에 해당하는 내용은 아니다. 그러나 그의 문법서 제일 처음에 등장한다는 점에서 주시경의 국어관(언어관)을 보여 주는 것으로 파악해도 될 것이다. 그 국어관의 양상은 일반 언어학적 내용을 담고 있다는 점에서 이전의 근대 계몽기 초기의 국어관과 구별된다. 문자 중심의 국어관에서 보여주는 계몽적 특성은 후기로 오면서 전통적 국어관에서 벗어나는 근대적 특징으로 변하고 있었

    답　말은 곳 뜻을 구별ᄒ야 표ᄒ는 소리니 그 소리로 다른 사람에게 젼ᄒ나니이다

  ᄉ문　이 소리를 져 사람이 엇더케 알 수 잇나뇨

    답　소리가 공긔에 젼달ᄒ야 가셔 져 사람의 귀청 고막(鼓膜)을 울녀서 쳥신경에 달ᄒ면 그 심령이 씨닷고 아나니 근일 젼어통 리치를 비교ᄒ야 볼만 ᄒ니니다

  오문　말을 쏘 무슨 다른 것으로 남에게 통ᄒᆯ 수 잇나뇨

    답　글로 통ᄒᆯ 수 잇나이다

  뉵문　글은 무엇이뇨

    답　글은 말을 표ᄒ는 그림이니이다

  칠문　글로 엇더케 말을 다른 사람에게 통ᄒᆯ수 잇나뇨

    답　글은 표니 남에게 보내여 그 표로 그 사람 눈에 빗최여 시신경으로 달ᄒ면 구 심령이 씨닷고 아나이다

  〔연〕그런고로 글로 뜻을 통ᄒ나 소리로 뜻을 통ᄒ나 다 일반이니 글은 눈으로 듯는 말이라 ᄒᆯ만 ᄒ고 말은 귀로 보는 글이라 ᄒᆯ만 ᄒ니이다(주시경, 「국문문법」, 兪萬兼 筆記, (1905))

21) 이 「國文文法」과 유사한 문답식 구성을 보여주는 내용은 주시경의 「대한국문문법(國文講義)」와 「가뎡잡지」1-3에 수록된 주시경의 "국문"이다. 이상혁(2000)을 참고할 것.

다.

위의 내용은 근대 계몽기 초기의 논설적인 주장이 아닌 과학적이고 구체적인 설명을 방식을 취하고 있다는 점에서 그 내용이 근대 언어학적 특징의 면모를 초보적이나마 가지고 있었다. 또한 일반 언어학적 내용을 띠고 있다는 점에서 그 언어관이 공리적 태도에서 벗어나 있다는 점이다. 즉 독자나 언중을 일깨우거나 촉구하려고 하는 국어관이 아니라는 점에서 실증적 특징도 가지고 있다고 할 수 있겠다. 그리고 말 중심의 언어관을 먼저 전개하면서도 글 중심의 언어관을 그 다음에 같은 위치에서 제시하고 있다는 점에서 소위 '언어' 혹은 '국어'에 대한 균형적 시각을 엿볼 수 있다.

그 이후 주시경의 「대한국어문법(國文講義)」(1906), "국어와 국문의 필요"(1907), "必尙自國文言(1907)", "國語文典音學 發端"(1908), "國語文法序"(1910), "한나라말" 普中親陸會報第一號(1910), 朴太緒의 "國語維持論"(1907)에 崔光玉의 "『大韓文典』의 李商在 序"(1908), 崔光玉의 『大韓文典』(1908) 등에서도 글(문자)과 말에 대한 근대적 언어관의 면모를 확인할 수 있다22).

지금까지 근대 계몽기 시대의 국어관을 조망해 본 결과 초기에는 계몽적 성격이 지배하는 문자 중심의 언어관이었고 후기로 오면서 그 큰 줄기는 근대적 어문민족주의의 틀 속에서 있었다고 볼 수 있다. 그러나 근대 계몽기 국어관은 미세하나마 하나의 시각으로 고정되어 있는 국어관이 아니었다. 변화의 바람이 거세게 불었던 시대였던 만큼 짧은 과도기적 시대였지만 국어관의 변화 또한 전근대 속성과 근대적 속성이 함께 공존하는 모습이었다.

즉 근대 계몽기 후기로만 보면 기존에 논의되었던 근대적 어문민족주

---

22) 이에 대한 논의는 이 글 전체의 방향에서 다소 벗어나는 부분이기 때문에 이 절에서는 생략을 하기로 하고 그 논의에 대해서는 이상혁(2000)을 참고할 것.

의로서의 국어관의 양상을 띠지만, 근대 계몽기 전체를 놓고 볼 때, 근대 계몽기 초기에는 그 양상이 상대적으로 전근대적 국어 의식이라고 볼 수 있는 문자 중심만의 국어관이 한 부분을 차지했다. 그것의 특징은 근대 민족주의적 특징이라기보다는 전근대에서 이제 막 벗어나려고 하는 공리적 태도를 담고 있었다. 곧 계몽적인 특징이 강한 국어관이었다. 그러나 그러한 국어관 역시 초기에 말 중심의 국어관과 동등한 위상을 부여받음으로써 더욱 근대적 어문민족주의로의 발전을 지향하는 遠因이 되었다.

제6장

『훈민정음』의 〈用字例〉 분석

⋮

　　대체로 우리는 『訓民正音』을 그 연구 대상으로 살펴볼 때, 국어사의 관점과 국어학사의 관점에서 바라보았다. 전자의 경우는 주로 텍스트로서의 『훈민정음』[1] 안에 있는 언어 자료를 바탕으로 한 역사적 접근이고, 후자의 관점은 텍스트로서의 『訓民正音』의 역사적, 서지적, 국어학사적 가치 등에 대한 탐색이었다. 그러한 국어사 및 국어학사적 연구 성과들은 대체로 『훈민정음』의 〈예의〉, 〈制字解〉, 〈初聲解〉, 〈中聲解〉, 〈終聲解〉, 〈合字解〉에 집중되었다[2]. 반면에 『훈민정음』 〈用字例〉에 대한 논의는 그저 용자 어휘 자료에 대한 국어사적 접근이 대부분, 〈용자례〉 자체의 내재적 구조에 대해서는 주목한 바가 거의 없는 듯하다[3]. 곧 〈용자례〉를 하나의 『훈민정음』 텍스트 속의 하위 텍스트로 파악하고자 했던 연구가 부족했다는 점을 상기할 필요가 있다. 따라서 〈용자례〉 텍스트와 관련된

---

1) 필자는 이 장에서 『訓民正音』을 텍스트로서의 훈민정음이라고 칭하고자 한다. 따라서 이 글에서 표현되는 훈민정음은 문자 체계로서의 훈민정음이 아닌 『訓民正音』임을 밝혀 둔다.

2) 훈민정음과 관련된 국어사, 국어학사 관점의 논의들의 정리는 서울大學校 大學院 國語硏究會編, 李賢熙(1991), "訓民正音"의 본문과 참고문헌에 잘 정리되어 있다.

3) 필자가 찾아본 〈용자례〉 관련 논문은 丁柄瑀(1985), "訓民正音 硏究 -合字解 · 用字例 · 序를 中心으로-." 『論文集』第26輯(光州敎大) 정도가 고작이며, 이 논문도 〈용자례〉에 대한 전면적 논의라고 할 수는 없다.

연구가 전체적으로 미흡하며 그 연구 성과도 거의 전무한 형편이다. 물론 이 〈용자례〉에서 어떤 국어학적 혹은 언어학적 가치들이 많이 산재해 있겠는가 하는 점 역시 의문을 제기할 만한 일이기는 하겠으나, 이 장에서는 『훈민정음』의 〈용자례〉가 내재적으로 지니고 있는 텍스트 상의 위치에 대하여 살펴보고자 한다. 따라서 이 장에서는 〈용자례〉과 관련하여 당대 연구지 및 편찬자들의 어휘 의식을 조망하고자 한다.

9.1 <용자례>의 자모별 어휘 배열과 그 用字

9.1.1 초중종성 자모 배열과 그 용자 어휘

〈용자례〉에 쓰인 초성 용자는 모두 34 어휘이다. 초성 17자에 각각에 두 단어씩을 배당하여 이루어진 어휘 목록이다. 이 초성 17자에 쓰인 어휘를 『훈민정음』 전체 텍스트와의 관련성에서 살펴보면 몇 가지 특징이 발견된다.

우선 牙舌脣齒喉의 배열로 이루어진 초성에 대한 용자가4) 제시되어 있다. 즉 아음에 해당하는 초성자인 ㄱ, ㅋ, ㆁ에서부터 후음에 해당하는 ㆆ, ㅇ에 이르기까지 각 초성자가 쓰인 어휘를 두 단어씩 제시하고 그 다음에 역시 반설음과 반치음에 해당하는 용자를 보여 주고 있다. 그것은 『훈민정음』의 〈예의〉에 나타나는 초성자의 배열과 일치하는 점에서 그 『훈민정음』 전체 텍스트 속에서 일관성이 발견된다.

다만 〈예의〉와 다른 점이 있다면, 주지하다시피 각자병서로 쓰인 ㄲ, ㄸ, ㅃ, ㅉ, ㅆ, ㆅ에 해당하는 전탁자와 후음의 'ㆆ'이 빠지고, 순경음에 해당하는 'ㅸ'이 순음 위치에 추가되면서 그 용자를 밝혔다.5) 金敏洙(1985)에서는 그 이유를 6자의 전탁자는 주로 한자음을 적는 데 소용되었

---

4) 用字는 실제 언어 생활에서 쓰이는 어휘라고 볼 수 있다.
5) 순경음 ㅸ이 초성자인 용자의 예는 다음과 같다. ᄫ如사ᄫᅵ爲蝦 드ᄫᅵ爲瓠.

기 때문에 우리말의 예로 들지 않은 것 같다고 하였고, 또한 'ㆆ'은 'ㅇ'과 통용할 수 있기 때문에 들지 않았다고 했으며6), 한편 순경음 중에서 ㅸ 하나만을 든 것을 보면, 당시 이 음이 우리말, 곧 고유어 표기에 쓰였다는 것을 알 수 있다고 하였다.

결국 위의 초성자 용자의 배열에서 알 수 있는 것은 그 순서에 있어서 〈예의〉의 체계를 따르고 있으면서도, 한편으로는 고유어 어휘를 제시하였기 때문에 〈용자례〉 초성 17자 중에서 'ㆆ'과 'ㅸ'의 교체가 있었음을 알 수 있다. 이것은 〈예의〉의 텍스트와의 일관성을 유지함과 동시에 〈용자례〉의 독자적 텍스트의 성격을 보여 주는 것으로 주목된다. 그리고 그것은 또한 초성 자모 어휘 배열과 관련하여 중세적 자모 배열 의식의 양상을 띠고 있기 때문에 그 후에 등장하는 최세진의 초성 자모 배열과는 그 차별성이 있다7).

〈용자례〉에 쓰인 중성 용자는 모두 44 어휘이다. 중성 11자 각각에 네 단어씩을 배당하여 이루어진 어휘 목록이다. 이 중성 11자에 쓰인 어휘를 역시 『훈민정음』 전체 텍스트와의 관련성에서 살펴보면 그 특징이 발견된다. 우선 중성의 생성 원리에 입각한 배열을 이루고 있다는 사실이다. 즉 먼저 三才 기본자에 해당하는 중성자 'ㆍ', 'ㅡ', 'ㅣ'가 쓰인 용자를 밝혀주고 있고, 그 다음에 나머지 8자가 쓰인 용자를 밝히고 있는 바, 그 순서는 〈예의〉에 드러난 순서인 동시에 〈제자해〉 중성자 생성 원리에 입각한 순서이기도 하다. 결국 초성자와는 달리 중성자의 경우는 이 11자가 모두 고유어 표기에 쓰였기 때문에 〈용자례〉 중성자의 용자들은 『훈민정음』 전체 텍스트의 일관성과 부합된다.

---

6) 그 근거는 아마도 〈合字解〉의 "초성의 ㆆ과 ㅇ은 서로 비슷하여, 우리말에서는 통용할 수 있다"는 구절과 관련이 있어 보인다. 初聲之ㆆ與相似於諺可以通用也.

7) 崔世珍의 초성 자모 배열의 기준은 牙舌脣齒喉라는 五音의 순서가 아니라 初聲終聲通用八字, 初聲獨用八字의 순이었다. 그리고 그 初聲終聲通用八字 안에서 牙舌脣齒喉의 순서로, 初聲獨用八字 안에서 牙舌脣齒喉의 순서로 자모가 배열되었다.

다만 여기 〈용자례〉에서 〈중성해〉에 등장하는 二字合用 14자에 중에서 '同出合用'에 해당하는 글자 4자[8], 二字 相合合用字 10자와[9], 그리고 마지막으로 '三字合用' 4자인 三字 相合合用 4자로[10] 쓰인 용자를 밝히지 않았다. 그러나 모음이기 때문에 중성 합용자들 중에는 고유어에서도 그 중성자로 쓰일 수 있는 자모들이 있다. 그럼에도 불구하고 초성자 용자에 전탁자로 쓰인 용자를 밝히지 않은 것과 마찬가지로 그 일관성을 위해 중성자의 用字를 〈예의〉와 〈제자해〉의 중성자에 국한한 것으로 생각된다.

그런데 이 중성 용자들은 초성 용자와는 달리 한 중성자에 각각 해당 용자 네 단어를 제시하고 있다. 초성자 용자 어휘 및 다음에 언급할 종성자 용자 어휘가 각각 두 단어씩임에 비추어 보면 그 수가 두 배이다. 그 이유에 대해서는 어디에도 밝힌 바가 없으나, 초성자 및 종성자가 쓰인 어휘와의 수적 균형을 유지하고자 했던 의도적 용자 배열인 듯 싶다. 해당 중성자에 두 단어씩의 용자를 제시하게 되면 합쳐서 22 어휘에 지나지 않기 때문이다.

마지막으로 〈용자례〉에 쓰인 종성 용자는 모두 16 어휘이다. 종성 8자 역시 각각에 두 단어씩을 배당하여 이루어진 어휘 목록이다. 이 중성 8자에 쓰인 어휘를 역시 『훈민정음』 전체 텍스트와의 관련성에서 살펴보면 몇 가지 특징이 발견된다. 우선 〈예의〉에 드러난 종성과 관련된 언급은 '終聲復用初聲'이다. 그렇다면 이 〈용자례〉에서 종성자를 8자로 국한한 것을 보면 표면적으로는 〈예의〉와 〈용자례〉의 텍스트는 서로 모순된 듯하다. 오히려 〈종성해〉에서는 'ㄱㆁㄷㄴㅂㅁㅅㄹ의 8자만으로도 넉넉하게 쓸 수 있다'고 하였으므로 〈용자례〉의 종성자 배열과 그 용자들은 〈종성해〉의 원리와 부합한다.

---

8) ㅘ, ㆇ, ㅝ, ㆊ 4자를 가리킨다.
9) ㅢ, ㅚ, ㅐ, ㅟ, ㅔ, ㆉ, ㅒ, ㆌ, ㅖ 10자를 가리킨다.
10) ㅙ, ㅞ, ㆈ, ㆋ 4자를 가리킨다.

그러나 그 동안 종성 표기법과 관련되어 논의되었던 '終聲復用初聲'과 '八終聲可足用'의 문제는 서로 그 본질적 의미에서 모순되지 않는다는 점에서11) 실상은 전자와 후자가 종당에 가서는 표기 원칙과 실제 사이의 조화로 받아들일 수 있다는 시각에 초점을 맞출 필요가 있다. 그렇다면 〈용자례〉에서 종성자를 8자로 제한하고 그 용자를 밝혀 16 어휘를 제시한 것은 『훈민정음』 텍스트 속에서 역시 그 일관성을 유지한 결과로 추론할 수 있을 것이다. 더욱이 〈종성해〉에서 고유어 표기를 위해 특별히 'ㅅ'과 'ㄹ'를 강조하고 있다는 점에 주목한다면 〈종성해〉의 八終聲可足用의 표기 의식이 〈용자례〉 고유어 표기에 더 맞닿아 있다는 점을 생각하지 않을 수 없다.

아울러 위에서 언급한 초중종성자의 용자로 쓰인 어휘의 목록과 관련해 공통적으로 발견되는 점은 모두 단음절이거나 혹은 이음절로 된 고유어휘만으로 이루어져 있다는 사실이다. 이것은 〈용자례〉 어휘의 형태적 특징이라고도 말할 수 있는데, 당시에 삼음절 이상의 고유어가 없었던 것이 아님에도 불구하고 전체 어휘 목록에서 단음절 어휘는 54개, 이음절 어휘는 40개만으로 그 목록을 구성하고 있다.

9.1.2 〈용자례〉 어휘 분류와 사전적 맹아

위에서 우리는 〈용자례〉의 초중종성 자모 배열에 따른 용자 어휘에 대하여 살펴보았다. 그런데 이 용자 어휘의 목록을 좀 곰곰이 보면 〈용자례〉의 내재적 체계 내지는 구조가 발견된다. 그것은 〈용자례〉가 드러내고 있

---

11) 終聲復用初聲은 〈예의〉에서, 八終聲可足用은 〈종성해〉에서 규정한 표기의 규정으로 전자를 형태주의 표기, 후자를 음소주의 표기로 부르고 있는 바, 終聲復用初聲의 의미를 "종성은 따로 만들지 아니하고 초성을 다시 쓴다"로 해석하면서 받침에 쓰이는 종성이 초성 17자에서 8자만을 가져다 쓴다고 이해한다면, 전자가 일반적 규정이자 거시적 규정이고, 후자가 현실적 규정이자 미시적 규정으로 둘 사이의 모순이 있다고 생각하지는 않는다. 물론 표면적으로는 서로 어긋나며, 형태주의와 음소주의의 대립으로 보게 되면 표기법 상의 모순 관계다.

는 그 자모와 거기에 대응하는 어휘와 그리고 그것의 의미를 한자로 풀이
한 세 요소의 관계로 요약이 된다. 그것을 현대적 시각에서 보면 엉성하
기는 하나 거친 사전적 형식을 띠고 있다고 판단된다. 모두 같은 형식이
기 때문에 몇 예를 보이면 다음과 같다.

初聲　ㄱ 如:감爲柿 ·굴爲蘆.
　　　ㅋ 如우·케爲未春稻 콩爲大豆.
　　　ㅇ 如러·울爲獺 서·에爲流澌.
中聲　· 如·톡爲頤 ·풋爲小豆 ᄃ리爲橋 ᄀ래爲楸.
　　　ㅡ 如·믈爲水 ·발·측爲跟 그력爲雁 드·레爲汲器.
　　　ㅣ 如·깃爲巢 :밀爲蠟 ·피爲稷 ·키爲箕
終聲　ㄱ 如닥爲楮 독爲甕
　　　ㅇ 如:굼벙爲蠐螬 올창爲蝌蚪.
　　　ㄷ 如·갇爲笠 싣爲楓.

　　그리고 위의 예를 번역한다기보다는 그 내용을 현대식으로 나누어 보
면 다음과 같은 형식이 될 수 있지 않을까 한다.

(1)	(2)	(3)
ㄱ	감	柿
	굴	蘆
ㅋ	우케	未春稻
	콩	大豆
ㅇ	러울	獺
	서에	流澌

　　그렇다면 그 형식은 (1)자모, (2) 표제어, (3) 의미(뜻풀이)로 구성되
어 있다고 볼 수 있다. 곧 이것은 사전의 형식과 흡사하다고 볼 수 있다.

당에 사용되는 수많은 단어를 모두 이 〈용자례〉에서 제시한 것이 아니기 때문에 온전한 텍스트로서의 사전이라고 말할 수는 없을 것이다. 굳이 규정한다면 사전적 표본(sampling)이라고 할 수 있을까? 그러나, 자모가 우선 나오고, 그 다음에 그 자모에 해당하는 단어, 곧 표제어가 제시되고, 마지막으로 그 단어의 의미, 곧 뜻풀이라고 볼 수 있는 한자가 대응되는 구조는 사전의 구조와 그 기본적 형식에서 어긋남이 없다.

물론 다음과 같은 의문도 제기할 수 있다. 그렇다면 왜 뜻풀이를 우리말, 즉 정음으로 하지 않고 한자로 제시하고 있는가? 뜻풀이를 한자로 제시하고 있다는 것은 용자에 대한 단순한 한자 대응에 불과한 것은 아닌가? 그러나 오히려 그 점에 해답이 있지는 않을까 생각한다. 즉 이 『훈민정음』라는 텍스트 구조의 일관성에 비추어 보아야 한다는 것이다. 이 『훈민정음』은 국역본이 아니라 신문자의 해설서의 성격을 지니는 텍스트이고, 그 텍스트의 메타언어는 한문이었다는 점을 상기해야 한다. 바꾸어 말하면 텍스트의 전체 구조 속에서 〈용자례〉의 성격을 보여준 것이고 그런 차원에서 뜻풀이는 우리말일 수 없었을 것이다.

그러한 이유에 대한 간접적이라고 할 수 있는 근거는 〈예의〉 국역본에서 드러난다. 즉 〈예의〉 국역본의 경우는 국역본이라는 텍스트 구조에 기인하여 한자에 대한 설명이 필요하면 그 한자를 먼저 제시하고 그 한자의 의미를 여러 형식에 따라 우리말 협주로 주석을 달아 놓은 것을 알 수 있다. 그 내용의 일부는 우리가 알고 있는 바와 같이 다음과 같다.

製젱논글지슬씨니御엉製젱논님금지스샨그리라

이는 오히려 그 텍스트의 구조에서 〈용자례〉와는 반대의 구조를 보여주고 있다. 즉 위의 예문을 번역한다기보다는 그 내용을 현대식으로 나누어 보면 다음과 같은 형식이 될 수 있을 것이다.

(1)	(2)	(3)
製	젱	글지슬씨(니/라)
御製	엉젱	님금지스샨글(이라)

그렇다면 이 경우에 (1) 표제어, (2) 발음기호(주음기호)12), (3) 의미(뜻풀이)로 구성되어 있다고 생각한다. 〈예의〉 국역본에서 그 협주는 그 국역본의 올바른 이해를 돕고자 하는 주해의 의미를 띠고 있으나, 굳이 언급한다면 사전의 형식과 흡사하다. 〈용자례〉의 경우와 같이 일정한 자모 순서 혹은 배열에 따른 사전식 풀이가 아닌 〈예의〉 본문에 드러난 한자에 대한 주석의 성격이지만, 〈용자례〉와 그 대상이 반대이면서 구조는 흡사하다. 그런 의미에서 이 〈예의〉 국역본이라는 텍스트의 메타언어는 훈민정음이었다13). 역시 바꾸어 말하면 〈예의〉 국역본의 성격을 보여준 것이고 그런 차원에서 뜻풀이는 한문일 수는 없었을 것이다.

결국 위와 같이 〈예의〉 국역본과의 비교를 통해서 보더라도 해례의 〈용자례〉의 구조는 사전적 지각 단서를 충분히 제공한다고 볼 수 있다. 그렇다면 이 〈용자례〉는 어휘의 배열에 있어서 곧 그 나름의 질서를 띠고 있었으며, 그 질서는 『훈민정음』이라는 전체 텍스트와의 일관성을 고려한 구조이자 체계이자, 한편으로 〈예의〉의 초중종성자와는 차별되는 고유어 표기를 위한 초중종성자 36자의 용자 어휘 목록이라고 할 수 있을 것이다. 그렇다면 그것은 곧 〈예의〉의 원칙 내지는 규범과 어울리면서 실천적 측면에 있어서는 현실을 고려한 구조였다고 볼 수 있을 것이다.

---

12) 물론 이 발음 기호는 그 표기상 東國正韻式 기호, 즉 당시 이상적 교정 한자음이다.

13) 그러한 가정이 있을 수 없으나, 정음이 없었다면, 위의 예에서 '製', '御'는 반절식 표기(兩字表音法) 내지는 설문해자식 單字表音法이었을 것이고, 그 뜻풀이는 어떠했을 지 상상할 수 없다.

9.2 〈용자례〉의 어휘의 특성과 기초 어휘

9.2.1 기초 어휘와 〈용자례〉

이 장에서는 〈용자례〉와 관련한 기초 어휘의 문제를 생각해 보고자 한다. 당시 편찬자의 의도를 문헌적 전거를 통해 직간접적으로 파악할 수는 없으나, 『훈민정음』〈用字例〉의 어휘는 기초 어휘의 범주에 들거나 그 수준의 단어들이라는 점을 주목할 필요가 있기 때문이다. 그러던 현대적 의미의 기초 어휘 개념을 통해 15세기 당대 편찬자들의 〈용자례〉 어휘 부류의 체계는 어떤 양상이었을까?

기초 어휘의 개념을 임지룡(1991)에서는 다음과 같이 언급하고 있다.

"기초어휘(基礎語彙:basic vocabulary)와 관련된 용어로는 '기본어휘(基本語彙:fundamental vocabulary)'와 '기간어휘(基幹語彙:basic core vocabulary)'가 있다. 이들 세 용어를 명확히 구분하기란 쉽지 않는데, '기초어휘'란 특정언어 가운데 그 중추적 부분으로서 구조적으로 존재하는 어의 부분집단이며, '기본어휘'란 어떤 목적에 따라 인위적으로 선정되며 공리성을 지닌 어의 집단이며, '기간어휘'란 어떤 특정집단을 대상으로 한 어휘조사에서 직접적으로 얻어지는 그 어집단의 골격적인 부분집단으로 볼 수 있다"(임지룡, 1991:2)

위의 개념를 수용하면서 〈용자례〉의 어휘를 부류 별로 분류해 보면 다음과 같은 특징을 발견할 수 있다.

우선 〈용자례〉에서는 체언류의 어휘만으로 구성되어 있다는 사실이다. 즉 용언류 내지는 수식언류 따위의 어휘는 단 하나도 실려 있지 않다. 그렇다 보니 어휘가 구상어의 성격을 띠는 것들이며, 추상어에 해당하는 어휘는 이 〈용자례〉에 존재하지 않는다. 고유어라면 용언류의 어휘도 제시될 수 있는 개연성이 있었겠지만, 그러한 용언류의 어휘가 제시되지 않은 이유가 궁금할 뿐이다.

다음으로 〈용자례〉에서는 체언류의 어휘 중에서 한자어로 된 어휘 역시 존재하지 않는다는 점이다. 즉 모두 고유어로 그 어휘 목록을 이루고 있다. 이 〈용자례〉의 어휘가 고유어로만 존재할 수밖에 없는 이유는 초성의 경우, 설정한 17자 중에서 〈예의〉의 'ㆆ'을 빼고 'ㅸ'을 설정하고 대당 어휘를 제시한 것으로도 충분히 파악된다. 곧 〈용자례〉는 애초부터 고유어만을 어휘 목록으로 올리고자 했던 편찬자들의 의도가 분명히 있었음을 알 수 있는 대목이다.

따라서 체언류 고유어가 〈용자례〉에 전면적으로 등장하는 것은 훈민정음의 창제가 단순히 조선 한자음의 校正을 위한 목적으로 이루어졌다거나, 중국 한자음, 곧 한어 원음의 표기를 위한 반절 대체 기호, 즉 주음 내지는 발음 기호의 목적으로 이루어졌다거나 하는 점을 넘어서서, 신문자 창제의 한 목적이 실제 우리말을 표기하고자 했던 측면이 있었고, 그것이 바로 〈용자례〉에서 반영되었다고 볼 수 있을 것이다.

그렇다면 기초 어휘와 관련된 임지룡(1991)의 정의에 비추어 본다면, 〈용자례〉 어휘 전체 목록은 '어떤 목적에 따라 인위적으로 선정되며 공리성을 지닌 어의 집단'이라고 볼 수 있을다. 그 어떤 목적은 물론 신문자로 고유어가 어떻게 표기될 수 있는가를 보여주고자 했던 의도와 부합되며, 그렇게 하기 위하여 인위적으로 당대의 공리성을14) 지닌 94개의 語集團을 제시한 것이다.

그러한 측면에서 본다면, 〈용자례〉의 어휘들은 모두 현대적 개념의 '기초 어휘'라고 볼 수 는 없을 것이다. 그리고 현대적 의미에서 설정된 '기초 어휘'가 이 〈용자례〉에서 거의 모두 망라된 것 또한 아니다. 다시 말하면, 94개의 전체 어휘는 '기본 어휘'의 성격을 띠고 있으며 그 중에 상당수가 '기초 어휘'를 이루고 있는 것이다. 따라서 〈용자례〉는 그저 해당

---

14) 이 공리성이라는 부분은 당대의 사회적 조건과 밀접한 관련이 있는 개념으로 사료되는데, 그 시대의 공리성은 농업 기반의 사회적 조건과 무관하지 않을 것이다. 이 부분에 대해서는 다음 장에서 다시 언급하도록 하겠다.

자모에 대응하는 어휘를 마구잡이로 올린 목록이 아닌 구조적 체계성을 지닌 어휘 목록이라고 할 수 있다. 당대의 공리성을 위하여 '기본 어휘' 성격의 어휘에 '기초 어휘' 성격이 어휘가 적절하게 조화를 이룬 당대 편찬자들의 어휘 의식의 결정판이라고 생각된다.

9.2.2 〈용자례〉 어휘의 의미 분류와 현대 기초 어휘와의 상관성

그렇다면 이 장에서는 〈용자례〉 어휘들 중에서 어떤 것들이 현대 기초 어휘 목록과 상관 관계를 형성하고 있는지 검토해 본다면, 당대의 기초 어휘 의식에 대한 일면을 엿볼 수 있겠다. 우선 임지룡(1991)에서는 기초 어휘 선정을 위한 국어 어휘의 의미 분야를 나눈 바가 있는데[15], 그 하위 분류 따라[16] 〈용자례〉의 어휘는 다음과 같이 나누어질 수 있다.

1) 사람에 관한 어휘

① 블爲臂 , ·손爲手, ·특爲頤

② ·발·측爲跟

---

15) ①사람에 관한 어휘(인체, 정신, 부류, 기타), ②의식주에 관한 어휘(의생활, 식생활, 주생활, 생필품), ③사회 생활에 관한 어휘(사회 조직, 제도·관습, 교통·통신, 공공 시설, 경제 분야), ④교육 및 예체능에 관한 어휘(교육 일반, 언어, 문학, 체육·오락, 음악, 미술), ⑤자연계에 관한 어휘(천체, 지리·지형, 자연 현상, 동물, 식물, 광물), ⑥감각 및 인식에 관한 어휘(일반 부류, 공간, 시간, 수량, 추상), ⑦동작에 관한 어휘, ⑧ 상태에 관한 어휘, ⑨기타(대명사, 의존 명사, 부사, 보조 동사·형용사, 관형사)

16) 물론 기초 어휘 선정을 위한 현대 국어 어휘의 의미 분야는 〈용자례〉에 드러나는 중세 국어 기초 어휘의 의미 분야로 완전히 대응될 수는 없다. 현대 국어 기초 어휘 분야의 하위 내용 중에는 중세 국어 시기에는 문명 이기가 아직 발달하지 않아 존재할 수 없는 항목이 있는가 하면, 〈용자례〉 어휘 목록이 체언류에 국한된 관계로 그 외의 품사 항목이 있을 수 없기 있기 때문이다. 예컨대, 교통·통신, 교육 및 예체능, 감각 및 인식에 관한 어휘, 동작 및 상태에 관한 어휘, 그리고 대명사, 부사 따위가 그것이다.

위의 예들은 사람에 관한 어휘 중 인체 분야에 해당하는 어휘들이다. 〈용자례〉에는 위에서 보는 바와 같이 이 분야에 4개가 존재하는데 ①의 경우는 형태상의 변화도 거의 없는 기초 어휘의 성격이다. ②의 경우는 현대어 '발꿈치'로 변화된 어휘이기는 하나, 기초 어휘에 근접하는 단어라고 볼 수 있다.

① 아ᅀᅵ爲弟

② :죵爲奴

위의 예들은 사람에 관한 어휘 중 부류-친척에 해당하는 어휘들이다. 현대 기초 어휘 목록에는 ①'아ᅀᅵ'의 현대형 '아우' 대신에 '동생'이 기초 어휘로 들어 있다. 같은 의미의 어휘이나 현대 국어에서 '동생'이 '아우' 그 사용 빈도가 높다는 것을 말해 주는 것이다. ②'죵'의 경우는 현대 국어 기초 어휘에는 포함될 수 없는 성질이 단어이다. 그러나 이 어휘는 15세기 신분제 사회에서는 기본 어휘로 널리 사용되고 있는 단어라는 점에서 그 단어의 〈용자례〉 올림말 설정에 타당성이 있다.

2) 의식주에 관한 어휘

①·신爲屨

②이·아爲綜, ·갇爲笠, ·굽爲蹄

위의 예들은 의식주에 관한 어휘 중 의생활에 해당하는 어휘이다. ①'신'의 경우는 역시 현대 기초 어휘 목록에 수록되어 있다. 반면에 ②의 예들은 그 목록에서 누락되어 있는 바, 그것은 역시 15세기라는 시대적 조건에 상응하는 기본 어휘의 성격이다. '이아'의 경우는 현대어의 '잉아'17)

의 당시 표기로 농경 사회의 의생활에서는 일반적 어휘에 해당할 것이다. '갇'의 경우도 마찬가지이다. 즉 ②의 단어들은 현대 시대의 의생활에서는 찾아볼 수 없는 어휘일지라도 15세기에는 널리 사용된 어휘라는 점에서 그 단어의 〈용자례〉 설정의 타당성이 있다.

① :감爲柿, ·밥爲飯 , 콩爲大豆, ·파爲葱 , ·풋爲小豆

② ·엿爲飴餹

  위의 예들은 의식주에 관한 어휘 중 식생활에 해당하는 어휘이다. ①의 어휘들은 현대 기초 어휘 목록에 모두 수록된 것들이다. 단음절 단어들로서 그 형태상의 변화도 거의 없는 어휘들이다. ②의 경우는 당대의 식생활을 고려해 보면 충분히 기초 어휘 목록 내지 기본 어휘 목록에 포함될 법한 어휘이다. 다만 현대 식생활에서는 기초 어휘의 성격을 상실해 가고 있다는 점에서 이 어휘 역시 중세적 특징을 반영하는 어휘로 볼 수 있다.

① ·담爲墻, 브섭爲竈

② ·울爲籬, :널爲板

  위의 예들은 의식주에 관한 어휘 중 주생활에 해당하는 어휘이다. ①의 어휘들은 현대 기초 어휘 목록에 모두 수록된 것들이다. '담'의 경우는 현대 국어와 그 형태상 일치하고, '브섭'의 경우는 현대 국어 '부엌'으로 존재한다. ②의 어휘들 역시 15세기의 주생활을 고려한다면, 충분히 기본 어휘로서 그 지위를 부여받을 수 있는 어휘이면서 현대 국어에서 같은 형

---

17) 베틀의 날실을 한 칸씩 걸러서 끌어올리도록 맨 굵은 실. 종사(綜絲).

태로 여전히 쓰이고 있다는 특징을 지니고 있는 어휘라는 공통점이 있다.

① ·톱爲鉅, 슈룹爲雨繖, 죠·히爲紙

② 드·뵈爲瓠, ·자爲尺, ·체爲사 드·레爲汲器, 숫爲炭, 다야爲匜, 죽爲飯초 , 쥬련爲帨, 독爲甕, 섭爲薪

　　의식주에 관한 어휘 중 생필품에 해당하는 어휘이다. ①의 어휘 중에서 '톱'은 그 형태 변화가 없으며, '슈룹'의 경우 한자어 '우산(雨傘)'으로 대체되어 현대 국어에서 사용되며, '죠히'는 종이로 변하여 현대 기초 어휘 목록에 수록되어 있다. ②의 어휘들은 15세기에 널리 쓰이던 생필품 어휘들로서 그 형태들이 각기 변하여 현대 국어에서도 농경 문화를 기반으로 하는 농촌 사회에서는 여전히 각각 쓰이고 있는 단어들이다. 다만, 현대 국어에서는 기초 어휘가 되기에는 그 단어가 보편적으로 쓰이지 않는다는 점에서 중세적 특징을 반영하는 어휘들이라고 할 수 있다.

　　3) 사회 생활에 관한 어휘

① 드리爲橋, 뎔爲佛寺

　　위의 예는 사회 생활에 관한 어휘 중 교통 및 통신, 그리고 공공 시설에 해당하는 어휘이다. '드리'의 경우가 전자의 부류에 속하는 기초 어휘에 해당하고, '뎔'의 경우는 후자에 속하는 기초 어휘로 현대 기초 어휘 목록에 모두 올라 있다.

① ·낟爲鎌, ·논爲水田, 벼爲稻, 호·미爲鉏

② ·키爲箕

위의 예는 사회 생활에 관한 어휘 중 경제 분야(농업)에 해당하는 어휘이다. ①의 경우 그 형태 면에서 크게 변화됨에 없이 현대어로 계승된 기초 어휘 목록에 속하는 어휘군이다. ②의 어휘 '키'의 경우도 단음절 단어로 그 형태상의 변화 없이 현대 국어에서 쓰이는 어휘이기는 하나 기초 어휘에는 속하지 않는다. 아마도 '키'를 대신할 현대적 기구들의 등장이 '키'를 기초 어휘에서 빠지게 한 요인이 아닌가 한다. 그러나 15세기를 경제적인 측면에서 농업 기반 사회라고 부를 수 있다면, '키'는 당시의 기초 어휘로서 그 지위를 충분히 얻을 수 있는 단어이다.

  4) 자연계에 관한 어휘

   ① ·돌爲月, :별爲星, ·못爲池, :뫼爲山, :셤爲島.

   ② :심爲泉.

위의 예는 자연계에 관한 어휘 중 천체, 지형, 지리에 해당하는 어휘이다. ①의 단어들은 형태 및 그 의미와 관련하여 현대 국어와 거의 차이가 없이 기초 어휘 목록에 수록된 어휘들이다. ②의 경우는 현대 국어 기초 어휘 목록에는 빠져 있지만, 기초 어휘 수준의 단어라고 볼 수 있으며, 15세기에는 널리 보편적으로 쓰일 수 있었던 단어라는 점에서 당대 기초 어휘 목록에는 충분히 들어갈 수 있는 어휘로 판단된다.

   ① ·믈爲水, 서·에爲流澌, 서·리爲霜, 어·름爲氷, ·힘爲筋.

   ② ·무뤼爲雹

위의 예는 자연계에 관한 어휘 중 자연 현상에 해당하는 어휘이다. ①의 단어들 역시 현대 국어의 기초 어휘 목록에 속하는 어휘들인 동시에 당대 기초 어휘로서도 손색이 없는 것들이다. 다만 ①의 '힘(筋)'을 현대 국어 기초 어휘 목록에서 자연 현상에 해당하는 어휘로 설정한 임지룡 (1991)의 분류에 약간의 의심이 가는 바가 없지는 않으나, 단어의 성격은 기초 어휘 범주에서 벗어나지 않는다. ②의 '무뤼'는 현대어 '우박'에 해당하는 어휘로 이 단어 역시 자연 현상과 관련한다면 기초 어휘에 속할 수 있는 단어로 현대 국어 기초 어휘 목록에는 빠져 있지만, 중세의 기초 어휘 목록에는 들어갈 수 있다고 생각한다.

① 남샹為龜, 약為龜鼊, ·깃為巢, ·비육為鷄雛, ·ᄇ얌為蛇, 두텁為蟾蜍, 노로為獐, 납為猿, :벌為蜂, 풀為蠅, 쇼為牛, :져비為燕, :범為虎, 올창為蝌蚪, 싣為楓, 구·리為銅

② ·골為蘆, 우·케為未舂稻, 러·울為獺, ·뒤為茅, 고·티為繭, ·마為薯藇, 사·비為蝦, ·부헝為鵂鶹, :너싀為鴇, ᄀ래為楸, 그력為雁, :밀為蠟, ·피為稷, 사·ᄉ為鹿, 누·에為蠶, 버·들為柳, ·고욤為梬, 삽됴為蒼朮菜, 쟈감為蕎麥皮, 율믜為薏苡, 닥為楮, :굼벙為蠐螬, 반되為螢, :잣為海松

위의 예는 자연계에 관한 어휘 중 동식물 및 광물에 해당하는 어휘들이다. 〈用字例〉에서 그 어휘 수치가 가장 높은 어휘군으로 ①의 예들은 당연히 형태상으로 변화된 특징을 제외한다면 현대 국어 기초 어휘와 일치하는 단어들이다. ②의 경우도 비록 현대 국어 기초 어휘 목록에는 빠져 있는 단어들이지만, 15세기의 사회적 조건을 고려한다면, 이 중 상당수가 중세적 기초 어휘 목록에 들어갈 만한 어휘들이자 기본 어휘의 성격을 지니는 단어들이라고 볼 수 있다.

5) 교육 및 예체능에 관한 어휘

① 벼·로為硯.

② 채爲鞭.

위의 예는 교육 및 예체능에 관한 어휘 중 미술 및 체육, 오락에 해당하는 어휘이다. ①의 경우는 현대 국어 목록에서도 기초 어휘에 범주에 들어가는 단어이며, ②의 경우는 그 범주 설정과 관련하여 모호한 성격을 지니는 어휘이기는 하지만, 말을 타고 달릴 때 말을 가속하기 위하여 치는 도구로서 '채찍'의 의미를 지니고 있다면, 이 분야에 속하는 어휘가 될 수 있지 않을까 한다. 따라서 ②의 어휘는 현대 기초 어휘 목록에 빠져 있으며, 중세의 시대적 특징을 반영하는 어휘로 볼 수밖에 없다.

이상 〈용자례〉에 나타나는 위의 어휘적 특징을 바탕으로 현대 기초 어휘와의 상관적 특징을 귀납하면 다음의 두 가지로 정리될 수 있다.

첫째, 위에서 분류한 초중종성 용자 총 94자 중에서 현대어와 형태상 완전히 일치하는 어휘는 33 단어이고[18], 이 중에서 현대 기초 어휘에 해당하는 것은 15 단어이다.[19] 그 특징을 보면 현대어와 일치하는 단어들 33자 중에서 대부분의 용자, 29자가 단음절 단어라는 점이 특기할 만하다. 거기서 얻을 수 있는 귀납적 추론은 현대 기초 어휘와 형태상 일치하는 단음절 단어는 국어사적 입장에서 보면, 형태 결합에 따른 단어의 형태 변화 혹은 변천에 영향을 받을 수 없기 때문에 현대어로 그대로 계승되고, 형태적 변화 없이 그대로 계승되었다는 사실이 곧 기초 어휘로서 그 지위를 얻을 수 있는 근거가 될 수 있다는 점이다. 기초 어휘는 역사적으로 그 형태 및 의미의 측면에서 변화가 없을 때 그 정체성을 인정받을 수 있기 때문이다.

둘째, 위에서 열거한 94개 어휘 중에서 ①군에 속하는 49개의 어휘는 철저하게 현대 기초 어휘 목록에 있는 어휘와 그대로 일치한다. 즉, 각각의 어휘 자체의 형태상 변화 및 고유어 대 한자어의 대응이라는 점 이외

---

18) 초성 용자 11자, 중성 용자 14자, 종성 용자 8자로 합이 33자이다.
19) 초성 용자 7자, 중성 용자 5자, 종성 용자 3자로 합이 15자이다.

에는 모두 현대 기초 어휘의 목록에 포함된 것들이다. 〈用字例〉의 전체 어휘 수가 94개임을 감안하면, 50%이상, 정확히 말하면, 52%의 기초 어휘 일치도를 보이고 있다. 반면에 ②군에 속하는 나머지 어휘는 현대 기초 어휘 목록에 나타난 단어들은 아니다. 따라서 이 어휘들은 현대적 기준에서 보면, 기초 어휘라고 볼 수는 없으나, 그 단어의 성격을 보면 기초 어휘에 근접한 것들임을 알 수 있다. 3.1에서 ①군에 속하는 기초 어휘와 ②군에 속하는 어휘를 한데 묶어 기본어휘라고 명명한 바와 같이 ②군의 어휘들은 그런 점에서 어떤 목적에 따라 인위적으로 선정되며 공리성을 지닌 어의 집단으로 정의되는 기본 어휘의 일부라고 생각해 볼 수 있을 것이다.

그렇다면 〈용자례〉의 국어 어휘는 넓은 의미의 기본 어휘 목록이며, 그 안에서 기초 어휘의 성격을 지니는 어휘군과 좁은 의미의 기본 어휘의 성격을 띠는 어휘군으로 대별된다고 생각한다. 물론 이것은 현대적 기초 어휘 및 기본 어휘의 개념과 관련지어 분석해 낸 것이다. 오히려 당대의 시대적 조건을 고려한다면, 필경 ①군과 ②군 어휘 모두 중세의 기초 어휘 목록이라고 해도 과언을 아닐 것이다. 그렇다면 〈용자례〉의 어휘군은 중세적 기초 어휘 목록 표본으로 이해될 수 있다.

그러나, 『훈민정음』 전체 텍스트 속에서 〈용자례〉의 성격을 고려한다면 특정 언어 가운데 그 중추적 부분으로서 구조적으로 존재하는 단어의 부분집단이라고 정의될 수 있는 기초 어휘의 개념보다는 오히려 인위적 목적-초중종성자에 대응하는 용자로서의 고유어를 제시한 목적-으로 선정되어 그 공리성이 강조된 語群이 바로 〈용자례〉의 본질이며, 훈민정음의 여러 기능 중 고유어 표기의 기능을 보여 주는 곳이 바로 〈용자례〉의 본질이기도 하다.

따라서 국어학사의 입장에서 본다면 〈용자례〉의 어휘 목록은 대단히 주목할 것들이다. 기본 어휘로서 현대와 맞닿아 있다는 점에서 당대 편찬자들의 어휘 의식이 존재했다는 점을 역으로 가정할 수 있을 것이다. 그렇다면, 『훈민정음』은 단순히 성리학 혹은 역학에 기댄 특정 언어의 문자학 및 음운학의 결정판이라는 기존의 평가에 〈용자례〉를 통해서 본 구조적 혹은 체계적이고 인위적인 기본 어휘군을 제시한 텍스트 구조라는 점이 추가되어 평가되어야 할 것이다. 곧 한편으로는 그 어휘 목록을 위와 같이 분류해 보면 시소러스(thesaurus)의 초보적 특성을 반영하고 있다고 조심스럽게 말할 수도 있을 것이다.

그러한 텍스트 구조에서 〈용자례〉는 물론 당대의 언어 외적 조건과도 무관하지 않았던 것으로 판단된다. 새로운 국가가 성립하고, 그에 보조를 맞추어 유교 사회에 걸맞는 문물이 정비되면서 신문자가 만들어졌는데, 그 신문자의 실천적 측면에서 농업 기반 사회의 면모를 〈용자례〉 속의 어휘들을 통해서 여실히 반영하고 있다. 그 어휘들의 면면이 농업 기반 사회에서 주로 쓰이고 한편으로 요긴한 단어들이기 때문이다.

『훈민정음』의 텍스트 구조는 이론적이면 실천적이다. 특정한 신문자에 대한 이론적 해설서인 동시에 그 이론적 체계에만 머물지 않으면서 〈용자례〉라는 실천적 틀을 제공하고 있었다. 그것은 〈용자례〉 자체에도 체계성이 존재했다는 의미이다. 그러나 지금까지는 실천적인 측면이 강한 〈용자례〉에 그 의미를 크게 부여하지 않았다. 그러나 〈용자례〉를 통해 반영된 연구자, 편찬자의 어휘 의식이 전체 텍스트 구조, 즉 『훈민정음』 속에서 그 독자적 위치를 차지하고 있다는 점에서 〈용자례〉는 기본 어휘 설정과 관련된 국어 정책사적 입장에서도 유의미한 결과였다. 그런 의미에서 〈용자례〉는 기본 어휘 사전에 근접하는 기본 어휘 표본(sampling)의 성격을 띠고 있다고 볼 수 있으며, 『훈민정음』의 구조적 틀 안에서 자기 정체성을 지닌 하위 구조였다는 점을 밝혀 둔다. 아울러 〈용자례〉는 국어학사적 관점에서 볼 때 『訓蒙字會』(1527)에 등장하는 어휘 체계와의 역사적 계승의 흔적이 보인다는 점에서 양자간의 연구가 더 심도 있게 논의되어야 할 것이다.

제10장

결론과 남은 문제들

우리는 이 글을 통해서 문자, 훈민정음,『훈민정음』에 대한 개괄적 설명과 훈민정음 및『훈민정음』에 대하여 생각해 보아야 할 몇 문제를 다루어 보았다. 우선 문자의 발달 안에서 훈민정음이 차지하는 위치는 2장에서 간략하게 살펴보았고, 3장에서는 문자로서의 훈민정음과 문헌으로서의『훈민정음』의 관계,『훈민정음』의 이본 및 그 구성 체계에 대하여 기존의 지식에 덧붙여 필자의 견해를 추가하여 서술하였다.

그리고 4장에서는 훈민정음 창제의 목적에 대한 인문학적 접근을 통해, 기존의 훈민정음 창제 목적이 지나치게 국어학계에서 시각이 좁음을 지적하고, 신문자 창제 목적을 문화사적 측면이나, 역사적 측면에서 좀더 거시적으로 보아야 함을 지적했다. 5장에서는 훈민정음과 관련된 명칭이 조선 전기에 어떻게 다양하게 여러 문헌에서 드러났으며, 조선 후기 및 근대 계몽기, 그리고 일제 시대를 거쳐 현대에 이르기까지 어떻게 변천해 왔는가 하는 점에 대하여 탐색해 보았다. 그리고 6장에서는 그 명칭 중에서 '언문'이라고 하는 명칭이 훈민정음과 어떤 관계를 맺으며, 그 표현을 했던 연구자들의 국어 의식은 조선 전기를 지나 조선 후기에 어떻게 변모해 가고 있는지에 대한 논의였다.

또한 7장에서는 고대 이래로 문자의 통용 양상이 어떠했는가 하는 점을 다루었는데, 고대는 한문 권위관에 입각한 한문주의와 차자 표기의 이중 문자 의식의 양상이었다는 점을 강조하였고, 훈민정음이 창제된 후에는 삼중의 문자 통용 의식이 존재했음을 당대 학자 및 연구자들의 관점과 견해를 중심으로 살펴보았다. 특히 조선 후기에 오면서 훈민정음이 한자 혹은 한문의 지배로부터 벗어나 새로운 우리의 국자로 제 위치를 찾아가는 조짐을 보이고 있음을 당대 문헌에서 드러난 연구자의 태도에서 발견하게 되었다. 현상적으로 조선 전기와 후기가 삼중 문자 의식을 보이긴 하나, 훈민정음의 위상이 바뀌어 가는 점을 확인하게 되었다. 아울러 8장에서도 조선 후기와 근대 계몽기에 훈민정음에 대한 태도를 적극적으로 개진한 연구자들을 중심으로 그들의 문자 중심 언어관에 대하여 살펴봄으로써 그들의 탈중세적 언어 인식의 태도를 정리해 보았다.

그리고 마지막으로 9장에서는 『훈민정음』〈용자례〉에 대한 논의였는데, 『훈민정음』이라는 텍스트가 단순히 문자 해설서로만 머무는 것이 아니라, 당대의 기초 어휘를 〈용자례〉에 반영함으로써 문자 이론과 그 응용이 한데 어우러진 정합적인 구조로 파악하고, 〈용자례〉의 가치와 그 의의를 살펴보았다.

훈민정음에 대한 이러한 논의 말고도 앞으로도 논의되고 연구되어야 할 것은 많다. 그 중에서 남겨진 문제를 몇 가지로 정리해 볼 수 있을 것이다. 우선 첫째로, 『훈민정음』에서 드러나는 언어학적 술어(terminology)을 총체적으로 추출하여 종합적으로 정리하여 현대 국어학 내지는 언어학의 관점에서 재해석해 내고, 그 역사적 가치를 평가하는 것이다.

둘째는 훈민정음의 세계화에 대한 논의다. 최고의 문자로 평가받는 훈민정음이 우리의 울타리 안에서 머물러서는 안될 것이다. 그렇다면 우선 시급히 요구되는 것이 각 나라의 언어로 번역이 되어야 한다. 현재 영어, 러시아 어 정도의 번역만이 이루어져 있는 것으로 알려져 있는데, 우선 그 번역도 재검토를 해 보아야 할 일이고, 아울러 프랑스 어, 일본어, 중국어, 독일어, 스페인 어로 번역하는 작업을 한국어학자와 각 언어의 전공자들이 추진해야 할 것이다. 그런 프로젝트가 이루어진다면 훈민정음의 세계화는 학문적으로 혹은 실천적으로 더 효율적일 수 있기 때문이다.

셋째는 훈민정음과 국어 교육 내지는 한국어 교육이다. 훈민정음이 옛것이라고는 하지만, 그 계승이 한글이요, 조선글이다. 따라서 국어 교육과 한국어 교육에서 훈민정음이라는 문자가 어떤 의의를 지니고 있으며 언어 교육적으로 논의해 볼 필요가 있다. 그것은 한국인이나 외국인이 우리말과 글을 이해하는 데 필요한 기초적 작업이기 때문에 한 언어의 문자에 대한 교육이 보다 알찬 언어 교육이 될 수 있다는 점을 우리 모두가 인식해야 할 것이다.

그 밖에도 실천적으로는 훈민정음의 원리를 보다 정보화 문제와 결부하여 심도 있게 논의해야 하는 것도 있을 수 있겠고, 시대에 뒤떨어지는 언급일 수도 있겠으나, 훈민정음에 대한 커리큘럼을 국어국문학 전공에서는 필수로 함으로써, 대학 교육에서 우리글에 대한 인식을 보다 체계적으로 할 수 있는 조건을 만드는 일도 필자의 판단으로는 중요하다고 생각한다.

또한 훈민정음과 관련된 각종 학술대회가 여전히 열리기는 하나, 그것이 단순히 훈민정음의 창제를 기리는 기념 대회 형식의 장이 아니라, 국제적이고 총체적으로 이루어지는 진정한 학술의 장으로 만드는 일도 국어학자들의 몫이라고 생각한다. 문화사적 가치가 있는 유형의 자산을 현대적으로 올바르게 계승하고 발전시키는 일 역시 우리가 담당해야 하는 과제이다. 이 글에서 다루지 못한 이러한 문제에 대해서는 여러 연구자들과 함께 후고를 기약하는 것으로 이 글의 결론을 맺는다.

姜吉云(1972). "訓民正音 創製의 當初目的에 대하여." 「국어국문학」55~57(합병호).

姜吉云(1992). 「訓民正音과 音韻體系」, 서울:螢雪出版社

강만길(1977). "한글 창제의 역사적 의미." 「창작과비평」12.2 통권44호.

康弁浩(1967). "19世紀初에 있어서 西洋人 宣敎師의 韓國語 硏究" 『東亞文化』(啓明大) 1호.

姜信沆(1963). "訓民正音解例理論과 性理大全과의 聯關性." 「국어국문학」26.

강신항(1980). "세종대 언어관의 성립." 「東洋學」10.

姜信沆(1987). 「訓民正音硏究」, 서울:成均館大學校出版部.

姜信沆(1995). 「國語學史」(增補改訂版), 서울:普成文化社.

姜信沆(1996). 「訓民正音硏究(增補版)」, 서울:成均館大出版部.

강신항(2003). "正音에 대하여." 「한국어연구」1.

姜昶錫(1996). "훈민정음 연구 성과와 과제.", 『光復 50週年 國學의 成果』(한국정신문화연구
      원).

고영근(1983). "개화기의 국어연구단체와 국문보급활동." 「한국학보」30.

高永根(1985). 『國語學硏究史』, 서울 : 學硏社.

고영근(1990). "공리적 언어관의 형성 발전과 훔볼트 언어관의 수용 양상." 「국어학논
      문집」(강신항교수회갑기념호), 태학사.

고영근(1994). 『통일시대의 語文問題』. 도서출판 길벗.

國語硏究會(1990). 「國語硏究 어디까지 왔나」, 서울대 대학원.

김문창(1984). 「국어문자표기론」, 서울;문학세계사.

金敏洙(1957). "訓民正音 解題." 「한글」121.

金敏洙(1969). "訓民正音 創製의 始末." 「김재원박사 회갑 기념 논총」, 서울:을유문화사.

金敏洙(1977). 「周時經硏究」, 서울:탑출판사.

金敏洙(1980). 「新國語學史(全訂版)」, 서울: 一潮閣.

金敏洙(1984). 『國語政策論』, 서울 : 塔出版社.

金敏洙(1985). 『注解訓民正音(4版)』, 서울:通文館.

金敏洙(1987). 『國語學史의 基本理解』, 서울 : 集文堂.

金敏洙(1988). "周時經 「國文文法」 譯註." 「周時經學報」1.

金敏洙(1989). "주시경 "국문(國文)" 譯註." 「周時經學報」2..

金敏洙(1977). 『周時經研究』. 서울 : 塔出版社.

김민수(2003). "외국에서의 모국어 교육.". 이중언어학회2003북경 국제학술대회 발표문.

김병제(1984). 「조선어학사」, 평양; 과학, 백과사전출판사.

김석득(1938). 『우리말 연구사』, 서울 ; 정음문화사.

김석득(1986). "개화기의 국어 연구." 「국어생활」4.

김영신(1974). "고등학교 고전 교재에 대한 어학적 고찰," 『한글』154.

김영환(1987). "<해례>의 중세적 언어관." 「한글」198.

金完鎭(1972). "世宗의 語文政策에 對한 硏究", 「省谷論叢」3.

金完鎭(1983). "訓民正音 制字經緯에 대한 새 考察." 「김철준박사화갑기념 사학논총」.

金完鎭(1984). "訓民正音 創製에 관한 硏究." 「韓國文化」5(서울대).

金完鎭(1974). "世宗의 語文政策에 대한 硏究." 『省谷論叢』3.

김완진·안병희·이병근(1985). 「국어 연구의 발자취」, 서울대학교 출판부.

김윤경(1938). 『朝鮮文字及語學史』京城 : 朝鮮紀念圖書出版館.

김인선(1991). "갑오경장 전후(1894-1896)의 개화파의 한글 사용-독립신문에서의 한글전용배경." 「주시경학보」8, 서울:탑출판사.

김인선(1994). "갑오경장 전후의 국문 한문 사용 논쟁." 「새국어생활」4-4(겨울).

김현권(1991). "언어학사 기술과 인식론의 문제." 『언어학연구사』. 서울대출판부

남풍현(1978). "훈민정음과 차자 표기법의 관계." 「국문학론집」9(단국대).

남풍현(1980). "훈민정음의 당초 목적과 의의." 「東洋學」10.

민족문학사연구소 한문학분과 옮김(1997), 「18세기 조선 인물지-병세재언록-」, 서울:창작과 비평사.

朴炳采(1967). "韓國 文字 發展史," 『한국문화사대계』5.

박수영 譯(1992). 「언어학의 사상사」, 서울:이목.

박지홍(1979), 한문본 <훈민정음>의 번역에 대하여, 「한글」164.

박지홍(1988). "국어정책론: 한힌샘 주시경에 대한 연구." 「한힌샘연구」1.

박지홍(1984). 『풀이한 훈민정음』. 과학사.

박지홍·허웅(1980). 「주시경선생의 생애와 학문」, 서울:과학사.

朴泰權(1976). 『國語學史 論考』

方鍾鉉(1948). 『訓民正音通史』, 서울 : 一成堂書店

方鍾鉉(1954). "訓蒙字會攷", 『東方學志』1.

方鍾鉉(1963). 『一蓑國語學論集』, 서울 : 民衆書館.

배해수(1994). 『한국어 내용 연구(Ⅰ)』. 국학자료원.

서울大學校 대학원 國語研究會編(1990).『國語研究 어디까지 왔나』, 서울:東亞出版社.

徐在克(1970). "開化期의 外來語와 新用語."「東西文化」4(啓明大)

서태길(1993). "주시경「말」역주."「周時經學報」11.

신상건(1983). "開化期의 國語政策."「稅務大論文集」2.

愼鏞廈(1973). "獨立協會의 社會思想研究." 韓國文化研究所

愼鏞廈(1976). "周時經의 愛國啓蒙思想."「韓國社會學研究」1.

안병희(1972), "해제(세종어제훈민정음)",「국어학자료선집」(국어학회 편), 서울 : 일조각.

안병희(1976), "훈민정음의 이본.",「진단학보」42.

안병희(1986), "훈민정음해례본의 복원에 대하여.",「국어학신연구」, 서울 : 탑출판사.

安自山(1938). "諺文名稱論",『正音』26호(朝鮮語學研究會).

兪昌均(1995).「國語學史」, 서울: 螢雪出版社.

이근수(1987).「조선조의 어문정책 연구(개정판)」, 서울: 홍익대 출판부.

이근수(1997).「훈민정음신연구(개정판)」, 서울:보고사.

李氣銅(1994). "갑오경장이 어문 생활에 끼친 영향."「새국어생활」4-4(겨울).

李基文(1970). "開化期의 國文研究」서울:一潮閣.

李基文(1971).『訓蒙字會研究』, 서울대출판부

이기문(1974). "훈민정음 창제와 관련된 몇 가지 문제."「國語學」2.

李基文(1976). "周時經 學問에 대한 새로운 理解."「韓國學報」6.

李基文(1977). "19世紀末의 國文論에 대하여." 月巖朴晟儀博士還曆紀念論叢.

李基文(1981). "한힌샘의 言語 및 文字 理論."「語學研究」17-2

李基文(1984). "開花期 國文使用에 관한 研究."「韓國文化」5(서울대)

이기문(1989). "독립신문과 한글 문화."「周時經學報」4.

李東林(1980). "諺文과 訓民正音의 관계."『연암현평효박사회갑기념논총』

이동림(1980). "언문과 훈민정음의 관계," 연암 현평효박사 회갑기념논총.

李秉根(1978). "愛國啓蒙主義時代의 國語觀."「韓國學報」12.

李秉根(1979). "周時經의 言語理論과 늣씨."「國語學」8

李秉根(1980). " <말의소리>에서 <조선말본>으로." 延岩玄平孝博士回甲紀念論叢.

李秉根(1985). "周時經."「국어연구의 발자취(1)」, 서울:서울대 출판부.

李秉根(1986). "開化期의 語文政策과 表記法 問題."「국어생활」4, 서울:국어연구소.

이상혁(1996ㄱ). "崔世珍의 사회적 위치에 대한 국어학적 의의."『韓國語學』4.

이상혁(1996ㄴ). "국어학사의 서술과 관련된 몇가지 문제.",「어문논집」(고려대)35.

이상혁(1997). "우리말글의 명칭의 역사적 변천과 그 의미",『한국어학의 이해와 전망』(김응모

선생회갑기념논총).

이상혁(1998). “언문과 국어의식”,「국어국문학」121.

李商赫(1999ㄱ).「朝鮮後期 訓民正音 硏究의 歷史的 變遷-」, 고려대 박사학위논문.

이상혁(1999ㄴ). “문자 통용과 관련된 문자 의식의 통시적 변천 양상”.『한국어학』10.

이상혁(2000). “애국계몽기의 국어 의식 -국어관을 중심으로-”.『어문논집』(안암어문학회)41.

이상혁(2000). “훈민정음 <용자례> 분석”.「21세기 국어학의 과제」서울:월인

이상혁(2003). “훈민정음의 창제 목적에 대한 인문학적 시론(試論)과 15세기 언어관”.「國語學
　　　　의 새로운 조명」, 서울: 도서출판

이상혁(2004).『조선 후기 훈민정음 연구의 역사적 변천』, 도서출판 亦樂.

이성연(1984). “세종의 언어 정책에 관한 연구.”「한국언어문학」19.

李崇寧(1956). “國語學史”,「思想界」4권 6-12호.

李崇寧(1958). “世宗의 言語 政策에 관한 硏究.”「亞細亞硏究」1-2(고려대).

李崇寧(1965). “崔世珍硏究”『亞細亞學報』1.

이숭녕(1986). “「말」과「말씀」의 의미 식별에 대하여”「동천 조건상선생 고희기념논문집」.

李佑成(1976). “朝鮮王朝의 訓民政策과 正音의 機能.”「震檀學報」42.

李胤杓(1989). “주시경 ”국어와 국문의 필요·必商自國文言.”「周時經學報」4.

이응호(1975).「개화기의 한글운동사」, 서울:성청사.

이응호(1994). “갑오경장과 어문정책.”「새국어생활」4-4(겨울).

李漢燮(1987). ““西遊見聞”에 받아들여진 日本의 漢字語에 대하여.”「日本學」6(東國大 日本學
　　　　硏究所).

李賢熙(1988). “쥬상호 ”국문론“ 譯註.”「周時經學報」1.

李賢熙(1989). “쥬시경「대한국어문법」譯註.”「周時經學報」3.

李賢熙(1996). “國語學史 硏究 50년(1945～1995)”,『光復 50週年 國學의 成果』(한국정신문
　　　　화연구원).

임지룡(1991). “국어의 기초어휘에 대한 연구.”,『국어교육연구』23(경북대).

林榮澤(1997). “이규상과『병세재언록』”,「18세기 조선 인물지」, 서울:창작과비평사.

任桓宰 譯(1984).「言語學史」, 서울;經文社.

전성기(1996).『메타 언어, 언어학, 메타언어학』. 고려대 출판부.

정 광(1981). “The Hunmin Chungum and the Cause of King Sejong's Language Policy.”,
　　　　「덕성여대 논문집」10.

정 광(1992). “근대 국어 연구에 대한 반성과 새로운 모색,”『語文論集』31(高麗大)

정 광外(1997).『국어학사』, 한국방송통신대 출판부.

정길남(1987). "개화기 국어 표기법에 관한 연구." 「국어생활」9.

정길남(1994). "갑오경장 전후의 문자 사용 양상." 「새국어생활」4-4(겨울).

丁柄璵(1985). "訓民正音 硏究 -合字解・用字例・序를 中心으로-." 『論文集』第26輯(光州敎大).

鄭尙均(1986). 「韓國中世詩文學史硏究」, 서울:翰信文化社.

정연찬(1972), "해제, ≪월인석보≫(제 1 ·2)", 서강대 인문과학연구소.

정우영(2000). "≪訓民正音≫ 漢文本의 原本 復原에 대한 硏究." 「東岳語文論集」36輯.

최세화(1997), 『훈민정음』 낙장의 복원에 대하여, 「국어학」27.

최현배(1961). 「고친 한글갈」 서울:정음문화사.

崔浩哲(1989). "周時經과 19세기의 영어 문법." 「周時經學報」4.

洪起文(1946). 「正音發達史」上下, 京城: 서울신문社出版局.

홍윤표(2003). "훈민정음 명칭과 제자원리에 대한 새로운 해석" 이중언어학회2003 북경국제학술대회 발표문.

Gari.Ledyard(1998). 『The Korean Language Reform of 1446』, 「국립국어연구원총서2」, 서울: 신구문화사

Robins(1979). A Short History of Linguistics, London : Longman.

찾아보기

(ㅂ)

박승빈본 27, 29
반절 26, 45, 48, 50, 52, 56, 59,
      60, 130, 131, 160
반절법 91, 93, 94, 125, 131, 133,
      134, 135, 136, 137
배달말글 68, 70, 71
번절 132
병서법 30, 31
부서법 30, 31
빠롤 56

(ㅅ)

사성법 30, 31, 34
삼재 31
서강대본 29
설형 문자 18
성음 19, 30
세종실록본 27
수메르 문자 12
술어 172

(ㅇ)

알타이어 12
암클 61, 67
애중주의 140
어문민족주의 140, 141, 146, 147,
      149, 150
어제서문 30

언문 26, 56, 57, 58, 59, 61, 62,
      63, 64, 65, 66, 78, 79, 81,
      84, 85, 86, 87, 90, 91, 93,
      107, 110, 111, 114, 115,
      116, 117, 118, 121, 125,
      130, 171
언서 61, 65, 115, 116
언어 권위관 21, 52, 111, 113, 115,
      118
언어학사 46
언자 61, 65, 66
언해문 33, 34
역철학 18, 19, 32, 48, 50
연서법 30, 31
열성어제본 27, 28
예부운략본 27, 28
〈용자례〉 50, 151, 152, 153, 154,
      155, 157, 158, 159, 160,
      161, 162, 163, 167, 168,
      169, 172
우민 44, 48, 50
음성 11, 12, 15, 16, 19, 93, 98,
      128, 133, 134, 138
음성 언어 11, 12, 15, 16
음소 문자 17, 18
음절 문자 17, 18, 133
의식사 75
이두 13, 32, 40, 41, 43, 50, 96,
      106, 107, 108, 109, 112,
      113, 117, 124
이본 26, 27, 28, 30, 33, 67, 171
이원성 16

『訓民正音』

. . . . .

『훈민정음』 원본 한문본

『훈민정음』 국역본

制度施爲超越百王正音之作無所祖述而成於自然豈以其至理之
無所不在而非人爲之私也夫東方有國不爲不久而開物成務之大
智蓋有待於今日也歟

世宗莊憲大王實錄卷第一百十三

地有然之文所以古人因聲制字以通萬物之情以載三才之道而後世不能易也然四方風土區別聲氣亦隨而異焉盖外國之語有其聲而無其字假中國之字以通其用是猶枘鑿之鉏鋙也豈能達而無礙乎要皆各隨所處而安不可強之使同也吾東方禮樂文物侔擬華夏但方言俚語不與之同學書者患其旨趣之難曉治獄者病其曲折之難通昔新羅薛聰始作吏讀官府民間至今行之然皆假字而用或澁或窒非但鄙陋無稽而已至於言語之間則不能達其萬一焉癸亥冬我 殿下創制正音二十八字略揭例義以示之名曰訓民正音象形而字倣古篆因聲而音叶七調三極之義二氣之妙莫不該括以二十八字而轉換無窮簡而要精而通故智者不崇朝而會愚者可浹旬而學以是解書可以知其義以是聽訟可以得其情字韻則清濁之能卞樂歌則律呂之克諧無所用而不備無所往而不達雖風聲鶴唳雞鳴狗吠皆可得而書矣遂命詳加解釋以喻諸人於是臣與集賢殿應教崔恒副校理朴彭年申叔舟修撰成三問敦寧注簿姜希顏行集賢殿副修撰李塏李善老等謹作諸解及例以叙其梗槩庶使觀者不師而自悟若其淵源精義之妙則非臣等之所能發揮也恭惟我 殿下天縱之聖

職事便　上旨大事何可速以致後悔乎已商量為之其勿復言○是月
訓民正音成御製曰國之語音異乎中國與文字不相流通故愚民有所
欲言而終不得伸其情者多矣予為此憫然新制二十八字欲使人易習
便於日用耳ㄱ牙音如君字初發聲並書如虯字初發聲ㅋ牙音如快字
初發聲○牙音如業字初發聲ㄷ舌音如斗字初發聲並書如覃字初發
聲ㅌ舌音如吞字初發聲ㄴ舌音如那字初發聲ㅂ脣音如彆字初發聲
並書如步字初發聲ㅍ脣音如漂字初發聲ㅁ脣音如彌字初發聲ㅈ齒
音如即字初發聲並書如慈字初發聲ㅊ齒音如侵字初發聲ㅅ齒音如
戌字初發聲並書如邪字初發聲ㆆ喉音如挹字初發聲ㅎ喉音如虛字
初發聲並書如洪字初發聲ㅇ喉音如欲字初發聲ㄹ半舌音如閭字初
發聲ㅿ半齒音如穰字初發聲ㆍ如吞字中聲ㅡ如即字中聲ㅣ如侵字
中聲ㅗ如洪字中聲ㅏ如覃字中聲ㅜ如君字中聲ㅓ如業字中聲ㅛ如
欲字中聲ㅑ如穰字中聲ㅠ如戌字中聲ㅕ如彆字中聲終聲復用初聲
ㅇ連書脣音之下則為脣輕音初聲合用則並書終聲同ㆍㅡㅗㅜㅛㅠ附書初聲
之下ㅣㅏㅓㅑㅕ附書於右凡字必合而成音左加一點則去聲二則上聲無則平
聲入聲加點同而促急禮曹判書鄭麟趾序曰有天地自然之聲則必有天

世宗實錄訓民正音

예ᄡᅳᄂᆞ·니

牙ᅌᅡᆼ舌·쎪唇쓘喉ᅘᅮᇢ之징字·쭝ᄂᆞᆫ通퉁

於ᅙᅥᆼ漢·한音ᅙᅳᆷ·ᄒᆞ·ᄂᆞ니·라

엄·과·혀·와입시·울·와목소·리·옛字·쭝ᄂᆞᆫ

中·듕國·귁소·리·예通퉁·히ᄡᅳᄂᆞ·니·라

訓·훈民민正·졍音ᅙᅳᆷ

ᄒᆞ고 니혀그리ᄂᆞᆫ 우리나랏소리예셔 열ᄫᅵ니 혀ㅅ그티 우ᅀᅵᆺ머리예 다ᄂᆞ니라

ㅈㅊㅉㅅㅆ字ᄍᆞᆼᄂᆞᆫ 齒칭頭뚱ㅅ소리예 쓰고

ㅈㅊㅉㅅㅆ字ᄍᆞᆼᄂᆞᆫ 用ᅭᆼ於ᅙᅥᆼ正정齒칭ㅅ소리예셔 이소리ᄂᆞᆫ 우리나랏소리예셔 무유메다

ᄒᆞᄂᆞ니 터뷔니 혓그리ᄂᆞᆫ 티 아랫닛므유메 라ᄂᆞ니

ㅈㅊㅉㅅㅆ字ᄍᆞᆼᄂᆞᆫ 正정齒칭ㅅ소리

ᄡᅳ·니·라

漢한音흠 齒칭聲셩·은 有ᅙᅳᆸ 齒칭頭뚱 正
졍齒칭 之징 別·볋ᄒᆞ·니 漢한音흠·은 中듕
國귁 소·리·라 頭뚱
·ᄂᆞᆫ 머·리·라 別·볋
·은 골·힐·씨·라
中듕國귁 소·리·옛 니·쏘·리·ᄂᆞᆫ 齒칭頭뚱
·와 正졍齒칭·와 꼴·히·요·미 잇ᄂᆞ·니
ㅈㅊㅉㅅㅆ字·ᄍᆞᆼ·ᄂᆞᆫ 用·용於헝 齒칭頭뚱

點뎜이 둘히면 上쌍聲셩이오

無뭉則즉 平뼝聲셩이오라 無뭉는 업슬씨

平뼝聲셩은 뭇놋가분 소리라

點뎜이 업스면 平뼝聲셩이오

入십聲셩은 加강點뎜이 同뚱而싱促쵹

急급ᄒ니라 入십聲셩은 쎌리 긋듣ᄂ 소리라 促쵹急급은 샌룰씨라

入십聲셩은 點뎜 더우믄 ᄒ가지로ᄃᆡ

左장加강一힗點뎜ᄒᆞ·면則·즉去·컹聲셩·이·오
左장ᄋᆞᆫ 왼녀·기·라 加강ᄋᆞᆫ 더을·씨·라 一힗은 ᄒᆞ·나·히·라 去·컹聲셩·은 ᄆᆞᆺ노·ᄑᆞᆫ 소·리·라
二ᅀᅵᆼ則·즉上·썅聲셩·이·오
二ᅀᅵᆼ은 :둘·히·라 上·썅聲셩·은 ·처ᅀᅥᆷ ᄂᆞᆺ갑·고 乃·냉終즁·이 노·ᄑᆞᆫ 소·리·라

右ᇢᄂᆞᆫ 올ᄒᆞᆫ 녀ᄭᅵ라

ᅵ와 ᅡ와 ᅥ와 ᅣ와 ᅧ와란 올ᄒᆞᆫ녀긔 브텨쓰라

凡뼘字ᄍᆞᆼㅣ必ᄫᅵᇙ合ᅘᅡᆸ而ᅀᅵᆼ成ᄊᆑᆼ音ᅙᅳᆷᄒᆞᄂᆞ니

凡뼘은 믈읫 ᄒᆞ논 ᄠᅳ디라 必ᄫᅵᇙ은 모로매 ᄒᆞ논 ᄠᅳ디라 成ᄊᆑᆼ은 일 씨라

믈읫 字ᄍᆞᆼㅣ 모로매 어우러ᅀᅡ 소리 이ᄂᆞ니

첫소리를 어울워 ᄡᅮᇙ디면 글바 ᄡᅳ라

乃냉終즁ㄱ소리도 ᄒᆞᆫ가지라

ㆍㅡㅗㅜㅛㅠ란 附뿡書셩初총聲셩之징下행ᄒᆞ고
附뿡ᄂᆞᆫ 브틀 씨라

ㆍ와 ㅡ와 ㅗ와 ㅜ와 ㅛ와 ㅠ와란 첫소리 아래 브텨 쓰고

ㅣㅏㅑㅓㅕ란 附뿡書셩於헝右ᅌᅮᆸᄒᆞ라

슬씨라 下행ᄂᆞᆫ 아래라 則즉은 아ᄆᆞ리ᄒᆞ
면 ᄒᆞᄂᆞᆫ 겨체 ᄡᅳᄂᆞᆫ 字ᄍᆞᆼㅣ라
爲윙ᄂᆞᆫ ᄃᆞ욀씨라 輕켱은 가ᄇᆡ야ᄫᆞᆯ씨라
ㅇ롤 입시울쏘리 아래 니ᅀᅥ ᄡᅳ면 입시
울 가ᄇᆡ야ᄫᆞᆫ 소리 ᄃᆞ외ᄂᆞ니라
初총聲셩을 合합用용 홇디면 則즉並뼝
書셩ᄒᆞ라 終즁聲셩도 同똥ᄒᆞ니라
울씨라 同똥ᄋᆞᆫ ᄒᆞᆫ가지라 ᄒᆞᄂᆞᆫ ᄠᅵ디라

ㅕ는 彆(뼈ᇙ)字(ᄍᆞᇰ)ㅣ 가온ᄃᆡᆺ소리 ᄀᆞ·ᄐᆞ·니·라

終(쥬ᇰ)聲(셩)은 復(뿡)用(ᅇᅲᇰ)初(총)聲(셩)ᄒᆞ·ᄂ·니·라 復(뿡)ᄂᆞᆫ 다시 ᄒᆞᄂᆞᆫ ᄠᅩ·디·라

乃(냉)終(쥬ᇰ)ㄱ소리는 다시 첫소리를 ᄡᅳ·ᄂᆞ·니·라

○ᄅᆞᆯ 連(련)書(셩)唇(쓘)音(ᅙᅳᆷ)之(징)下(ᅘᅡᆼ)ᄒᆞ·면 則(즉)爲(윙)唇(쓘)輕(켱)音(ᅙᅳᆷ)ᄒᆞ·ᄂ·니·라 連(련)書(셩)…

ㅛᄂᆞᆫ 欲욕字ᄍᆼ 가온딧소리 ᄀᆞ트니·라
ㅑᄂᆞᆫ 如ᅀᅧ 穰ᅀᅣᇰ ㄱ字ᄍᆼ 中듀ᇰ 聲셔ᇰ ᄒᆞ니·라
ㅑᄂᆞᆫ 穰ᅀᅣᇰ ㄱ字ᄍᆼ 가온딧소리 ᄀᆞ트니·라
ㅠᄂᆞᆫ 如ᅀᅧ 戌슗 字ᄍᆼ 中듀ᇰ 聲셔ᇰ ᄒᆞ니·라
ㅠᄂᆞᆫ 戌슗 字ᄍᆼ 가온딧소리 ᄀᆞ트니·라
ㅕᄂᆞᆫ 如ᅀᅧ 彆볃 字ᄍᆼ 中듀ᇰ 聲셔ᇰ ᄒᆞ니·라

·라

ㅜ·는 如ᅀᅧᆼ君군ㄷ字ᄍᆞᆼ 中듕聲셩 ᄒᆞ·니·라

ㅜ·는 君군ㄷ字ᄍᆞᆼ 가온·ᄃᆡㅅ소·리 ·ᄀᆞ·ᄐᆞ·니

·라

ㅓ·는 如ᅀᅧᆼ業업字ᄍᆞᆼ 中듕聲셩 ᄒᆞ·니·라

ㅓ·는 業업字ᄍᆞᆼ 가온·ᄃᆡㅅ소·리 ·ᄀᆞ·ᄐᆞ·니·라

ㅛ·는 如ᅀᅧᆼ欲욕字ᄍᆞᆼ 中듕聲셩 ᄒᆞ·니·라

ㅣᄂᆞᆫ 侵침ㅂ字ᄍᆞᆼ 가온ᄃᆡᆺ소리 ᄀᆞᄐᆞ니라

ㅗᄂᆞᆫ 如ᅀᅧ 洪ᅘᅩᆼㄱ字ᄍᆞᆼ 中듀ᇰ 聲셔ᇰ ᄒᆞ니라

ㅗᄂᆞᆫ 洪ᅘᅩᆼㄱ字ᄍᆞᆼ 가온ᄃᆡᆺ소리 ᄀᆞᄐᆞ니라

ㅏᄂᆞᆫ 如ᅀᅧ 覃땀ㅂ字ᄍᆞᆼ 中듀ᇰ 聲셔ᇰ ᄒᆞ니라

ㅏᄂᆞᆫ 覃땀ㅂ字ᄍᆞᆼ 가온ᄃᆡᆺ소리 ᄀᆞᄐᆞ니

、ᄂᆞᆫ 如ᅌᅵᆼ 呑ᄐᆫ ㄷ字ᄍᆼ 中듕 聲셩 ᄒᆞ니라

中듕은 가온ᄠᅵ라

、ᄂᆞᆫ 呑ᄐᆫ ㄷ字ᄍᆼ 가온ᄃᆡᆺ소리ᄀᆞᄐᆞ니라

ᅳᄂᆞᆫ 如ᅌᅵᆼ 卽즉字ᄍᆼ 中듕 聲셩 ᄒᆞ니라

ᅳᄂᆞᆫ 卽즉字ᄍᆼ 가온ᄃᆡᆺ소리ᄀᆞᄐᆞ니라

ᅵᄂᆞᆫ 如ᅌᅵᆼ 侵침 ㅂ字ᄍᆼ 中듕 聲셩 ᄒᆞ니라

쫑初총發·뻐聲셩ㅎ·니·라

ㄹ·ㄴㄴ半·반·혀쏘·리·니間령ㅎ字쫑·처엄

ㅍ·아·나·ㄴ소·리·ㄱ·ㅌ·니·라

△·ㄴㄴ半·반齒칭音흠·이·니如셩穰샹ㄱ字

쫑初총發·뻐聲셩ㅎ·니·라

△·ㄴㄴ半·반·니쏘·리·니穰샹ㄱ字쫑·처엄

ㅍ·아·나·ㄴ소·리·ㄱ·ㅌ·니·라

나ᄂᆞᆫ 소리 ㄱ ·ᄐᆞ니 ·ᄀᆞᆯ·ᄫᅡ·쓰·면 洪ᅘᅩᆼㄱ 字

ᄍᆞᆼ 처ᅀᅥᆷ 펴아 나ᄂᆞᆫ 소리 ㄱ ·ᄐᆞ·니·라

ㅇᄂᆞᆫ 喉ᅘᅮᇢ 音흠 이·니 如ᅀᅧᆼ 欲·욕 字ᄍᆞᆼ 初총

發·벓 聲셩 ·ᄒᆞ·니·라

ㅇᄂᆞᆫ 목소리·니 欲·욕 字ᄍᆞᆼ 처ᅀᅥᆷ 펴아 나

ᄂᆞᆫ 소리 ㄱ ·ᄐᆞ·니·라

ㄹᄂᆞᆫ 半·반 舌·쎪 音흠 이·니 如ᅀᅧᆼ 閭령 ㅇ 字

發벓聲셩ᄒᆞ니라 喉ᅘᅮᆼᄂᆞᆫ 모기라

ㆆᄂᆞᆫ 목소리니 挹ᅙᅳᆸ字ᄍᆞᆼ 처ᅀᅥᆷ 펴아 나ᄂᆞᆫ 소리 ᄀᆞ트니라

ㅎᄂᆞᆫ 喉ᅘᅮᆼ音ᅙᅳᆷ이니 如ᅀᅧᆼ 虛ᅘᅥᆼㆆ字ᄍᆞᆼ 初총 發벓聲셩ᄒᆞ니 並뼝書셔ᄒᆞ면 如ᅀᅧᆼ 洪ᅘᅩᆼㄱ字ᄍᆞᆼ 初총 發벓聲셩ᄒᆞ니라

ㅎᄂᆞᆫ 목소리니 虛ᅘᅥᆼㆆ字ᄍᆞᆼ 처ᅀᅥᆷ 펴아

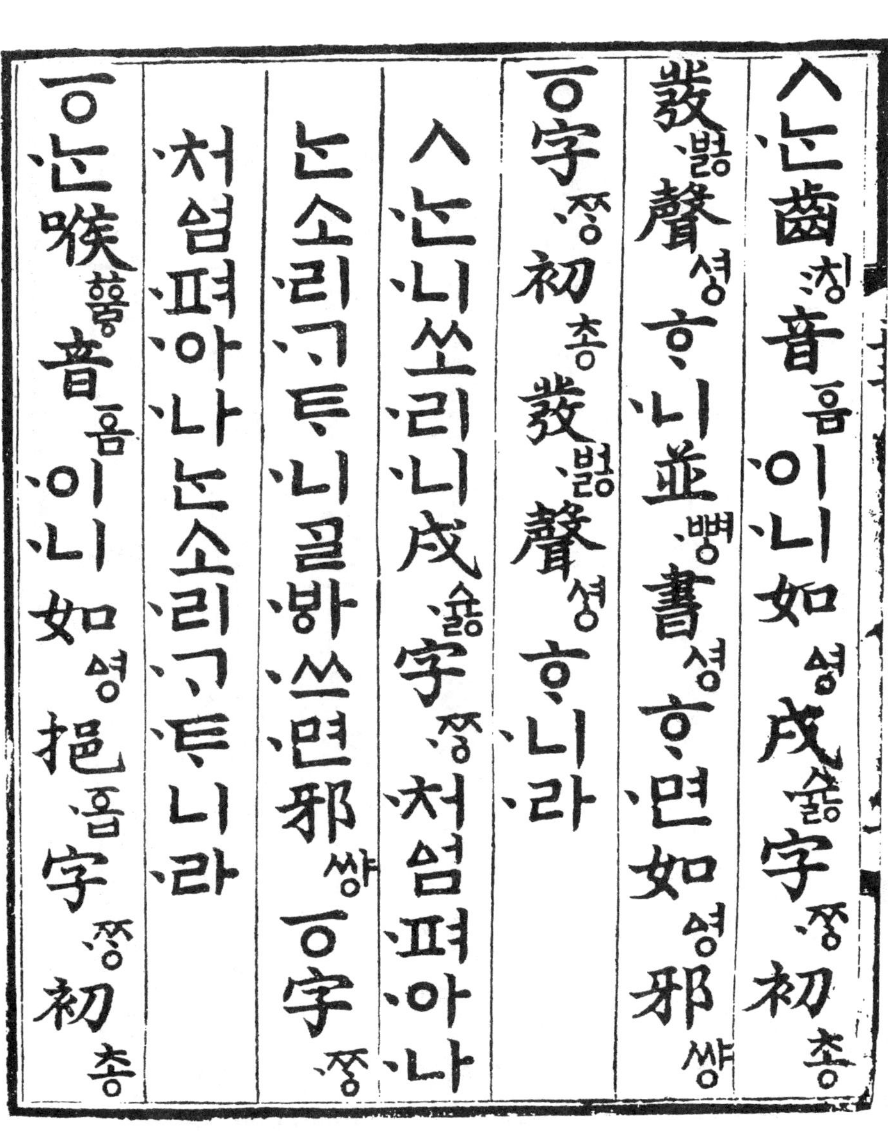

ㅅ‧ᄂᆞᆫ 齒칭音ᅙᅳᆷ‧이‧니 如ᅀᅧᆼ戌‧슗字‧ᄍᆼ 初총發‧벓聲셩‧ᄒᆞ‧니 並‧뼝書셩‧ᄒᆞ‧면 如ᅀᅧᆼ邪쌰ㆆ字‧ᄍᆼ 初총發‧벓聲셩‧ᄒᆞ‧니‧라

ㅅ‧ᄂᆞᆫ‧니‧쏘‧리‧니 戌‧슗字‧ᄍᆼ‧처ᅀᅥᆷ‧펴‧아‧나‧ᄂᆞᆫ소‧리‧ᄀᆞ‧ᄐᆞ‧니 글‧바‧쓰‧면 邪쌰ㆆ字‧ᄍᆼ‧처ᅀᅥᆷ‧펴‧아‧나‧ᄂᆞᆫ소‧리‧ᄀᆞ‧ᄐᆞ‧니‧라

ㆆ‧ᄂᆞᆫ 喉ᅘᅮᇢ音ᅙᅳᆷ‧이‧니 如ᅀᅧᆼ挹ᅙᅳᆸ字‧ᄍᆼ 初총

ㅈᄂᆞᆫ 니쏘리니 卽즉字쫑 처ᅥᆷ펴아나ᄂᆞᆫ소리ㄱᄐᆞ니 ᄀᆞᆲ바ᄡᅳ면 慈쭝ㆁ字쫑 처ᅥᆷ펴아나ᄂᆞᆫ소리ㄱᄐᆞ니라

ㅊᄂᆞᆫ 齒칭音음이니 如셩 侵침ㅂ字쫑 初총發벓聲셩ᄒᆞ니라 ㅊᄂᆞᆫ 니쏘리니 侵침ㅂ字쫑 처ᅥᆷ펴아나ᄂᆞᆫ소리ㄱᄐᆞ니라

ㅁ·ᄂᆞᆫ 脣쓘音흠이니 如ᅀᅠᇰ 彌밍 ㅱ字ᅉ 初총發뻚聲셩 ㅎ·ᄂᆡ라

ㅁ·ᄂᆞᆫ 입시울쏘·리니 彌밍 ㅱ字ᅉ처ᅀᅥᆷ ·펴·아·나ᄂᆞᆫ 소·리 ·ᄀᆞᆮ·ᄐᆞ니·라

ㅈ·ᄂᆞᆫ 齒칭音흠이니 如ᅀᅠᇰ 即즉 ㅈ字ᅉ 初총發뻚聲셩 ㅎ·ᄂᆡ 並뼝書셩 ㅎ·면 如ᅀᅠᇰ 慈ᅉ ㅈ字ᅉ 初총發뻚聲셩 ㅎ·ᄂᆡ라 齒칭·ᄂᆞᆫ 니·라

ㅂ는 입시울쏘리니 步뽕字쫑 처엄펴
아나는소리ㄱ티니 골바쓰면 步뽕
字쫑 처섬펴아나는소리ㄱ티니라

ㅍ는 唇쓘音흠 이니 如영 漂푱
字쫑 初
츙 發벓 聲셩 ᄒᆞ니라

ㅍ는 입시울쏘리니 漂푱字쫑 처섬
펴아나는소리ㄱ티니라

ㄴ舌ᅇᅞᆷ音흠이니 如ᅌᅠᆼ那낭ㆆ字쭝初총

ᄎᆗ那낭聲셩ᄒᆞ니라

ㄴ는 혀쏘리니 那낭ㆆ字쭝 처ᅀᅥᆷ 펴아

나ᄂᆞᆫ소리 ㄱ튼니라

ㅂ는脣音흠이니 如ᅌᅠᆼ彆뼈ᇙ字쭝初총

彆뼈ᇙ聲셩ᄒᆞ니 並뼝書셩ᄒᆞ면 如ᅌᅠᆼ步뽕

ㆆ字쭝初총那낭聲셩ᄒᆞ니라 시우리라 脣쓘은입ᄉᆔ우리라

ㄷ〮ᄂᆞᆫ 혀쏘〮리〮니〮 斗ᄬ字〮쫑 처섬펴〮아〮

나〮ᄂᆞᆫ 소〮리〮ㄱᆞ〮ᄐᆞ〮니 굴〮ᄫᅡ〮쓰면 覃땀ㅂ字

처섬펴〮아〮 나〮ᄂᆞᆫ 소리〮ㄱᆞ〮ᄐᆞ〮니라

ㅌ〮ᄂᆞᆫ 舌쎰音흠〮이〮니 如영 呑톤ㄷ字쫑 初

發볋聲셩ㅎ〮니〮라

ㅌ〮ᄂᆞᆫ 혀쏘〮리〮니 呑톤ㄷ字쫑〮 처섬펴〮아

나〮ᄂᆞᆫ 소리〮ㄱᆞ〮ᄐᆞ〮니라

ㆁᄂᆞᆫ 牙ᅌᅡᆼ音ᅙᅳᆷ이니 如ᅀᅧᆼ業ᅌᅥᆸ字ᅑᅳᆼ初총發벓聲셩ᄒᆞ니라

ㆁᄂᆞᆫ 엄쏘리니 業ᅌᅥᆸ字ᅑᅳᆼ 처ᅀᅥᆷ 펴아 나ᄂᆞᆫ 소리 ᄀᆞᄐᆞ니라

ㄷᄂᆞᆫ 舌쎯音ᅙᅳᆷ이니 如ᅀᅧᆼ斗둫字ᅑᅳᆼ初총發벓聲셩ᄒᆞ니 並뼝書셩ᄒᆞ면 如ᅀᅧᆼ覃땀字ᅑᅳᆼ初총發벓聲셩ᄒᆞ니라 舌쎯ᄋᆞᆫ 혀라

ㄱ·ᄂᆞᆫ 엄쏘·리·니 君군ㄷ字·쭝 처ᅀᅥᆷ·펴·아 나ᄂᆞᆫ 소·리 ·ᄀᆞ·ᄐᆞ·니 글·ᄫᅡ·쓰·면 虯끃ㅸ字·쭝 처ᅀᅥᆷ·펴·아 나ᄂᆞᆫ 소·리·ᄀᆞ·ᄐᆞ·니·라

ㅋ·ᄂᆞᆫ 牙앙音음·이·니 如영快쾡ㆆ字·쭝 初총發벓聲셩·ᄒᆞ·니·라

ㅋ·ᄂᆞᆫ 엄쏘·리·니 快·쾡ㆆ字·쭝 처ᅀᅥᆷ·펴·아 나ᄂᆞᆫ 소·리·ᄀᆞ·ᄐᆞ·니·라

사ᄅᆞᆷ마다 ᄒᆡ여 수ᄫᅵ 니겨 날로 ᄡᅮ메 便뼌安한킈 ᄒᆞ고져 ᄒᆞᇙ ᄯᆞᄅᆞ미니라

ㄱᄂᆞᆫ 牙ᅌᅡ音ᅙᅳᆷ이니 如ᅀᅧ 君군ㄷ字ᄍᆞ 初총發ᄬᅥᆯ聲셩ᄒᆞ니 並뼝書셩ᄒᆞ면 如ᅀᅧ 虯끃字ᄍᆞ 初총發ᄬᅥᆯ聲셩ᄒᆞ니라

牙ᅌᅡᄂᆞᆫ 엄이라 如ᅀᅧᄂᆞᆫ ㄱ톤ᄡᅢ라 初총發ᄬᅥᆯ聲셩은 처섬 펴아나ᄂᆞᆫ 소리라 並뼝書셩ᄂᆞᆫ 글ᄫᅡ 쓸씨라

ᄋᆞᆫ새라 制졩ᄂᆞᆫ 밍ᄀᆞ루실씨라 二ᅀᅵᆼ十씹八밣ᄋᆞᆫ 스믈여들비라

새로 스믈여듧 字쫑ᄅᆞᆯ 밍ᄀᆞ노니

欲욕使ᄉᆞᆼ人신人신ᄋᆞ로 易잉習씹ᄒᆞ야 便뼌扵ᅙᅥᆼ日ᅀᅵᆶ用용耳ᅀᅵᆼ니라

欲욕ᄋᆞᆫ ᄒᆞ고져홀씨라 使ᄉᆞᆼᄂᆞᆫ ᄒᆞ여곰ᄒᆞ논마리라 人신ᄋᆞᆫ 사ᄅᆞ미라 易잉ᄂᆞᆫ 쉬블씨라 習씹ᄋᆞᆫ 니길씨라 便뼌ᄋᆞᆫ 便뼌安한홀씨라 扵ᅙᅥᆼᄂᆞᆫ 아모그에ᄒᆞ논겨체ᄡᅳᄂᆞᆫ字쫑ㅣ라 日ᅀᅵᆶᄋᆞᆫ 나리라 用용ᄋᆞᆫ ᄡᅳᆯ씨라 耳ᅀᅵᆼᄂᆞᆫ ᄯᆞᄅᆞ미라ᄒᆞ논ᄡᅳ디라

눈 :말ᄆᆞᆺᄂᆞᆫ
입ᄭᅧ지라

ᄆᆞᄎᆞᆷ내 제ᄠᅳ들 시러펴디 몯ᄒᆞᇙ노미하
니라
予영ㅣ爲윙此ᄎᆞᆫ憫민然션ᄒᆞ야 予영는 내ᄒᆞᆸ
씨논ᄠᅳ디시니라 此ᄎᆞᆫᄂᆞᆫ 이라 憫
민然션은 어엿비너기실ᄊᆡ라
내이를爲윙ᄒᆞ야 어엿비너겨
新신制졩二ᅀᅵᆼ十씹八밣字ᄍᆞᆼᄒᆞ노니 新신

ㅎ야도

故ㆁ공ᄂᆞᆫ 젼ㅊ치라 愚ᅌᅮᆼᄂᆞᆫ 어릴씨라

有ᅌᅮᆸᄂᆞᆫ 이실씨라 所송ᄂᆞᆫ 배라

言언은 니를씨라 欲욕은 ᄒᆞ고져ᄒᆞᆯ씨라

이런젼ㅊ로 어린百븩姓셩이 니르고

져ᄒᆞ배이셔도

而ᅀᅵᆼ終즁不붏得득伸신其끵情쪙者쟝

ㅣ多당矣읭라 而ᅀᅵᆼᄂᆞᆫ 입겨지라 終즁은 ᄆᆞᄎᆞᆷ이라 得득은 시를씨라

라 伸신은 펼씨라 其끵ᄂᆞᆫ 제라 情쪙은 ᄠᅳᆮ이라 者쟝ᄂᆞᆫ 노미라 多당ᄂᆞᆫ 할씨라 니라

常常談땀애 江강 南남이라 ᄒᆞᄂᆞ니라

中듕國귁·에 달·아

與영 文문字ᄍᆞ·로 不붏 相샹 流륭 通통·ᄒᆞᆯ

ᄊᆡ 與영·는 이·와·뎌 ·ᄒᆞ·ᄂᆞᆫ 겨·체 ·ᄡᆞ·ᄂᆞᆫ 字ᄍᆞ

ㅣ·라 文문·은 글·와·리·라 不붏·은 아·니 ·ᄒᆞ

·논 ·ᄠᅳ디·라 相샹·ᄋᆞᆫ 서르 ·ᄒᆞ논 ·ᄠᅳ디

·라 流륭通통·ᄋᆞᆫ 흘·러 ᄉᆞᄆᆞᆾ 씨·라

文문字ᄍᆞ ·와·로 서르 ᄉᆞᄆᆞᆺ·디 아·니ᄒᆞᆯᄊᆡ

故공·로 愚웅民민·이 有ᅌᅮᇢ 所송 欲욕 言언

世·솅宗종御·엉製·졩訓·훈民민正·졍音ᅙᆷ

製·졩·는 글·지·을 ᄆᆡᆼ·ᄀᆞᄅᆞ·실·씨·니 御·엉製·졩·는 님금 지ᅀᅳ·샨 그·리·라 訓·훈·은 ᄀᆞᄅᆞ·칠·씨·오 音ᅙᆷ·은 소·리·니 訓·훈民민正·졍音ᅙᆷ·은 百·빅姓·셩 ᄀᆞᄅᆞ·치·시·논 正·졍ᄒᆞᆫ 소·리·라

國·귁之징語:어音ᅙᆷ·이 國·귁·ᄋᆞᆫ 나·라히·라 之징·ᄂᆞᆫ 입·겨지·라 語:어·ᄂᆞᆫ 말ᄊᆞ·미·라

나·랏:말ᄊᆞ·미

異·잉乎ᅘᅩᆼ中듕國·귁·ᄒᆞ·야 異·잉·ᄂᆞᆫ 다ᄅᆞᆯ·씨·라 乎ᅘᅩᆼ·ᄂᆞᆫ 아·모 그에 ᄒᆞ논 겨·체 ᄡᅳ·는 字·ᄍᆞᆼㅣ·라 中듕國·귁·ᄋᆞᆫ 皇ᅘᅪᆼ帝·뎽 겨·신 나·라·히·니 우·리나·랏 常談·애 江강南남·이·라 ᄒᆞᄂᆞ·니·라

世솅宗종御엉製곙訓훈民민正졍音즘

曹判書集賢殿大提學知春秋
館事　世子右賓客　臣　鄭麟趾
拜手稽首謹書

訓民正音

發揮也。恭惟我

殿下。天繼之聖。制度施爲超越

百王。正音之作。無所祖述。而成

於自然。蓋以其至理之無所不

在。而非人爲之私也。夫東方有

國。不爲不久。而開物成務之

大智。蓋有待於今日也歟。正統

十一年九月上澣資憲大夫禮

命詳加解釋。以喻諸人於是。臣
與集賢殿應敎臣崔恒。副校理
臣朴彭年。臣申叔舟。俻撰臣成
三問。敦寧府注簿臣姜希顔。行
集賢殿副俻撰臣李塏。臣李善
老等謹作諸解及例。以叙其梗
綮。庶使觀者不師而自悟若其
淵源精義之妙則非臣等之所

括。以二十八字而轉換無窮。簡
而要精而通。故智者不終朝而
會。愚者可浹旬而學。以是解書。
可以知其義。以是聽訟。可以得
其情。字韻則清濁之能辨。樂歌
則律呂之克諧。無所用而不備。
無所往而不達。雖風聲鶴唳。雞
鳴狗吠。皆可得而書矣。遂

讀官府民間。至今行之。然省假
字而用。或澁或窒。非但鄙陋無
稽而已。至於言語之間。則不能
達其萬一焉。癸亥冬我
殿下創制正音二十八字。略揭
例義以示之。名曰訓民正音象
形而字倣古篆因聲而音叶七
調。三極之義。二氣之妙莫不該

之語。有其聲而無其字。假中國
之字以通其用是猶柄鑿之鉏
鋙也。豈能達而無礙乎。要皆各
隨所處而安。不可強之使同也。
吾東方禮樂文章。侔擬華夏但
方言俚語不與之同。學書者患
其旨趣之難曉。治獄者病其曲
折之難通。昔新羅薛聰。始作吏

반되爲螢。ㅂ如섭爲薪ㆍ굽爲蹄。ㅁ如ː범爲虎ㆍ심爲泉。ㅅ如ㆍ잣爲海松ㆍ못爲池。ㄹ如ㆍ달爲月ː별爲星之類。

有天地自然之聲，則必有天地自然之文。所以古人因聲制字，以通萬物之情，以載三才之道，而後世不能易也。然四方風土區別，聲氣亦隨而異焉。盖外國

고욤 為梬。쇼 為牛。삽됴 為蒼朮菜。

ㅑ 如 남샹 為龜。약 為龜鼊。다야 為匜。쟈감 為蕎麥皮。

ㅠ 如 율믜 為薏苡。죽 為飯臿。슈룹 為雨繖。쥬련 為帨。

ㅕ 如 엿 為飴餹。뎔 為佛寺。벼 為稻。져비 為燕。

終聲 ㄱ 如 닥 為楮。독 為甕。

ㆁ 如 굼벙 為蠐螬。올챵 為蝌蚪。

ㄷ 如 갇 為笠。싣 為楓。

ㄴ 如 신 為屨。ᄇᆞᆫ 為螢。

如·믈爲水·발측爲跟그력爲雁드·레爲汲器
ㅣ如·깃爲巢·밀爲蠟·피爲稷·키爲箕
ㅗ如·논爲水田·톱爲鉅호미爲鉏벼·로爲硯
ㅏ如·밥爲飯·낟爲鎌이·아爲綜사ᄉᆞᆷ爲鹿
ㅜ如숫爲炭·울爲籬누·에爲蚕구·리爲銅
ㅓ如브섭爲竈·널爲板서·리爲霜버·들爲柳
ㅛ如·죵爲奴

如:뫼爲山 ·마爲薯藇。

ㅸ。如 사ᄫᅵ爲蝦 드·ᄫᅵ爲瓠。

ㅈ。如 ·자爲尺 죠ᄒᆡ爲紙。

ㅊ。如 ·체爲籭 ·채爲鞭。

ㅅ。如 ·손爲手 :셤爲島。

ㅎ。如 ·부헝爲鵂鶹 ·힘爲筋。

ㅇ。如 ·비육爲鷄雛 ·ᄇᆞ얌爲蛇。

ㄹ。如 ·무뤼爲雹 어·름爲氷。

ㅿ。如 아ᅀᆞ爲弟 :너ᅀᅵ爲鴇。

中聲。ㆍ如 ·ᄐᆞᆨ爲頤 ·ᄑᆞᆺ爲小豆 ·ᄃᆞ리爲橋 ·ᄀᆞ래爲楸。

大東千古闢矇矓

用字例

初聲ㄱ。如감為柿。ᄀᆞᆯ為蘆。

ㅋ。如우케為未舂稻。콩為大豆。

ㆁ。如러울為獺。서에為流凘。

ㄷ。如뒤為茅。담為墻。

ㅌ。如고티為繭。두텁為蟾蜍。

ㄴ。如노로為獐。납為猿。

ㅂ。如불為臂。벌為蜂。ㅍ。如ᄑᆞ為蔥。ᄑᆞᆯ為蠅。ㅁ。

音因左點四聲分
一去二上無點平
語入無定亦加點
文之入則似去聲
方言俚語萬不同
有聲無字書難通
一朝
制作侔神工

欲書終聲在何處
初中聲下接着寫
初終合用各並書
中亦有合悉自左
諺之四聲何以辨
平聲則弓上則石
刀為去而筆為入
觀此四物他可識

起一聲於國語無用。見童之言遍
野之語或有之。當合二字而用。如
ㄱ!ㄱ之額。其先縱後橫。與他不同。
訣曰

初聲在中聲左上
挖欲於諺用相同
中聲十一附初聲
圓橫書下右書縱

萬物舒泰。上聲和而舉。夏也。萬物
漸盛。去聲舉而壯。秋也。萬物成熟。
入聲促而塞。冬也。萬物閉藏初聲
之○與○相似。於諺可以通用也。
半舌有輕重二音。然韻書字母唯
一。且國語雖不分輕重。皆得成音。
若欲備用。則依脣輕例。○連書己
下。為半舌輕音。舌乍附上腭。·一

上·갈爲刀而其聲去붇爲筆而其聲入之類。凡字之左。加一點爲去聲。二點爲上聲。無點爲平聲。而文之入聲與去聲相似。諺之入聲無定。或似平聲。如긷爲柱：녑爲脇或似上聲。如：낟爲穀：깁爲繒或似去聲。如·몯爲釘·입爲口之類。其加點則與平上去同。平聲安而和。春也。

字三字合用。如諺語·과爲琴柱。·홰
爲炬之類。終聲二字三字合用。如
諺語흙爲土。·낛爲釣。돐·ᄣᅢ爲酉時
之類。其合用並書自左而右。初中
終三聲皆同。文與諺雜用則有因
字音而補以中終聲者。如孔子ㅣ
魯ㅅ:사ᄅᆞᆷ之類。諺語平上去入。如
활爲弓而其聲平。·돌爲石而其聲

下·即字ㅡ在天下·侵字ㅣ在大右

之類·終聲在初中之下·如君字ㄴ

在ㄱ·下·業字ㅂ在어下之類·初聲

二字三字合用並書如諺語·따為

地·딱為隻ꢗ為隙之類·各自並書

如諺語·혀為舌而·혀為引·괴·여為

我愛人而·괴·여為人愛我·소·다為

覆物而·쏘·다·다為射之之類中聲二

斗輕為閭是俗習

合字解

初中終三聲。合而成字。初聲或在中聲之上。或在中聲之左。如君字ㄱ在ㅜ上。業字ㆁ在ㅓ左之類。中聲則圓者橫者在初聲之下。ㆍㅡㅗㅛㅜㅠ是也。縱者在初聲之右。ㅣㅏㅑㅓㅕ是也。如吞字ㆍ在ㅌ

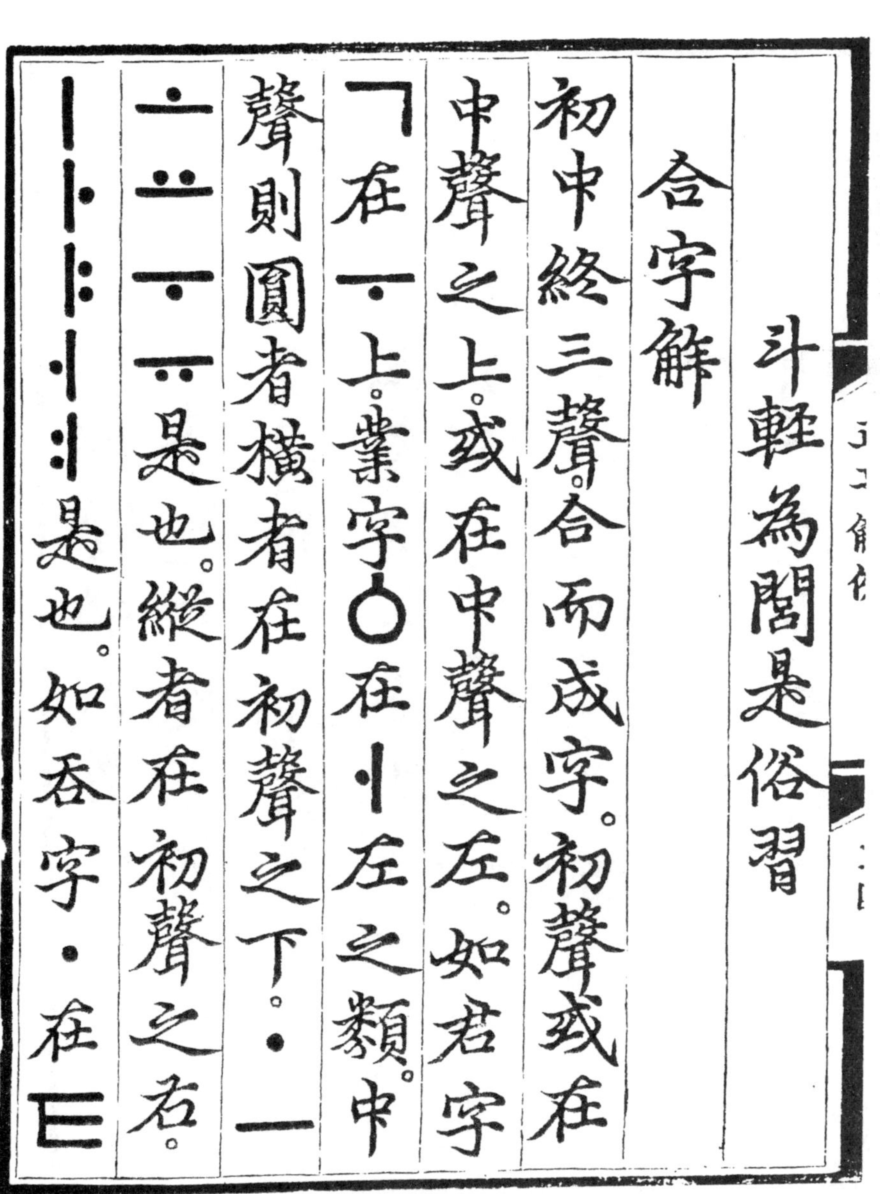

以那彆彌次弟推
六聲通乎文與諺
戌閭用於諺衣絲
五音緩急各自對
君聲迺是業之促
斗彆聲緩為那彌
穰欲亦對戌與挹
閭宜於諺不宜文

是皆為入聲促急

初作終聲理固然

只將八字用不窮

雖有欲聲所當處

中聲成音亦可通

若書即字終用君

洪彆亦以業斗終

君業單終又何如

也。且半舌之巳。當用於諺而不可
用於文。如入聲之彆字終聲當用
亡。而俗習讀為巳。盖亡變而為輕
也。若用巳為彆之終。則其聲舒緩
不為入也。訣曰

不清不濁用於終
為平上去不為入
全清次清及全濁

中聲可得成音也。ㄷ如볃為彆。ㄱ如군為君。ㅂ如업為業。ㅁ如땀為覃。ㅅ如諺語·옷為衣。ㄹ如諺語·실為絲之類。五音之緩急。亦各自為對。如牙之ㆁ與ㄱ為對。而ㆁ促呼則變為ㄱ而急。ㄱ舒出則變為ㆁ而緩。舌之ㄴㄷ。脣之ㅁㅂ。齒之ㅿㅅ。喉之ㅇㆆ。其緩急相對。亦猶是

終則宜於平上去仝清次清仝濁
之字其聲為屬。故用於終則宜於
入。兩以ㆁㄴㅁㅇㄹㅿ六字為平
上去聲之終。而餘皆為入聲之終
也。然ㄱㆁㄷㄴㅂㅁㅅㄹ八字可
足用也。如빗곶爲梨花영의갗爲
孤皮。而ㅅ字可以通用。故只用ㅅ
字。且ㅇ聲淡而虛。不必用於終。而

於十四聲徧相隨

終聲解

終聲者承初中而成字韻。如卽字
終聲是ㄱ。ㄱ居즈終而爲즉。洪字
終聲是ㆁ。ㆁ居ᅘᅩ終而爲ᅘᅩᆼ之類。
舌脣齒喉皆同。聲有緩急之殊。故
平上去其終聲不類入聲之促急。
不清不濁之字。其聲不厲。故用於

也。訣曰

母字之音各有中

須就中聲尋闔闢

洪覃自吞可合用

君業出即亦可合

欲之與穰戌與礐

各有所從義可推

侵之為用最居多

ㅑ又同出於ㅣ故合而為ㆊ以其
同出而為類。故相合而不悖也。一
字中聲之與ㅣ相合者十。ㆍㅣㅢ
ㅚㅐㅟㅔㅛㅣㅒㅠㅣㅖ是也。二字中聲
之與ㅣ相合者四。ㅙㅞㆈㆋ是也。
ㅣ於深淺闔闢之聲並能相隨者
以其舌展聲淺而便於開口也。亦
可見人之參賛開物而無所不通

音。如吞字中聲是ㆍ，ㆍ居ㅌㄴ之間而爲ᄐᆞᆫ。即字中聲是ㅡ，ㅡ居ㅈㄱ之間而爲즉。侵字中聲是ㅣ，ㅣ居ㅊㅁ之間而爲침之類。洪覃君業欲穰戌彆，皆倣此。二字合用者，ㅗ與ㅏ同出於ㆍ，故合而爲ㅘ。ㅛ與ㅑ又同出於ㅣ，故合而爲ㆇ。ㅜ與ㅓ同出於ㅡ，故合而爲ㅝ。ㅠ與

瞥漂步彌則是脣

齒有即侵慈戌邪、

把虞洪欲迺喉聲

閻為半舌穰半齒

二十三字是為母

萬聲生生皆自此

中聲解

中聲者居字韻之中合初終而成

是ㅋ。ㅋ與ㅐ而為캐虯字初聲是ㄲ。ㄲ與ㅠ而為뀨業字初聲是ㅇ。ㅇ與ㅛ而為요之類。舌之斗呑覃那脣之彆漂步彌齒之即侵慈戌邪喉之挹虛洪欲半舌半齒之閭穰傚此。訣曰

君快虯業其聲牙
舌聲斗呑及覃那

正音之字只廿八

探睛錯綜窈深幾

指速言近牖民易

天授何曾智巧為

初聲解

正音初聲即韻書之字母也。聲音
由此而生。故曰母。如牙音君字初
聲是「ㄱ」與「ㄱ」而為「ㄲ」。快字初聲

終聲比地陰之靜
字音於此止定焉
韻成要在中聲用
入能輔相天地宜
陽之為用通於陰
至而伸則反而歸
初終雖云分兩儀
終用初聲義可知

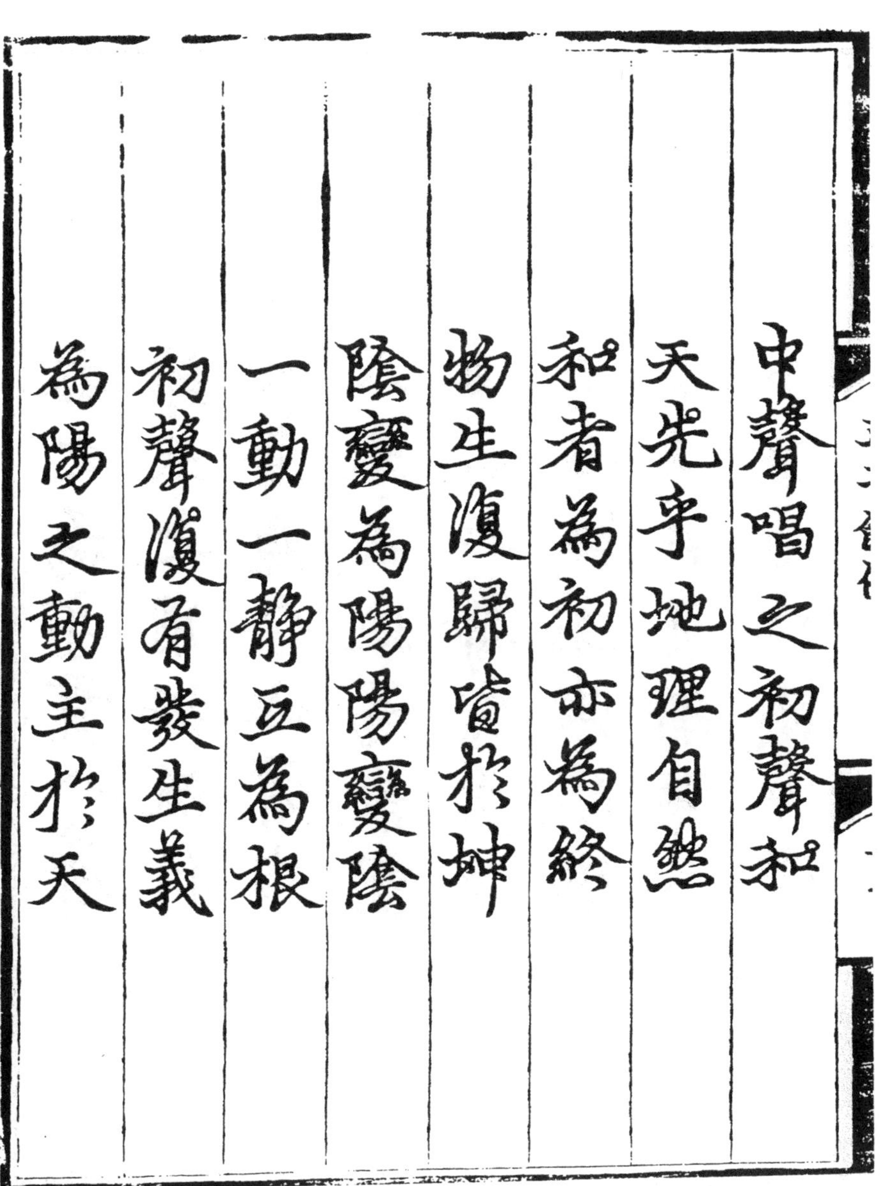

中聲唱之初聲和

天先乎地理自然

和者為初亦為終

物生復歸皆於坤

陰變為陽陽變陰

一動一靜互為根

初聲復有發生義

為陽之動主於天

吞之為字貫八聲
維天之用徧流行
四聲熟入亦有由
入參天地為最靈
且就三聲究至理
自有剛柔與陰陽
中是天用陰陽分
初通地切剛柔彰

單亦出天為已闢
爰於事物就人成
用初生義一其圓
出天為陽在上外
欲穰薰入為卅出
二圓為形見其義
君業成彆出於地
據例自知何須評

吞擬於天聲最深
所以圓形如彈丸
即聲不深又不淺
其形之平象乎地
侵象入立厥聲淺
三寸之道斯為備
洪出於天尚為闊
象取天圓合地平

含清並書為含濁
唯洪自虛是不同
業那彌欲及閭攘
其聲不清又不濁
欲之連書為脣輕
喉聲多而脣乍合
中聲十一亦取象
精義未可容易觀

聲音又自有清濁

要於初發細推尋

念清聲是君斗罄

即成把亦念清聲

岩迴快吞漂侵虛

五音各一為次清

全濁之聲蝌蚪步

又有慈邪亦有洪

配諸四時與冲氣

五行五音無不協

維喉為水冬與羽

牙迺春木其音角

徵音夏火是舌聲

齒則商秋又是金

脣於位數本無定

土而季夏為宮音

舌迺象舌附上腭
脣則實是象口形
齒喉直取齒喉象
知斯五義聲自明
又有半舌半齒音
承象同而體則異
那彌戌欲聲不屬
次序雖後象形始

物於兩間有形聲

元本無二理數通

正音制字齒其象

因聲之屬每加畫

音出牙舌脣齒喉

是為初聲字十七

牙承舌根閉喉形

維業似欲承義別。

一元之氣。周流不窮。四時之運。循
環無端。故貞而復元。冬而復春。初
聲之復為終。終聲之復為初。亦此
義也。吁。正音作而天地萬物之理
咸備其神矣哉。是殆天啓
聖心而假手焉者乎。訣曰

天地之化本一氣

陰陽五行相始終

聲有發動之義。天之事也。終聲有
止定之義。地之事也。中聲承初之
生接終之成。人之事也。盖字韻之
要。在於中聲。初終合而成音。亦猶
天地生成萬物。而其財成輔相則
必賴乎人也。終聲之復用初聲者。
以其動而陽者乾也。静而陰者亦
乾也。乾實分陰陽而無不君宰也。

音清濁和之於後。而為初亦為終。
亦可見萬物初生於地。復歸於地
也。以初中終合成之字言之。亦有
動靜互根陰陽交變之義焉。動者。
天也。靜者。地也。蕪乎動靜者。人也。
盖五行在天則神之運也。在地則
質之成也。在人則仁禮信義智神
之運也。肝心脾肺腎質之成也。初

亦自有陰陽五行方位之繫也。以
初聲對中聲而言之。陰陽。天道也。
剛柔。地道也。中聲者。一深一淺一
闔一闢是則陰陽分而五行之氣
具焉。天之用也。初聲者。或虛或實
或颺或滯或重若輕是則剛柔著
而五行之質成焉。地之功也。中聲
以深淺闔闢唱之於前。初聲以五

成金之數也。二再生於地。地六成
水之數也。三次之。地八成木之數
也。水火未離乎氣陰陽交合之初。
故闔木金陰陽之定質。故闢。天
五生土之位也。一地十成土之數
也。一獨無位數者盡以入則無極
之真。二五之精妙合而凝。固未可
以定位成數論也。是則中督之中

而三寸之道備矣。然三寸為萬物
之先。而天又為三寸之始。獨·一
一三字為八聲之首。而·又為三
守之冠也。·初生於天。天一生水
之位也。卜次·天三生木之位也。
一初生於地。地二生火之位也。十
次·地四生金之位也。卅再生於
天。天七成火之數也。卜次之·天九

也。ㅛㅑㅠㅕ之二其圓者。取其再
生之義也。ㅗㅏㅛㅑ之圓居上與
外者。以其出於天而爲陽也。ㅜㅓ
ㅠㅕ之圓居下與内者。以其出於
地而爲陰也。・之貫於八聲者。猶
陽之統陰而周流萬物也。ㅛㅑㅠ
ㅕ之皆兼乎人者。以人爲萬物之
靈而能參兩儀也。取象於天地人

與一同而口張。其形則‧與一
而成。亦象天地之用發於事物待
入而成也。∷與∵同而起於一。
與卜同而起於一。∵與一
於一。丨與丨同而起於一。卜
丨始於天地。為初出也。∷丨∷
起於一而兼乎入。為再出也。∴卜
一丨之一其圓者。象其初生之義

縮而聲淺。人生於寅也。形之立象乎人也。此下八聲，一闔一闢。ㅗ與ㆍ同而口蹙。其形則ㆍ與ㅡ合而成。取天地初交之義也。ㅏ與ㆍ同而口張。其形則ㅣ與ㆍ合而成。取天地之用發於事物待人而成也。ㅜ與ㅡ同而口蹙。其形則ㅡ與ㆍ合而成。亦取天地初交之義也。ㅓ

也。唯喉音次清爲全濁者。蓋以〇
聲深不爲之礙古止〇聲淺。故凝
而爲全濁也。〇連書脣音之下則
爲脣輕音者。以輕音脣乍合而喉
聲多也。中聲凡十一字。‧舌縮而
聲深。天開於子也。形之圓象乎天
也。一舌小縮而聲不深不淺。地闢
於丑也。形之平。象乎地也。—舌不

相似。故韻書疑與喻多相混用。今亦取象於喉。而不為牙音制字之始。蓋喉屬水而牙屬木。○雖在牙而與○相似。猶木之萌芽生於水而柔軟。尚多水氣也。ㄱ木之成質。ㅋ木之盛長。ㄲ木之老壯。故至此乃皆取象於牙也。全清並書則為全濁。以其全清之聲凝則為全濁濁而言之ㄱㄷㅂㅈㅅㆆ爲全淸。ㅋㅌㅍㅊㅎ爲次淸。ㄲㄸㅃㅉㅆㆅ爲全濁。ㆁㄴㅁㅇㄹㅿ爲不淸不濁。ㄴㅁㅇ。其聲㝡不厲。故次序雖在於後。而象形制字則爲之始。ㅅㅈ雖皆爲全淸。而ㅅ比ㅈ聲不厲。故亦爲制字之始。唯牙之ㆁ。雖舌根閉喉聲氣出鼻。而其聲與ㅇ

宮。然水乃生物之源火乃成物之
用。故五行之中。水火為大。喉乃出
聲之門。舌乃辨聲之管故五音之
中。喉舌為主也。喉居後而牙次之。
此東之位也。舌齒又次之。南西之
位也唇居末。土無定位而寄旺四
季之義也。是則初聲之中有有陰
陽五行方位之數也。又以聲音清

喉而實。如木之生於水而有形也。於時為春。於音為角舌銳而動。火也。聲轉而颺。如火之轉展而揚揚也。於時為夏。於音為徵齒剔而斷。金也。聲屑而滯。如金之屑瑣而鍛成也。於時為秋。於音為商屑方而合。土也。聲含而廣。如土之含蓄萬物而廣大也。於時為季夏。於音為

ㆆ而ㅎ。ㅎ而ㆆ。其因聲加畫之義皆同。而唯ㆁ為異。半舌音ㄹ半齒音ㅿ。亦象舌齒之形而異其體。無加畫之義焉。夫人之有聲本於五行。故合諸四時而不悖叶之五音而不戾。喉邃而潤。水也聲虛而通。如水之虛明而流通也。於時為冬。於音為羽。牙錯而長。木也聲似

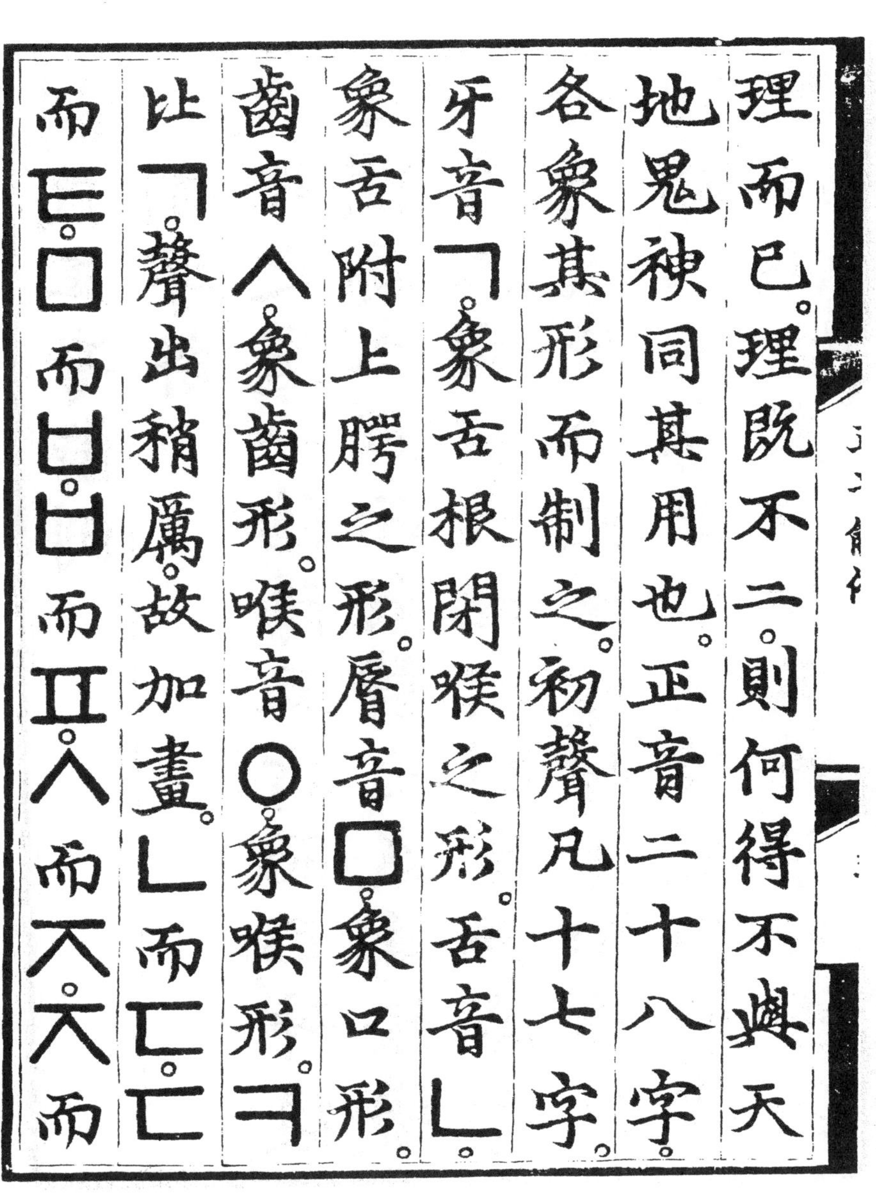

理而已。理既不二。則何得不與天地鬼神同其用也。正音二十八字。各象其形而制之。初聲凡十七字。牙音ㄱ。象舌根閉喉之形舌音ㄴ。象舌附上腭之形脣音ㅁ象口形。齒音ㅅ象齒形。喉音ㅇ象喉形ㅋ比ㄱ。聲出稍厲。故加畫。ㄴ而ㄷ。ㄷ而ㅌ。ㅁ而ㅂ。ㅂ而ㅍ。ㅅ而ㅈ。ㅈ而

訓民正音解例

制字解

天地之道。一陰陽五行而已。坤復
之間為太極。而動靜之後為陰陽。
凡有生類在天地之間者。捨陰陽
而何之。故人之聲音咍有陰陽之
理。顧人不察耳。今正音之作。初非
智營而力索。但因其聲音而極其

則並書終聲同。

‥ㅗㅜ附書初聲之下。ㅡㅓㅏ

ㅕ附書於右凡字必合而成

音左加一點則去聲二則上

聲無則平聲入聲加點同而

促急

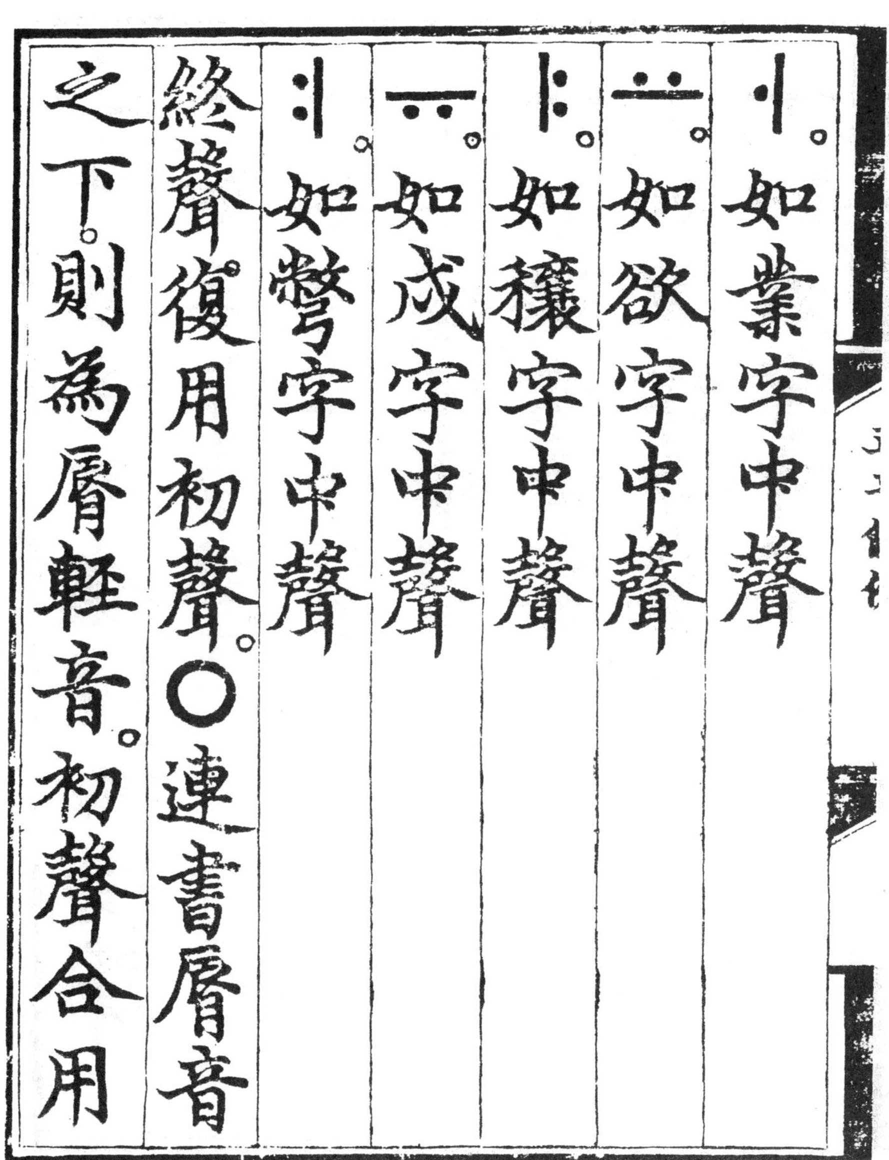

如業字中聲

如欲字中聲

如穰字中聲

如戌字中聲

如彆字中聲

終聲復用初聲。○連書脣音

之下。則為脣輕音。初聲合用

△ 半齒音。如穰字初發聲

ㆍ 如吞字中聲

一 如即字中聲

｜ 如侵字中聲

ㅗ 如洪字中聲

ㅏ 如覃字中聲

ㅜ 如君字中聲

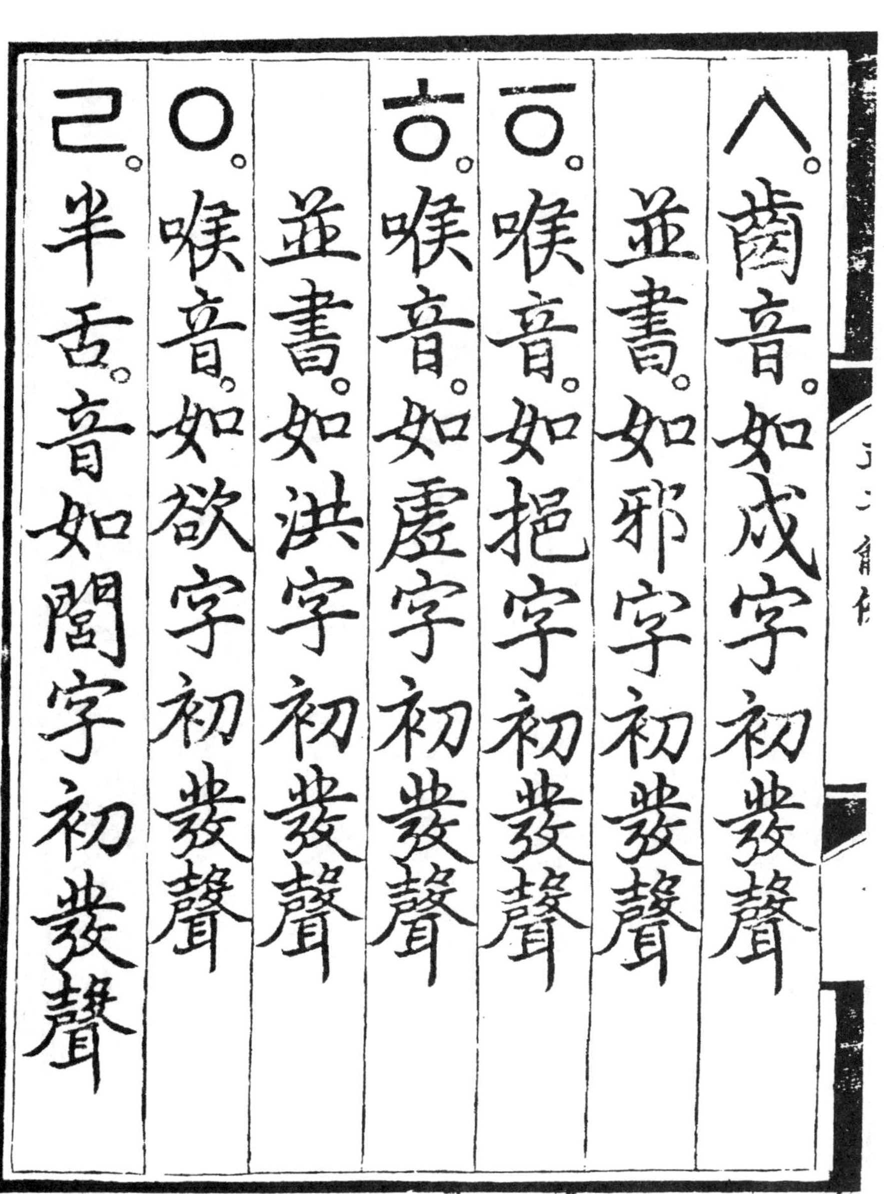

ㅅ。齒音。如戌字初發聲

並書。如邪字初發聲

ㆆ。喉音。如挹字初發聲

ㅎ。喉音。如虛字初發聲

並書。如洪字初發聲

ㅇ。喉音。如欲字初發聲

ㄹ。半舌。音如閭字初發聲

ㅂ。脣音。如彆字初發聲

並書。如步字初發聲

ㅍ。脣音。如漂字初發聲

ㅁ。脣音。如彌字初發聲

ㅈ。齒音。如即字初發聲

並書。如慈字初發聲

ㅊ。齒音。如侵字初發聲

ㄱ。並書。如虯字初發聲

ㅋ。牙音。如快字初發聲

ㆁ。牙音。如業字初發聲

ㄷ。舌音。如斗字初發聲

並書。如覃字初發聲

ㅌ。舌音。如吞字初發聲

ㄴ。舌音。如那字初發聲

訓民正音

國之語音異乎中國與文字不相流通故愚民有所欲言而終不得伸其情者多矣予為此憫然新制二十八字欲使人人易習便於日用矣

ㄱ牙音。如君字初發聲

四二九〇年七月
通文館景印全鑒
彌藏古刻本原書
板郭縱二三三耗
橫一六七耗

訓民正音